주요 작품인 『이방인』, 『시시포스 신화』, 『페스트』를 출간한 이후
프랑스 지성계의 한복판에 있었던 시절의 알베르 카뮈(1952).

카뮈의 영원한 고향 알제리

1913년, 프랑스 식민지 알제리에서 프랑스계 이주 노동자 집안의 아들로 태어난 카뮈는 청년 시절까지 삶의 절반을 이곳에서 보냈다. 그는 자신을 늘 프랑스인이자 알제리인이라고 여겼지만, 이런 이중의 정체성이 양쪽으로부터 모두 이방인으로 취급받는 결과를 낳기도 했다. 1962년, 알제리 독립 후 이곳에 남아 있는 카뮈의 흔적은 별로 없다. 지금의 알제리인들은 그가 누구인지도 잘 모른다. 하지만 지중해에 속한 이곳의 바다와 태양은 카뮈에게 마르지 않는 영감의 원천이 되었다. 알베르 마르케, 〈알제항〉(1940).

청년 카뮈가 자주 산책했던 카스바

'요새'라는 뜻의 카스바는 북아프리카의 여러 도시에서 볼 수 있는 방어용 성곽을 뜻한다. 성곽 안에는 이슬람 사원이나 병영, 지배자의 궁전 등이 있었다. 유네스코 세계문화유산에 등재되어 있는 알제의 카스바는 지중해를 굽어보는 비탈에 위치해 있다. 청년 카뮈는, 희고 네모난 집들이 다닥다닥 붙어 있는 가운데 미로처럼 나 있는 카스바의 길을 산책하는 것을 좋아했다. 그래서 "가난하면서도 찬란한 카스바"라고 표현하기도 했다.

❶ 벨쿠르 알제리

카뮈가 성장기를 보낸 곳

1913년, 카뮈는 알제리 몽도비에 있는 프랑스 이주민 노동자 집안에서 태어났다. 그의 아버지는 그가 돌도 되기 전에 제1차 세계대전에 징집되어 전사했다. 그 후 그의 어머니는 친정이 있는 알제 벨쿠르 지역으로 이사하여 가정부 일을 하며 두 아들을 먹여 살렸다. 가난의 질곡 속에서도 카뮈는 루이 제르맹이라는 선생의 적극적 지원으로 중고등 교육까지 받을 수 있었다.

❷ 카빌리 알제리

자신이 지향하는 삶을 발견한 곳

알제리 동북부에 있는 고산 지대로, 이곳에는 알제리 아랍인들과는 다른 언어와 문화를 간직한 베르베르족이 살고 있다. 이들은 선사 시대 때부터 북아프리카 일대에 거주해온 토착 원주민이다. 카뮈는 《알제 레퓌블리캥》 기자 시절에 이곳 사람들의 열악한 삶을 취재한 〈카빌리의 비참〉이라는 기사로 알제리 사회에 큰 반향을 불러일으켰다.

❸ 티파사 알제리

청년 시절에 자주 들러 명상에 잠기던 곳

알제에서 서쪽으로 68킬로미터 떨어진 곳에 있는 고대 유적지로, 페니키아, 로마제국, 초기 기독교, 비잔티움의 유적이 모여 있다. 카뮈는 종종 이곳을 찾아 철학적 명상에 잠겼다. 그는 고대 그리스와 로마 문화로부터 많은 영향을 받아, 기독교적 영생보다는 대지에 발붙이고 살아가는 현재의 삶을 중시했다.

❹ 오랑 알제리

카뮈의 피난처이자 『페스트』의 배경지

알제리 서쪽에 있는 항구 도시. 카뮈의 아내 프랑신 포르의 집도 이곳에 있었다. 오랑은 젊은 시절 직장을 잃고 오갈 데가 없던 카뮈를 받아준 곳이다. 그는 오랑을 새들이 날개 치는 소리도, 나뭇잎 흔들리는 소리도 들을 수 없는 중성적인 도시라고 했다. 하지만 대표작 『이방인』의 대부분을 쓴 곳도 이곳이고, 『페스트』의 배경이 된 곳도 이곳이다.

❺ 파리 프랑스

예술과 정치 활동의 정점을 찍은 곳

파스칼 피아의 추천으로《파리수아르》의 편집부 교정부원으로 일하게 되면서 카뮈의 파리 생활이 시작된다. 그가 파리에 도착한 1940년 3월은 나치의 파리 점령을 코앞에 둔 시점이었다. 전쟁의 한복판에서 카뮈는 파리와 리옹 등지에 레지스탕스 활동을 했고, 종전 이후에는 파리 지식인 사회의 한복판에서 중용과 절도를 추구하는 독자적인 좌파적 입장을 견지한다.

❻ 파늘리에 프랑스

고독과 침잠의 시간을 보낸 곳

『이방인』을 출간하면서 세상의 주목을 받고 있던 1942년, 카뮈는 폐병이 재발하면서 프랑스 중부 고지대에 있는 작은 마을인 파늘리에에서 요양하기 시작하여 약 1년 반을 보낸다. 이곳에서 그는 전쟁에 휩싸인 자기 시대의 참담한 상황에 대해 문학적으로 대응할 수 있는 길을 모색한다. 그 결과 또 하나의 대표작인 『페스트』를 탄생시킨다.

❼ 앙제 프랑스

카뮈가 참여한 연극 축제가 열린 곳

소련과 동유럽의 공산주의에 대한 시각을 둘러싸고 사르트르와 벌인 격한 논쟁 끝에 1952년에 그와 결별한 카뮈는 파리 지식인 사회에 환멸을 느낀다. 대신 동지애를 느낄 수 있는 연극에 더욱 애착을 가지고 몰두한다. 그리하여 앙제성에서 열린 연극 축제에 연출가, 각색가, 극작가로 참여한다.

❽ 루르마랭 프랑스

말년의 거처

1957년에 노벨문학상을 받은 카뮈는 그 상금으로 프랑스 남부 뤼베롱 산악 지대 밑에 위치한 루르마랭에 집을 장만하여 죽기 전까지 그곳에서 많은 시간을 보낸다. 프랑스인이자 북아프리카인이라는 이중의 정체성을 가진 카뮈는, 이곳에서 자신의 뿌리 찾기를 핵심 주제로 하는 방대한 소설을 구상한다. 유작으로 남게 된 『최초의 인간』이 바로 그것이다.

일러두기

— 단행본, 장편소설, 소설집, 희곡집은 겹낫표(『 』)로, 신문, 잡지는 겹화살괄호(《 》)로, 미술,
   그림, 음악, 영화 등의 작품명은 홑화살괄호(〈 〉)로 표기했다.
— 알베르 카뮈의 작품을 인용할 때는 김화영 번역의 알베르 카뮈 전집(책세상, 2010)을 저본
   으로 삼았다. 다만 간혹 직역에 가깝다고 여겨지는 부분은 저자 재량껏 자연스럽게 다듬
   었다. 또한 몇몇 작품의 제목은 다음과 같이 수정했다.
   『시지프 신화』→『시시포스 신화』
   『적지와 왕국』→『유배지와 왕국』
— 본문 인용문의 출처는, 카뮈의 작품일 경우에는 저자명 없이 제목과 쪽수만을, 다른 저자
   의 책일 경우에는 저자명을 함께 밝혔다. 자세한 서지 사항은 참고 문헌에 밝혀두었다.
— 외래어 표기는 국립국어연구원 외래어표기법을 따랐으나, 통용되는 일부 표기는 허용했다.

카뮈

×

최수철

지중해의 태양 아래에서 만난 영원한 이방인

arte

『이방인』 삽화(1948)

카뮈의 대표작『이방인』은 관습과 규범으로 이루어져 있는 이 세계의 바깥에서 들어온 것 같
은 뫼르소라는 독특한 인물을 통해 부조리를 대면한 인간의 벌거벗은 모습을 그린 것으로,
20세기 최고의 문제작으로 꼽힌다. 프랑스의 철학자이자 비평가인 롤랑 바르트는 "『이방인』
의 출현은 하나의 사회적 사건이었고, 그의 성공은 건전지의 발명 못지않은 사회학적 밀도를
지녔다"라고 평가한 바 있다. 이 삽화는 프랑스 화가 마요가 그린 것이다.

CONTENTS

부조리에서 반항을 거쳐 사랑으로

파리에서 카뮈의 유작을 읽으며

1994년 4월 말로 기억된다. 그 무렵에 나는 파리 근교에 숙소를 얻고서 낮에는 주로 소르본광장 근처를 소요하며 시간을 보냈다. 박사 논문을 쓰기 위해 소르본대학에 적을 두고서 대학이나 공공 기관의 도서관들을 순례하며 내내 복사기에 매달리던 시절이었다. 그러나 언젠가부터 더는 즐겁지도 생산적이지도 않은 나날의 연속 으로 여겨질 뿐이었다. 따사로운 햇살이 비치는 노천카페에 앉아 천천히 맥주나 포도주를 마시며 길 가는 사람들을 지켜보는 동안 온몸에 미지근한 땀이 배는 것을 느끼는 것이 그나마 유일한 위안 이었다.

어느 선선한 늦은 저녁에 나는 파리의 중심가 생미셸대로를 따라 조금은 외롭고 우울한 산책길에 나섰다. 바로 전에 이제 그만 프랑스 생활을 접고 귀국하기로 마음을 정한 터였다. 이리저리 걸음을 내딛다가 한 서점 앞을 지날 때, 진열대 안에 놓인 신간 한 권이 눈길을 끌었다. 그 책은 알베르 카뮈의 유작인 『최초의 인간』이었다. 카뮈가 남긴 육필 원고, 그의 유족이 출간을 허락하지 않아 몇몇 특정한 사람들을 제외하고는 읽을 기회를 가질 수 없었던 그 미완성의 소설이 마침내 34년 만에 갈리마르출판사를 통해 세상에 공개된 것이었다.

순간, 마치 전설이나 신화 속의 극적인 사건처럼, 오래전부터 내 머릿속에 들어 있던 일련의 장면들이 주마등처럼 눈앞에서 펼쳐지기 시작했다. 프랑스 남부 뤼베롱 산악 지대의 작은 마을 루르마랭. 그곳에 있는 한 시골 별장에서 카뮈와 아내 프랑신, 쌍둥이 남매 카트린과 장은 이제 연말 휴가를 마치고 학교 개학에 맞추어 파리로 돌아갈 준비를 하고 있다. 그때 마침 자동차 편으로 파리로 돌아가기로 되어 있던 절친한 친구이자 갈리마르출판사 사장의 조카인 미셸 갈리마르가 카뮈에게 동행을 권한다. 그리고 이틀 후 1960년 1월 4일 월요일 오후 1시 55분, 상스에서 파리로 가는 7번 국도, 빌블르뱅이라는 작은 마을을 지나는 도로 위에서 미셸의 파셀 베가 승용차는 길가의 플라타너스를 들이받고 멈추어 선다. 그 충격으로 카뮈는 목이 부러져 즉사하고, 그의 검은색 가방은 밖으로 튕겨나간다. 나중에 150미터가량 떨어진 곳에서 발견된 그 가방 속에는 카뮈가 루르마랭에서 집필에 몰두했던 마지막 소설 『최초의 인간』 원고가 들어 있었다. 카뮈가 죽는 순간 갑작스레 다가온 때 이른 죽음

『최초의 인간』 초판(1994)

카뮈가 사망하던 그날까지도 집필에 몰두했던 그의 미완성 유작이다. 자전적인 이 작품에서
카뮈는 아버지 찾기, 즉 자신의 뿌리 찾기를 시도하면서 모든 역량을 쏟아부었다. 주인공 자
크는 40년의 시간을 넘나들며 아버지, 어머니, 외할머니, 외삼촌, 자기 자신은 물론이고 알제
리, 병과 가난, 풍요로운 자연에 대한 사랑을 절절하게 되살려냈다. 그래서 카뮈 스스로 이 작
품을 두고 "자신의 『전쟁과 평화』"라 일컫기도 했다. 유족의 불허로 오랫동안 빛을 보지 못한
이 원고는 카뮈 사후 34년 만에 비로소 세상에 공개되었다.

으로부터 진저리치며 달아나 새로운 삶을 욕구하듯 그에게서 멀리 떨어져 나간 그 원고, 그러나 그 후로도 마치 미라처럼 영생의 꿈을 꾸며 어둠의 관 속에서 잠들어 있어야 했던 그 원고가 마침내 오랜 잠에서 깨어나 두꺼운 시간의 먼지를 털고 우리 앞에 모습을 드러 낸 것이었다.

그날 나는 바로 그 책을 사고서 며칠 동안 손에서 놓지 않았다. 그리고 다 읽고 나서는 벅차다고 할까 착잡하다고 할까, 여하튼 나 스스로 가늠하기 힘든 감정을 어렵게 다스려야 했다. 사실, 그동안 카뮈는 내가 특별히 좋아하는 작가의 반열에는 들지 않았다. 프랑 스 문학을 전공한 나는 일찍이 그가 생전에 발표한 세 편의 소설인 『이방인』과 『페스트』와 『전락』을 읽었다. 물론 그 소설들은 내게 강 한 인상을 남겼다. 짧고 단순한 이야기 속에 깊이를 측량할 수 없는 모호함과 수수께끼를 품고 있는 『이방인』은 스핑크스와의 맞닥뜨 림과도 같은 마력을 발휘했다. 『페스트』는 인간 삶의 근본적인 조 건들에 대한 철학적 성찰이 정교하게 구성된 감동적인 서사와 맞물 리며 강한 인상을 남겼다. 그런가 하면 『전락』에서는 인간 내면의 진실을 탐사하는 집요한 성실성과 명석함, 달리 말해 마음의 밑바 닥까지 내려가려는 그 진지하고 철저한 시도에 통렬함을 느끼지 않 을 수 없었다.

하지만 솔직히 말하여 한편으로는 일말의 아쉬움을 떨치기 어려 웠다. 한마디로, 작가가 전달하려는 이념적인 메시지가 과도하여 상대적으로 리얼리티와 정서적 감응의 힘이 약하다고 여겨진 탓이 었다. 그러나 『최초의 인간』은 달랐다. 이 자전적인 작품 속에는 지극히 세부적이고 사실적이면서도 리얼리즘을 넘어서는 카뮈 특유의 삶에 대한 비전이 진솔한 내면의 고백을 통해 절실하게 펼쳐지고 있었다.

실제로 나는 한동안 머리가 어지럽고 속이 메슥거렸는데, 그 까닭은 우리가 완성된 형태로서의 『최초의 인간』을 가지지 못한 데 대한 크나큰 상실감 때문이었다. 카뮈가 좀 더 살아남아 계속하여 자신이 겪은 병과 여자들과 전쟁, 삶의 기쁨과 슬픔, 인간들의 사랑과 비극적 운명을 마저 들려주었다면 얼마나 놀랍고 계시적인 이야기가 서사시처럼 펼쳐졌을까 하는 아쉬움이 나를 놓아주지 않았던 탓이다. 하지만 결코 완성은 불가능하고 미완성으로 완성을 그려내는 것이 인간의 운명이라면 이 소설에서 완성된 모습을 찾는 것은 우리의 몫일 것이다. 이 소설이 그토록 오래 출판되지 못한 이유, 그리고 마침내 이렇게 빛을 볼 수밖에 없었던 이유는 사실 같은 것이다. 한마디로, 너무도 솔직하고 절실하기 때문이었다. 이제 그 솔직함과 절실함이 내 속에서 먹먹한 울림을 일으키고 있었다.

서울에서 만난 카뮈

카뮈와 나 사이에 두 번째 인연이 맺어진 것은 그로부터 10여 년 후의 일이었다. 그 무렵에 나는 소설가로서 글쓰기의 어려움에 맞닥뜨리고 있었다. 언젠가부터 글을 쓰려고 하면 우울증과 무력감이 나를 사로잡았다. 심지어 글 쓰는 일 자체가 우울증과 무력감을 더욱 부추기는 요인처럼 여겨졌다. 그러자 나와 비슷한 심리적 위기에 처해 고통받는 사람들의 모습이 절실하게 다가왔다. 말하자면 우리 삶의 현장에서 일종의 심리적이고 정신적인 페스트균이 만연해 있다는 느낌을 받았던 것이다. 그리하여 나는 한 도시가 자살의 광풍에 휩쓸려 황폐해져가는 가운데 그것에 대항하는 시민들의 노력을 담은, 나 자신의 장편소설 『페스트』를 쓰기 시작했다.

우선 카뮈의 『페스트』를 다시 찬찬히 읽었다. 그때 비로소 그 소설이 전쟁의 알레고리로 읽힐 뿐만 아니라(이미 전쟁은 그의 아버지를 앗아갔다), 카뮈가 겪은 개인적 시련, 즉 자신의 폐 질환과 싸우는 과정을 담은 일종의 메타포로도 읽힌다는 것을 알았다. 그런데 그 점이야말로 내 소설에서 의도한 바였다. 내 소설 또한 집단의 문제인 동시에 나 자신이(혹은 우리 각자가) 겪고 있는 심리적 문제에 대한 메타포였기 때문이다.

그러자 카뮈 자신의 삶이 더욱 실감 나게 되살아났다. 실제로 카뮈의 삶을 자세히 들여다보면 온갖 역경과의 부단한 투쟁이었음을 알 수 있다. 그는 일찍부터 호기심과 열정, 용기와 의지를 가지고서 숱한 고난을 헤쳐왔다. 그는 갓난아기 때 전쟁으로 아버지를 잃었고, 그 때문에 가난했으며, 가족들 대부분은 문맹이었고, 어머니는 선천적으로 귀가 잘 들리지 않는 데다가 남편의 죽음으로 인한 충격으로 말까지 더듬었으며, 카뮈 자신도 결핵에 걸려 젊었을 때부터 수시로 죽음의 문턱을 넘나들었다. 그런가 하면 열정적으로 사랑했던 아내로부터 배신을 경험했고, 자신의 고향 알제리에 대한 애착이 컸던 나머지 오히려 프랑스와 알제리 양쪽으로부터 변절자로 불러야 했다. 또한 정치적인 면에서도 대세를 거스르는 투철한 소신을 고수한 탓에 수많은 적들을 얻었으며, 그 결과 작가로서 성공한 이후에도 끊임없이 불안과 우울 증세와 밀실 공포증에 시달려야 했다.

그러나 그는 기질적으로 활력이 넘쳤고, 인상적인 외모를 타고났다. 가난과 질병으로 단련된 정신을 갖추었고, 알제리라는 이국적인 풍토를 경험하면서 새로운 감수성을 얻었다. 그런가 하면 좋은 스승들을 만났고, 나름의 소신을 가지고 전쟁에 임하여 영웅적인 레지스탕스의 면모를 보였으며, 어떤 정치적인 문제에서든 도덕적 견지에서 고독한 투쟁을 늦추지 않았다. 그 결과 무신론적 성자, 이 시대의 진정한 모럴리스트라는 이름을 얻었으며, 노벨문학상을 받으면서 작가로서 최고의 세속적인 영광을 경험했다. 비록 그로 인해 심리적인 중압감에 시달렸지만. 반항적 인간으로서 자기 갱신의 노력을 게을리하지 않고 늘 새로운 작품 창작에 몰두하다가 어느 날 그 자신도 전혀 예기치 못한 부조리한 죽음을 맞았던 것이다.

그러한 카뮈의 삶은 나 자신의 삶에 대한 묵상의 기회를 제공했고, 그러면서 나는 차츰 그동안 나를 짓누르던 신경증으로부터 서서히 회복될 수 있었다. 그리고 얼마 후 그 과정을 「페스트에 걸린 남자」라는 단편소설에 담았다.

카뮈와의 세 번째 인연은 『이방인』 번역을 맡게 되면서 맺어졌다. 불문학을 전공한 나는 그동안 늘 프랑스 소설들과 긴밀한 관계를 유지하고 싶은 마음을 가지고 있었다. 작가로서도 창작에만 국한되지 않고 영역을 넓히고 싶었다. 그러나 지금까지 나 자신이 번역가라고 생각해본 적은 한 번도 없었다. 말하자면 번역에서 나는 그저 늘 아마추어 문학도일 뿐이었다.

여하튼 그동안 항상 카뮈라는 작가와 제대로 대면하고 싶은 욕구를 가지고 있었던 탓에 기꺼운 마음으로 『이방인』 번역에 임했다. 그 과정에서 차츰 작가가 말하고자 했던, 작품의 저변에 깔린 부조리 철학을 좀 더 명료하게 이해할 수 있었다. 그러자 작품 자체도 지금까지와는 달리 상당히 쉽고 재미있게 읽혔다. 간결한 문체와 짧은 분량의 원고 속에 들어 있는 그 많은 수수께끼들이, 카뮈의 표현대로, "다정하게" 다가온 것이었다. 그리하여 나는 그 '다정함'을 통해 주인공 뫼르소와 강한 교감을 이루면서 스스로 뫼르소가 되어 이 소설을 「나는 뫼르소다」라는 제목의 내적 독백 형식으로 재구성했다. 말하자면 텍스트를 내 식으로 해석하여 다시 쓴 것이었다.

사랑에 이르는 미완성의 도정

그러고서 다시 8년이 지난 후 지금 나는 이 글을 쓰기에 이르렀다. 나는 카뮈를 피할 수 없음을, 그에게 지고 있는 일종의 빚을 갚아야 한다는 것을 알고 있었다. 더욱이 이제라도 그의 문학과 새로이 전면적인 만남을 꾀하는 것은 내게 필요한 일이었다.

카뮈는 마흔일곱 살이라는 그리 길지 않은 삶을 살면서 다섯 편의 소설(그중 『행복한 죽음』과 『최초의 인간』은 그의 사후에 출판되었다)과 네 편의 희곡, 세 편의 문학적 에세이, 두 편의 철학적 에세이, 한 권의 단편소설집, 그리고 많은 신문 기사와 정치 평론과 서평과 여행기를 썼다. 또한 그가 남긴 『작가수첩』이 세 권으로 정리되어 출판되었다.

물론 카뮈는 무엇보다도 소설가였다. 모든 글쓰기의 중심에 소설 작품이 있었고, 소설이야말로 자신이 겪은 심리적이고 실제적인 모든 경험을 총체적이고 상징적으로 표현할 수 있는 수단이라고 믿었다. 하지만 또한 카뮈는 내심 소설이라는 장르를 경계했다. 그는 소설이 공연히 말만 화려한 경향으로 치우칠 뿐, 감정과 사실의 내밀한 경험, 그리고 인간이 일상적인 행동을 통해서 보여주는 감동적인 진실을 번역하는 데는 무능력을 드러낸다고 말한 바 있다. 이 때문에 그는 흔히 말하는 '문학적인' 요소를 고의적으로 기피하는 경향을 보여주었다. 그러나 우리는 그러한 점에서 카뮈 소설에 개성이 있음을 안다. 또한 그는 소설을 통해 공연히 말만 화려한 쪽에 치우치지 않고 감정과 사실의 내밀한 경험, 그리고 인간이 일상적인 행동을 통해서 보여주는 감동적인 진실을 번역하는 데 몰두했음을 짐작할 수 있다.

여하튼 소설이라는 장르에 대한 그러한 믿음과 경계심은 자연스레 그로 하여금 여러 장르의 글쓰기를 실천하도록 이끌었다. 우리가 카뮈의 작품 세계를 한눈에 파악하기 어려운 이유는, 그가 소설가이자 극작가이자 철학적 에세이스트로서 다양한 활동을 했기 때문이다. 하지만 그의 모든 작품들 저변에는 문학과 삶에 대한 그만의 독창적인 이념인 부조리 철학이 공통되게 깔려 있을 뿐만 아니라, 그것들 사이에 하나의 체계가 존재한다는 사실에 주목할 필요

부조리의 작가, 카뮈 (1955)

카뮈의 책을 펴낸, 파리 세바스티앵보탱가에 위치한 갈리마르출판사의 발코니에서 찍은 것이다. 카뮈는 47년이라는 짧은 생애 동안 소설가이자 극작가이자 에세이스트이자 사상가이자 저널리스트로서 다양한 장르의 글쓰기를 했을 뿐만 아니라, 연극 연출가이자 심지어 배우로도 활동했다. 이런 그의 모든 활동의 저변에는 세계의 부조리성에 대한 인식이 깔려 있다.

가 있다.

그는 본격적으로 작품을 쓰기 시작했을 때부터 정확한 계획을 세워놓고 있었다. 우선 그는 기존 가치들에 대한 '부정'의 시각을 세 가지 형식으로 표현하고자 했다. 소설로는 『이방인』이었고, 희곡으로는 『칼리굴라』와 『오해』였으며, 이념적 에세이로는 『시시포스 신화』였다. 그러나 사람은 부정만으로는 살 수 없다는 생각에 '긍정'을 표현해보고자 했다. 소설로는 『페스트』, 희곡으로는 『계엄령』과 『정의로운 사람들』, 이념적 에세이로는 『반항적 인간』이 바로 그것이다. 그리고 그가 세 번째로 구상하기 시작한 작품군은 '사랑'을 표현하는 것이었다. 희곡으로는 돈 후안과 파우스트를 혼합하여 인생에 대해 종합적 명제를 제시하는 작품, 이념적 에세이로는 부정과 긍정을 넘어서서 모순을 견뎌내고 중용을 지키는, 분별과 한계의 여신 네메시스에 대한 작품, 그리고 소설로는 바로 『최초의 인간』이었다. 그러나 그는 '사랑'을 주제로 하는 연작의 기초가 될 이 소설을 끝내지 못하고 세상을 떠났다. 말하자면 부조리에서 반항을 거쳐 사랑이라는 테마에 이르는 삶과 문학의 역정이 미완성으로 그치고 만 것이다.

최초의 인간이자 마지막 인간의 초상

'장소의 정령 le génie du lieu'이라는 말은 프랑스의 누보로망 작가 미셸 뷔토르가 출간한 기행문의 제목이다. 그는 이 책에서 세계의 여러 도시를 방문하며 그곳에 깃들어 있는 삶의 흔적, 자연과 문화와 역사를 일종의 캘리그램calligram* 방식으로 독특하게 그려나갔다. 그럼으로써 자신만이 감지할 수 있는 그 도시의 내밀한 정수를 포착하고자 노력했다.

내가 카뮈에 대한 책을 구상하면서 가장 먼저 장소의 정령이라는 말을 떠올린 까닭은, 카뮈의 삶에서 중요한 의미를 지니는 지상의 장소들을 차례로 방문하는 동안 그곳에 각인되어 있는 그의 실존과 문학의 흔적을 가능한 한 생생하게 경험해보겠다는 생각에서였다. 그런 마음으로 나는 몇 해 전 6월의 어느 날 파리 샤를드골공항에서 자동차로 출발하여 프랑스 북부의 생브리외와 생말로, 서부의 앙제, 동부의 브리앙송과 앙브룅, 중부의 파늘리에, 생테티엔, 리옹, 빌블르뱅, 그리고 남부의 그라스, 카브리, 릴쉬르라소르그, 아비뇽, 아를, 뤼베롱 산악 지대의 도시 등을 돌아보았고, 40여 일 후에 마지막으로 프랑스 남부 루르마랭에 도착했다. 그곳에 있는 카뮈의 무덤 앞에 섰을 때, 나는 문득 그가 『작가수첩』에 죽음에 대해 쓴 구절들을 떠올렸다.

나는 때때로 돌연사를 바라곤 했다. 영혼이 뽑혀나가는 것에 항거해서 절규하는 것을 용서받는 죽음으로서의 돌연사. 또 때로는 길고 줄곧 의식이 또렷한 최후를 꿈꾸기도 했다. 적어도 내가 부지불

---

* 글줄로 된 작품을 시각적 이미지로 표현한 것으로, 특히 프랑스 초현실주의 시인 기욤 아폴리네르의 입체시가 유명하다.

식간에 갑자기 (…) 당했다는 소리를 듣지 않도록 (…).

— 『작가수첩 2』, 425쪽

"영혼이 뽑혀나가는 것"을 의식할 겨를도 없는 급작스러운 죽음과 "길고 줄곧 의식이 또렷한 최후", 카뮈는 둘 중 어느 쪽을 더 원했을까? 하지만 나는 곧 고개를 저었다. 부질없는 질문이었다. 카뮈의 표현대로, 늘 깨어 있고자 노력했고 또 늘 깨어 있던 자에게 죽음은 무력한 것이었다. 어차피 죽을 운명을 타고났음을 알면서 자신에게 부여된 삶을 최대한으로 살고 난 후에 맞이하는 모든 죽음은 행복한 죽음이다. 비극적인 죽음은 있을지언정 불행한 죽음은 없는 것이다.

장 폴 사르트르는 일찍이 카뮈에 대해 인간과 행동과 작품이 한데 결합한 탁월한 사례라고 말한 바 있다. 그러한 '탁월한' 삶이 돌연한 죽음을 맞은 끝에 이제 카뮈는 '지중해의 태양을 품었다'라거나, '아프리카인의 기질을 타고났다'라거나, '신중한 용기와 끈기가 결합된 투우사의 영혼을 지녔다'라는 수식어를 단 신화적 아이콘으로 우리 곁에 남았다.

하지만 또한 우리는, 한순간도 방심하지 않고 늘 일상의 나태와 마비로부터 벗어나기 위해 끈기 있게 노력한 한 인간으로서의 카뮈를 떠올린다.

나는 끊임없는 노력을 통해서만 겨우 창조할 수 있다. 나의 타고난 천성은 부동으로 쏠리는 쪽이다. (…) 일상적인 행동과 (…) 기계적인 것의 매혹에서 벗어나기 위해 내게는 여러 해 동안에 걸친 고집이 필요했다. 그러나 나는 내가 바로 그 노력에 의해 쓰러지지 않고 버틴다는 것을, 그래서 만약 단 한순간이라도 그 사실을 굳게 믿지 않게 되면 벼랑으로 굴러떨어지고 만다는 것을 잘 알고 있다. 이렇게 해서 나는 병으로부터, 포기로부터 벗어나 전력을 다해 머리를 쳐들고 숨을 쉬며 극복한다. 그것이 내 나름대로 절망하는 방식이며 내 나름대로 그 절망을 치유하는 방식이다.

— 『작가수첩 2』, 191쪽

 자신이 큰 고통과 절망을 겪었기에 그는 고통과 절망과 더불어 살아가는 다른 사람들에 대한 양심의 가책 때문에 글을 쓸 수밖에 없었다. 그에게 문학은 우리 모두의 절망과 희망에 대해 이야기하기 위해 자신의 절망과 희망을 고백하는 행위다. 그리고 그것은 또한 "마치 따뜻한 빵을 꼭꼭 눌러 단단하게 뭉치듯이 오직 자신의 생을 두 손에 쥐고 꼭꼭 뭉치는"(『행복한 죽음』) 행위이기도 했다.

 그리하여 오랜 시간과 경험이 응축되어 마침내 작품들이 창조된다. 그러나 그는 늘 실제의 '나'와 자신이 표현하고자 하는 '나' 사이에서 균형을 찾는 데 어려움을 느낀다. 하지만 언젠가 그 균형을 이루어 사랑을 주제로 글을 쓸 수 있으리라 믿으며 계속 앞으로 나아간다. 그럼으로써 불안이나 공포, 섣부른 희망과 위안도 모두 떨쳐버리고서 있는 그대로의 우리 삶의 부조리한 조건들에 명징한 정신으로 대면한다. 그 명징한 정신이야말로 우리로 하여금 고통과 절망과 전쟁과 신과 죽음에 대항하여 승리를 거두게 하고 우리 자신의 존재 의미를 발견하게 하는 가장 중요한 요건이다. 카뮈는 작품과 삶을 통해 우리에게 그 명징한 정신을 실천적으로 보여줌으로써, 우리 각자도 반항과 저항을 통해 자신의 운명을 개척해야 하는 '최초의 인간'임을 상기시킨다.

그러나 최초의 인간이 된 자는 또한 마지막 인간이 됨으로써 자신의 삶을 완성해야 할 것이다. 우리는 태어남으로써 누구나 최초의 인간이 되며, 죽음으로 삶을 마감하면서 누구나 마지막 인간이 된다. 그 사실을 '명징하게' 인식한다면, 마지막 인간이 된다는 것은 최초의 인간이 되는 것만큼이나 중요하고 위대한 일이다.

젊은 시절에 카뮈가 자주 들렀던, 알제리 해변의 티파사에는 카뮈를 기념하는 문학비가 세워져 있고, 거기에는 그의 산문집 『결혼』의 한 구절이 새겨져 있다. "나는 사람들이 영광이라고 하는 것이 무언지를 깨닫는다. 그것은 거리낌 없이 사랑할 권리다. 알베르 카뮈." 거리낌 없이, 아낌없이, 남김없이 '사랑'한다는 것, 그 또한 최초의 인간이자 마지막 인간으로서 우리 각자가 삶의 처음부터 마지막 순간까지 수행해야 할 '권리'이자 의무가 아닐까 한다.

그동안 카뮈의 문학과 삶에 대해서는 실로 많은 책이 출간되었다. 그런 터에 이렇게 또 다른 책을 쓰는 일은 부담스럽지 않을 수 없다. 그런데 문득 이런 생각이 든다. 모차르트, 베토벤, 슈베르트의 음악은 지금도 새로운 연주자들에 의해 계속 새롭게 해석되어 연주되고 있다. 그러한 끊임없는 해석과 연주가 위대한 음악가의 세계를 더욱 확장하여 궁극적으로 완성으로 나아가게 하듯이, 이제 나 또한 카뮈의 문학 세계의 궁극적인 완성을 위해 카뮈의 삶과 소설이라는 악보를 가지고 내 나름의 방식으로 연주하고자 한다.

카뮈에 대해 이야기하는 책들에 자주 인용되는 말이 있다. "카뮈의 작품을 읽는다는 것은 그와 악수하고 싶은 욕구를 느낀다는 것이다."(『스웨덴 연설』) 멋지고 적절한 표현이 아닐 수 없다. 그러나 우리는 『이방인』의 주인공 뫼르소가 낯선 사람과의 의례적인 대화와 형식적인 인사를 싫어한다는 것, 양로원에 막 도착했을 때 원장과 악수를 나누며 거북해했다는 것을 알고 있다. 그는 상대방이 자신의 손을 붙들고 오랫동안 놓지 않자 어떻게 손을 거두어야 할지 몰라 무척 난감해한다.

카뮈는 프리드리히 니체가 가진 불굴의 의지를 자기 속에서 일깨우고자 늘 노력했지만, 또한 섬세하고 상처받기 쉬운 영혼의 소유자였다. 우리가 손을 내밀 때 카뮈는 뫼르소처럼 다소 멋쩍어하고 어색해할 것이다. 그러나 우리가 충분히 조심스럽고 신중하다는 사실을 알게 되면 카뮈는 오랫동안 우리 손을 잡아줄 것이다.

카뮈의 영원한 고향

입처럼 상처처럼 하늘로 열린 곳, 알제

　내가 알제리의 수도 알제에 도착한 것은 아직 대기 속에 햇살이
남아 있는 11월 말의 어느 저녁 무렵이었다. 알제는 카뮈가 태어나
서 삶의 절반을 지낸 곳으로, "입처럼 상처처럼 하늘로 열려 있는"
항구 도시다. 나는 해변에서 멀지 않은 알제 중심가의 알제1대학 근
처에 호텔을 정했다. 저녁 식사를 하기에는 아직 이른 시간이라 가
벼운 차림으로 호텔을 나섰다. 아프리카 대륙이라 겨울인데도 한낮
에는 반팔 옷을 입어도 될 만큼 온화했다. 하지만 밤이 되면 꽤 쌀쌀
해지기 때문에 특히 옷차림에 주의해야 했다.

　유럽풍의 건물들이 늘어선 거리를 따라 바다 쪽으로 걸어가자 만
을 둘러싼 언덕 위의 하얀 집들이 눈에 들어온다. 그 풍경이 알제에
'하얀 여인'이라는 별명을 붙게 했지만, 오랜 세월이 지난 탓에 그
여인도 풍상에 찌들고 퇴락해가는 모습이다.

　나는 이미 이집트와 튀니지, 모로코의 몇몇 도시를 돌아보았기

때문에, 마그레브 지역의 한 도시인 알제가 그리 낯설지 않다. 그러나 지금 내게 알제는 특별하다. 이곳에서 나는 과거를 불러내 카뮈와 만나야 하기 때문이다. 하지만 모든 것이 책에서 읽으며 떠올렸던 이미지들과는 달랐다. 프랑스, 스페인, 이탈리아 등의 유럽 국가로부터 건너온 무일푼의 이주민들 사이에 "무지막지한 잡종 교배"가 이루어지던 인종의 도가니로서의 모습, "인간이라는 식물이 다른 어떤 곳보다도 더 무성하게 자라나는" 분위기는 사라지고 없다. 몇몇 관광객들을 빼고는 완전히 아랍인 일색이다.

프랑스인들이 멋대로 붙인 도로명과 도시명도 다시 아랍어로 바뀌었다. 카뮈가 태어난 몽도비(현재는 드레안으로 이름이 바뀌었다)만 해도 보나파르트 나폴레옹이 1796년 이탈리아 피에몬테의 몬도비에서 승리를 거둔 기념으로 그 도시의 이름을 따서 붙인 것이다. 그런 식으로 새롭게 명명된 알제리의 읍이 한둘이 아니었다. 그러한 불합리하고 부조리한 일을 카뮈가 그저 간과했을 리가 없다. 하지만 카뮈는 적어도 알제리와 관계된 일에서만은 역사보다 인간과 자연과 영원을 앞세웠다. 분명 알제리는 카뮈에게 유럽의 문명에 대항할 수 있는 원초적인 생명력을 주었다. 그러나 그 자신의 근본이 유럽인이었기에 알제리와 일체가 되어 그 속에 깊이 뿌리를 내리는 것은 실패할 수밖에 없었다.

나는 눈을 깜박이며 주위를 둘러본다. 지금 나는 공간뿐만 아니라 시간의 여행자다. 현재적 공간을 벗어나 시간을 넘나들며 카뮈의 글이 내 머릿속에서 펼쳐 보이는 환영을 쫓아야 하는 것이다. 이제 나는 현실과 환상 사이를 여행한다. 그럼으로써 현재의 낯선 무대 위에 시간을 초월하는 영원한 이미지를 구축하기 시작한다. 그렇게 하여 새로이 만들어진 무대 위에서 나는 배우이자 화자가 된다. 카뮈의 말대로, 우리가 자신을 삶을 연기하는 배우로 인식하면 세상은 달리 보인다. 세상과 우리 자신으로부터 거리를 두고서 좀 더 객관적으로 관찰하게 되기 때문이다. 그럼으로써 우리는 이 세상이라는 무대 위에서 자신에게 맡겨진 역할을 인식하여 더욱 바람직한 삶을 하나의 의미 있는 사명으로서 완수하게 되는 것이다. 한 사람의 배우로서 지금 나는 그저 무심하고 무의미한 현재적 상황 위에 결코 잊힐 수 없는 과거의 흔적들이 켜켜이 쌓여 있는 것을 목도한다. 그러면서 삶의 일상적 차원에 머무르지 않고 각성의 단계로 나아가는, 그저 스쳐지나가는 것에서 시간의 깊이를 체험하는 가능성에 눈을 뜬다.

이윽고 나는 알제만이 한눈에 내려다보이는 언덕 위에 이르러 그곳에 중심을 정한다. 그러고는 동쪽으로는 카빌리, 제밀라, 세티프, 안나바, 몽도비, 울레드파예를, 그리고 서쪽으로는 티파사, 오랑, 시디벨아베스 등을 눈앞에 떠올린다. 앞으로 그곳들이 내가 설정한 무대를 구성하는 지점들이 될 것이다. 이제 나는 귓속에서 울리고 있는 카뮈의 말 한마디 한마디에 귀를 기울인다. 카뮈는 내게 좀 더 완벽한 여행자가 되려면 무엇보다도 호시탐탐 우리를 마비시키려 드는 일상과 현재로부터 벗어나서 고행과 훈련의 시간 속으로 들어서야 한다고 충고한다.

여행의 가치를 이루는 것은 바로 두려움이다. 어느 한순간, 우리 나

알제만

오랜 세월 동안 지중해 서부의 요충지 역할을 해온 알제는 기원전 9세기에는 카르타고, 기원전 2세기에는 로마제국, 7세기에는 아랍, 16세기에는 오스만튀르크제국, 19세기부터 20세기 중반까지는 프랑스의 지배 아래 있었다. 1962년에 알제리가 독립하기 전까지 한 번도 독립 국가로 존재해본 적 없이 역사적 부침만을 거듭해온 이곳에는 로마·이슬람 시대의 유적, 아랍·튀르크가 건설한 구시가지, 프랑스가 건설한 신시가지가 혼재해 있다. 이러한 역사적 부조리성을 '부조리의 철학자' 카뮈가 간과했을 리 없겠지만, 그는 적어도 알제리와 관계된 일에서만큼은 역사보다 인간과 자연과 영원을 앞세웠다.

라나 우리말과 그토록 거리가 먼 곳에서(프랑스어로 된 신문 한 장도 말할 수 없는 가치를 지닌다. 그리고 낯선 카페에서 어깨를 맞대고 앉을 사람이 그리운 이런 저녁들도 그렇다) 어떤 막연한 두려움이 문득 우리를 사로잡을 때, 옛 습관들의 보금자리로 되돌아가고 싶은 본능적 욕망이 밀려드는 것이다. 그것이야말로 여행이 가져다주는 가장 확실한 선물이다. 그 순간 우리는 열에 들뜨는 동시에 구멍투성이가 된다. 아주 조그만 충격도 우리의 존재를 밑바닥부터 뒤흔들어놓는다. 폭포처럼 쏟아지는 빛만 모아도 영원이 바로 거기에 있는 듯하다. 그렇기 때문에 자신의 즐거움을 맛보기 위하여 여행한다고 말할 수는 없는 것이다. 나는 오히려 그것이 어떤 고행이라고 본다. 교양이라는 것이 사람의 가장 내밀한 감각, 즉 영원에 대한 감각의 훈련이라고 정의한다면 사람은 자신의 교양을 위하여 여행하는 것이다.

―『작가수첩 1』, 32쪽

태양과 바다를 양식 삼아

다음 날 아침, 호텔 로비의 비즈니스센터에서 운전수와 자동차를 소개받았다. 그동안 나는 북아프리카의 아랍인들로부터 무관심함에서 비롯되는 무례함, 어떤 의도를 감춘 지나칠 정도의 친절함, 그저 습관적으로 여겨지는 까닭 모를 공격성과 맞닥뜨리면서 수시로 어리둥절해야 했다. 다행히 나를 맞이한 남자는 적어도 첫인상으로는 반쯤 벗겨진 머리에 어울리게 조용하고 순해 보이는 사람이었다. 약간 푸른색이 도는 거무튀튀한 얼굴, 이마에 깊이 팬 굵은 주름살, 약간 각지면서도 둥그스름한 얼굴은 상대방을 차분하게 만들어주는 묘한 힘이 있었다.

그는 자신의 이름이 아메드이며, 무함마드, 즉 마호메트에서 온 이름이라고 자랑스러워하는 어조로 말했다. 그러나 얼마 지나지 않아 나는 그에게서도 어느 정도의 무례함과 친절함과 공격성을 고루 맛볼 수 있었다. 특히 늘 은근히 거리를 두고서 가만히 사람을 살피는 기색이 나를 거북하게 했다. 그는 속을 가늠하기 어려운 전형적인 아랍인이었다. 자동차는 은빛 르노 승용차였는데, 차의 주인은 따로 있고 아메드는 단지 고용인인 듯했다.

나는 그와 악수를 하며 인사를 나눈 후에 곧바로 차에 올랐다. 아메드는 카뮈라는 작가에 대해 전혀 알지 못했다. 그로서는 동양의 한 남자가 자신의 나라 알제리에 와서 프랑스인 작가의 행적을 찾는 상황을 이해하기가 쉽지 않았을 터다. 하지만 그것은 우리에게 그리 중요한 것이 아니었다. 그는 내가 일러주는 곳으로 가서 나를 내려주고, 그 자리에서 내가 돌아오기를 기다리거나 때로 동행을 하면 될 뿐이었다.

우선 나는 도심에서 동쪽으로 조금 떨어진 모하메드벨루이즈다 드거리로 향한다.* 그곳에서 우리는 유년 시절의 카뮈를 만날 것이다. 1913년 11월 7일, 카뮈는 알제에서 동쪽으로 195킬로미터 떨어

---

* 프랑스의 주소 표기에서 길 혹은 거리를 가리키는 표현은 'rue' 'route' 'boulevard' 'avenue' 등 다양하다. 그러나 한자를 병기하지 않을 때 생기는 혼란을 피하기 위하여 여기에서는 '거리'와 '대로' 정도로만 변별하여 표기한다.

진 작은 마을 몽도비의 한 농가에서 태어났다. 아버지 뤼시앵 오귀스트 카뮈는 프랑스 이주민의 아들로 과묵한 포도주 제조 노동자였고, 어머니 카트린 생테스는 스페인 이주민의 딸로 거의 말을 하지 않고 벙어리처럼 지내는 여인이었다.

카뮈가 출생한 지 8개월 후인 1914년에 제1차 세계대전이 발발하자 아버지는 주아브라 불리는 알제리 원주민 보병으로 징집되어 프랑스 본토로 투입된다. 그는 혈기 넘치는 병사였지만, 그해 10월에 처음 참전한 마른강 전투에서 머리를 다친다. 그는 군 병원에서 아내에게 자신의 상태에 대해 낙관하는 두 통의 엽서를 보낸 후, 10월 11일 브르타뉴의 생브리외병원에서 스물아홉 살의 나이로 세상을 떠난다. 그는 난생처음 고국 프랑스를 보았고, 거기서 죽고 거기에 묻혔으며, 국가에서 그의 죽음을 애도하는 의미로 마련한, 그의 목숨을 앗아간 유산탄 파편으로 가족에게 돌아왔다.

남편이 떠난 후 1914년에 카트린은 두 아들을 데리고 알제 리옹거리 17번지에 있는 친정어머니의 집으로 들어간다. 그리고 1921년에 가족들 모두 리옹거리 93번지가 위치한 벨쿠르('아름다운 마당'이라는 뜻) 지역으로 이사한다. 프랑스 리옹에서 이주한 이민들이 많이 살아서 리옹거리라고 불리는 그곳은 알제의 빈민촌이었다. 이곳에서 어린 카뮈의 삶이 시작된다. 그러나 리옹거리라는 이름도 지금은 알제리 독립 영웅의 이름을 따서 모하메드벨루이즈다드거리로 바뀌었다.

나는 길게 쭉 뻗은 길을 따라 걷는다. 아메드가 조금 뒤처져서 나를 따른다. 칙칙하게 색 바랜 거리의 풍경은 초라하고 어지럽고 번

카뮈가 성장기를 보낸 리옹거리

프랑스 리옹에서 많은 사람들이 이곳으로 이주해 리옹거리라고 불리다가 알제리 독립 이후 모하메드벨루이즈다드거리로 이름이 바뀌었다. 카뮈는 본래 알제리의 소도시 몽도비에서 태어났다. 그가 한 살도 채 안 되었을 때 아버지가 전장에서 사망하자 막막해진 어머니는 친정이 있는 알제 벨쿠르의 리옹거리로 이사해 가정부 일을 하면서 어린 두 아들을 먹여 살렸다. 카뮈는 비록 빈한한 성장기를 보냈지만, 바다와 태양이라는 풍요로운 자연을 양식 삼아 내적 강인함을 키워나갔다.

잡한 것이, 어쩌면 예전과 별 차이가 없을 듯하다. 짓다 말거나 무너진 집들도 눈에 띈다. 남루한 차림의 아이들이 뛰어다닌다. 나는 이곳에서 카뮈가 어떤 삶을 살았는지 잘 알고 있다. 전기 작가들이 제공하는 정보는 차치하고라도 카뮈 자신이 첫 산문집 『안과 겉』, 첫 소설 『행복한 죽음』, 두 번째 산문집 『결혼』, 최후의 소설 『최초의 인간』, 그리고 『작가수첩』에서 반복하여 아주 자세히 이 시절을 되살려놓았기 때문이다. 그런데 어찌 보면 이해하기 어려운 일이다. 지긋지긋한 가난, 부재하는 아버지로 인한 뼈아픈 상실감, 장애인 가족들에 대한 부끄러움, 폭군처럼 군림하는 외할머니에 대한 애증으로 점철된 과거의 일은 누구나 감추거나 잊어버리고 싶어 하기 마련이다. 이 의문을 푸는 데는 카뮈의 이런 말이 도움을 줄 수 있을 듯하다.

> 어떤 때는 문장들과 단어들의 기나긴 우회를 통해, 아직도 기억 속에 생생하게 살아남아 있는 기억을 찾아가는 때도 있다. 그러면 그 문장들과 단어들은 우리를 그리로 인도해가서 과연 그 감동을 소생시켜놓는다. 그러나 외침 소리로서가 아니라 거대한 파도로서의 감동이다.
> ─ 『작가수첩 3』, 152쪽

카뮈는 어린 시절부터 자신의 상황이 남들과 다르다는 것을 인식했고, 그로 인한 수많은 질문을 가슴에 품고서 남다른 감수성을 키워나갔다. 그리고 그 감수성을 통해 스스로 해답을 찾고자 노력하는 한편 앞으로 나아갈 방향을 노정했다. 따라서 그에게 버릴 것은 아무것도 없을 뿐만 아니라, 삶에 대한 모든 감각이 예민하게 포착되는 지점이었던 유년 시절이야말로 그의 에너지와 자부심의 근원이었다. 그는 작가가 된 후에도 긍정적이고 총체적으로 자신을 되살림으로써 하나의 단단한 자아를 구성하려는 노력을 게을리하지 않았다.

이제 나는 카뮈가 한 살 되던 해에 세례를 받았던, 그러나 지금은 미나레트가 솟아 있는 모스크로 바뀐 생보나방튀르성당을 지난다. 눈에 들어오는 작고 허름한 아파트들, 그러나 굳이 카뮈가 살았던 집을 찾고 싶은 생각은 없다. 어차피 비슷비슷한 그 집들 중의 하나가 카뮈와 내가 만나는 무대를 제공하면 그것으로 족하다. 그 비좁은 집들 중의 하나에서 외할머니와 어머니, 외삼촌 에티엔과 조제프, 그리고 가장 어린 알베르와 그의 형 뤼시앵, 이렇게 여섯 식구가 함께 살았다. 그들은 공동 화장실을 사용했다. 수도나 전기 시설은 없었다.

나는 빈민가에서 살던 어떤 어린아이를 생각한다. 그 동네, 그 집! 2층밖에 안 되는 집이었고, 층계에는 불도 없었다. 여러 해가 지난 오늘날에도 여전히 그는 한밤중이라도 그곳을 찾아갈 수 있을 것이다. 한 번도 발을 헛디디지 않고 그 층계를 단숨에 뛰어 올라갈 수 있으리라는 것을 그는 알고 있다. 그 집은 그의 몸속에 찍혀 있는 것이다. 그의 두 다리는 층층대 하나하나의 정확한 높이를 기억 속에 간직하고 있다. 그의 손에는 아무리 해도 이겨낼 수 없었던 층계 난간에 대한 본능적인 공포감이 남아 있다. 그것은 바퀴벌레 때문이었다.

—『안과 겉』, 54쪽

나는 "몸에 맞지 않게 큰 우의"를 걸친 그 아이의 뒤를 따라 건물 안의 어둑한 공간 속으로 들어간다. 지금 집 안은 텅 빈 듯 인기척이 없다. 그러나 그곳에 어머니가 있다. 『젊은 시절의 글』에서 카뮈는 이렇게 말했다. "그녀는 의자에 앉아 멍한 눈길로 마룻바닥 틈새를 정신없이 들여다본다. 주위의 어둠은 짙어가고 그 속에서 어머니의 침묵은 위안받을 길 없는 서글픔에 젖어 있었다." 아이는 어머니를 발견하고 멈칫한다. "어머니는 아이가 들어오는 소리를 듣지 못한다. 귀가 먹었기 때문이다." 아이는 그 자리에 가만히 서서 물끄러미 지켜본다. "아이는 어머니가 유일하게 행복을 맛보고 있을 그런 태도에 고통을 느낀다." 아이는 문득 무서움을 느낀다. "어머니는 무슨 생각을 하는 것일까. 대체 무슨 생각을 하고 있는 것일까." 그때 어머니가 소스라치며 놀라 왜 그러고 있냐며 아이를 꾸짖는다. 그들은 얼빠진 표정으로 서로 바라본다. 이윽고 가족들이 돌아오면서 일상이 다시 시작된다. "석유 등잔의 둥근 불빛, 방수포로 덮인 식탁, 아우성 소리, 욕지거리"가 좁은 공간을 가득 채운다.

나는 다시 거리로 나와 걷는다. 수시로 건물들의 발코니를 올려다본다. 그곳에서 카뮈의 어머니 카트린이, 그리고 『이방인』의 주인공 뫼르소가 의자에 걸터앉아 아래를 내려다보고 있는 듯한 느낌이 들기 때문이다. 때로 허름한 빈 공간도 유심히 살핀다. 훗날 대학

알제 빈민가 시절의 카뮈

1920년, 카뮈(가운데)가 일곱 살 때 술통 제조인인 외삼촌 에티엔 생테스(뒷줄 오른쪽에서 네 번째)의 작업장에서 찍은 것이다. 카뮈의 어깨에 손을 얹고 있는 이가 그의 형 뤼시앵이다. 외삼촌 에티엔은 귀머거리에 거의 말을 하지 못하는 장애인이었다. 훗날 카뮈는 『최초의 인간』에서 사냥과 수영에 자신을 데리고 다니던 그에 대한 기억을 감동적으로 되살려놓았다.

생이 되었을 때, 카뮈는 아마추어 악단이 쓰는 벨쿠르의 한 창고에서 연극 연습에 몰두했다.

이윽고 나는 옴브라거리로 접어들어 도로에 면해 있는 커다란 4층 건물 앞에서 걸음을 멈춘다. 그곳은 카뮈가 다니던 공립학교다. 1923년 졸업반이 되었을 때, 집 안에 책이나 잡지가 한 권도 없는, 이를테면 문화와 역사의 진공 상태에서 살고 있는 이 소년은 의무교육만 마치고 곧바로 생활 전선에 뛰어들어야 할 처지였다. 그때 담임교사 루이 제르맹이 그의 재능을 눈여겨보고서 완고한 외할머니를 설득한다. 제르맹 선생으로부터 무료로 개인 교습을 받은 카뮈는 다음 해에 중고등부 장학생 선발 시험에 합격하여 그랑리세에 진학한다. 말하자면 제르맹 선생은 카뮈에게 아버지의 부재를 상당 부분 보상해주는 존재였다. 카뮈는 그 고마움을 평생 잊지 않았으며, 노벨문학상 수상 소식을 들었을 때 스승에게 보내는 편지에 이렇게 쓴다.

선생님이 아니었다면, 선생님이 당시 가난한 어린 학생이었던 제게 손을 내밀어주지 않았다면, 선생님의 가르침이, 그리고 손수 보여주신 모범이 없었다면 이 모든 것은 있을 수 없었을 것입니다. 저는 이 수상의 영예를 지나치게 중시하지는 않습니다. 그러나 이것은 적어도 제게는 (…) 선생님의 노력, 일, 그리고 거기에 바치는 너그러운 마음이, 나이를 먹어도 선생님께 감사하는 학생이기를 결코 그치지 않았던 한 어린 학생의 마음속에 언제나 살아 있음을 말씀드릴 기회가 됩니다.

─『스웨덴 연설 · 문학 비평』, 278쪽에서 재인용

그랑리세에 진학한 카뮈는 벨쿠르에서 전차를 타고 도시 반대편의 종점인 구베른느망광장('정부청사광장'이라는 뜻)에서 내려 바벨우에드거리를 10분쯤 걸어서 학교로 간다. 왼편은 카스바이고, 오른편은 선원들의 거주 지역이다. 빈민가 벨쿠르와는 전혀 다른 풍경이다. 이제 카뮈에게는 새로운 세계가 열린다. 카뮈와 학생들은 전차 운전사들을 경탄의 눈길로 바라보고, 귀갓길에는 중심가 아케이드의 상점 주인들을 놀리다가 곤욕을 치르기도 한다.

학교는 그에게 도피처이자, 책과 더불어 지적 욕구를 마음껏 채우며 새로운 세계로 날아오를 수 있는 자유와 해방의 공간이다. 하지만 그 때문에 집에서는 낯선 세계에 속하는 이방인이 되어 점점 침묵한다. 그런가 하면 학교에서도 점차 이방인이 되어간다. 유복한 친구들과 어울리면서 자기 집의 가난을 더욱 뚜렷하게 의식하게 되었기 때문이다. 훗날 그는 『작가수첩 3』에 이렇게 쓴다. "우리 집에는 안락의자 하나 없다. 몇 개 안 되는 의자들. 항상 그렇다. 헤이해지는 적도 없지만 안락도 없다."

가정환경 조사서에 그는 국가 보호 대상자로 기재된다. 아버지가 나라를 위해 싸우다가 전사했기 때문이다. 그런데 어머니의 직업에 대해 써야 할 때, 친구가 일러준 대로 '가정부'라고 적어 넣는 순간 수치심을 느끼는 동시에 수치심을 느낀다는 사실 자체를 또한 수치스러워한다. 1925년부터 1928년까지 여름방학에는 알제 중심가에 있는 철물점에서 점원 노릇을 하거나, 해안 대로변의 해운 중개소에서 사원으로 일해야 하는 것이 그의 형편이었다.

이제 그에게 '가난'은 중요한 화두가 된다. 우선 그는 가난을 부

카뮈의 청소년 시절 주요 무대인 구베른느망광장

카뮈의 초등학교 담임선생인 루이 제르맹의 적극적인 지지와 무료 개인 교습으로 중고등 과정에 들어가게 된 카뮈는 아침저녁으로 전차를 타고 구베른느망광장에서 내려 학교를 다녔다. 자신이 살고 있는 빈민가와는 분위기가 전혀 다른 이곳은 그에게 새로운 세계로 가는 문턱으로서, 『최초의 인간』의 주요 무대로 다시 등장한다. 알제리 전쟁 이후 이 광장은 순교자광장으로 이름이 바뀌었다.

끄러워하는 자신을 부끄러워하는 한편, 부끄러움을 느끼는 자신을 용납할 수 없다. 무엇보다도 비록 절망적으로 사랑할 수밖에 없다 할지라도 지금 있는 모습 그대로의 어머니야말로 그가 이 세상에서 가장 사랑하는 존재임에는 변함이 없기 때문이다. 처음에 그는 가난을 회피한다. 그 대신 자신에게 무상으로 제공된 태양과 바다에 탐닉한다. 『안과 겉』에서 말했듯이 실제로 그 무렵에 그는 "다른 것을 꿈꾸기에는 너무나 감각에 열중했다."

　　여러 달 동안 시내의 거리는 사람 하나 안 보일 정도로 황량하다.
　　그러나 가난한 사람들과 하늘은 남는다. 우리는 그 가난한 사람들
　　과 더불어 항구 쪽으로, 그리고 미지근한 바닷물, 여인들의 갈색 육
　　체와 같은 인간의 보물들을 향하여 내려간다. 이 같은 풍요를 만끽
　　한 그들은 저녁이 되면 기름 먹인 천으로 된 식탁보와 석유등이 고
　　작인 그들 인생의 무대장치 속으로 되돌아온다.
　　　―『결혼, 여름』, 35쪽

　　도시의 가난과 자연의 풍요로움으로부터 삶의 모순을 인식하는 동안, 점차 그에게서 역전이 일어난다. 가난은 이해할 수도 용납할 수도 없는 것이다. 그러자 자연의 풍요가 더 절실하고도 계시적으로 다가오면서 그의 육체적 활력과 정신의 강인함을 북돋우어준다. 그것은 또한 세상의 부조리함을 명확히 인식할 때 얻을 수 있는 힘이다. 이방인으로서의 자부심이 그의 속에서 자리 잡는다.

나는 가난과 나의 가족이 수치스러웠다(하지만 그들은 괴물이다!). 그런데 내가 그것에 대한 이야기를 소박하게 할 수 있게 된 것은 이제 더 이상 그 수치심을 수치스럽게 느끼지 않고, 그런 것을 느꼈다는 것 때문에 나 자신을 더 이상 멸시하지 않기 때문이다. (…) 이제 나는 안다. 내가 살고 있는 집 앞에 이르렀을 때 나보다 잘사는 어떤 친구의 얼굴에서 놀라움을 감추지 못하는 기색을 읽었던 그 시절에 대해 괴로움을 느끼지 않기 위해서는 영웅적이고 예외적인 순수함이 필요했을 거라는 것을 말이다.

그래, 나는 마음이 상했다.(…) 그리고 스물다섯 살이 될 때까지 그 상한 마음을 기억할 적이면 화가 나고 부끄러웠다. (…) 이제는 내가 그렇다는 것을 알고 그런 것이 좋게도 나쁘게도 느껴지지 않으니까 다른 것에 관심을 가질 수 있게 되었다.

— 『작가수첩 2』, 219쪽

그리하여 그는 『젊은 시절의 글』에서 이렇게 말할 수 있게 된다. "집 없는 사람들, 굶주린 사람들, 떠돌이들에게도 심장이 있고 영혼이 있다. 그 영혼은 누구보다도 더한 욕망으로 부풀어 있어서 그만큼 더 아름다운 것이다." 『안과 겉』에서는 이렇게 말한다. "가난이 나에게 불행이었던 적은 한 번도 없다. 빛이 그 부를 그 위에 뿌려주는 것이다." "나의 어린 시절 위로 내리쬐던 그 아름다운 햇볕 덕분에 나는 원한이라는 감정을 품지 않게 되었다. 나는 빈곤 속에서 살았으나 또한 일종의 즐거움 속에서 살았다. 무한한 힘을 나 자신 속에서 느끼고 있었다. 다만 그 힘을 쏟을 만한 곳을 발견하기만 하면

될 것이었다. 가난은 그러한 나의 힘을 가로막는 장애가 되지 않았다. 아프리카에서 바다와 태양은 돈 안 들이고도 얻을 수 있는 것이다." "그러므로 내가 체험한 빈곤은 나에게 원한을 가르쳐준 것이 아니라, 오히려 어떤 변함없는 마음, 그리고 묵묵한 끈기를 가르쳐주었다. 내가 그것을 잊어버리는 일이 있었다면 그 책임은 오로지 나에게, 또는 나의 결점에 있는 것이지, 내가 태어난 그 세계에 있는 것이 아니다." "아무것도 부러워하지 않는 것, 그것은 나의 권리다."

나는 아메드의 차로 벨쿠르에서 출발하여 해안 도로를 따라 바벨우에드 지역으로 간다. 하얀 모스크가 서 있는 구베른느망광장은 알제리 독립전쟁에서 희생된 사람들을 기리는 의미에서 순교자광장으로 이름이 바뀌었다. 잠시 후 나는 카뮈가 다닌 고등학교인 그랑리세 앞에 이른다. 이제 이름이 에미르압델카데르고등학교로 바뀌었는데, 아름다운 아치형 기둥들이 인상적이다. 그 번듯한 흰색 건물을 처음 마주했을 때 카뮈가 느꼈을 경이로움과 감동이 충분히 감지된다.

우리는 다시 순교자광장으로 나온다. 이 광장과 그랑리세는 카뮈의 마지막 소설 『최초의 인간』의 무대가 되어, 활기차고 짓궂으면서도 예민하고 자존심 강하고 지적 호기심이 넘쳐나는 청소년 시절 카뮈가 안팎으로 겪는 드라마를 생생하게 되살려준다. 저 광장 한쪽에 앉아서 『최초의 인간』을 다시 읽는다면 그야말로 가상현실 속으로 들어와 있는 듯 머릿속이 어쩔어찔해질 것이다.

죽음이라는 부조리

　카뮈가 견뎌내야 했던 질곡은 가난에 그치지 않았다. 죽음에 근접한 치명적인 질병이 그를 기다리고 있었다. 1930년, 대학 입학 자격시험에 합격하여 알제대학 철학반으로 진급한 그는 아르바이트로 학비를 버는 고단한 생활 가운데서도 학업에 전념한다. 대학생 특유의 열정을 잃지 않았던 그가 특히 공을 들인 것은 축구, 독서, 사랑, 역사(사회적 활동), 연극이었다. 축구팀 골키퍼로 활동하던 중, 12월의 어느 일요일에 땀을 흘리며 시합을 마치고 돌아온 카뮈는 오한에 떨다가 자리에 눕는다. 얼마 후 그는 벨쿠르에서 멀지 않은, 빈민들을 위한 무스타파병원의 보통실에 입원한다. 오른쪽 폐 공동에 파열성 궤양이 발생한 폐결핵이었다. 그래도 국가 유공자의 자녀였던 덕분에 무료로 치료를 받을 수 있었다. 그러나 날마다 환자들의 기침 소리와 가래 끓는 소리에 시달리면서, 이제 정상적인 세계로부터 완전히 격리되었다는 사실에 대한 두려움과 더불어 건강한 사람들에 대해 "지독한 질투"에 사로잡힌다. 카뮈가 초기에 쓴 「가난한 동네의 병원」이라는 제목의 산문에는 그때의 경험이 이렇게 기록되어 있다.

　　학교가 파해서 쏟아져 나오는 한 무리의 아이들처럼 결핵 환자들의 방에서 환자들의 물결이 밀려 나왔다. 그들은 장의자를 등 뒤로 끌고 있어서 발걸음이 순조롭지 않았다. 그들은 몰골이 추하고 뼈가 앙상했는데, 숨이 차도록 웃거나 기침을 해대는 바람에 그들의 무리에서 요란한 소음이 아침의 민감한 공기 속으로 솟구쳐 올랐다. 그들은 오솔길 한쪽의 아직도 젖어 있는 모래 위에 동그랗게 자리를 잡았다. 또다시 웃음소리, 짧막한 말소리, 기침 소리, 한동안 더 계속되는 듯싶더니 갑작스러운 침묵. 남은 것은 오직 햇빛뿐.

—『젊은 시절의 글』, 148쪽

카뮈가 치료를 받았던 무스타파병원은 도심에서 조금 남쪽에 위치한 곳에 지금도 남아 있다. 옥상에 커다란 병원 간판을 단 그 번듯한 흰색 건물은 이제 질병 분야에서도 인간적인 낭만이 사라졌음을 말해주는 듯하다.

우리는 다시 차에 올라 알제의 명동이라고 할 수 있는 미슐레거리로 향한다. 디두슈무라드로 이름이 바뀐 그 거리는 남쪽 고원에서부터 무스타파병원을 지나 북쪽의 바다를 향해 알제대학 앞으로 내리뻗은, 이 도시에서 가장 길고 번화한 길이다. 길을 따라 달리다가 신호등 앞에 정차했을 때, 나는 차에서 내려 걷는 쪽을 택한다. 얼핏 유럽의 한 도시에 와 있는 듯한 느낌도 들지만, 이슬람 국가의 분위기가 강한 탓에 노천카페에 앉아 백포도주를 마실 수 있는 여유는 허용되지 않는다.

대학생이 된 후로 이 거리는 카뮈의 주된 활동 무대가 된다. 그리고 이 거리 어딘가에 카뮈가 퇴원 후에 머문 이모부 귀스타브 아코의 집이 있었다. 처음으로 집을 떠난 카뮈에게 이모부의 집에 있는 호화로운 가구들과 훌륭한 책들을 소장한 서재는 새로운 세상이었다. 카뮈의 문학적 소양이 그곳에서 변화의 국면을 맞았음은 분명

카뮈의 대학 시절 주된 활동 공간인 미슐레거리의 옛 모습

알제대학 앞으로 내리뻗어 있는 미슐레거리는 알제에서 가장 번화한 거리이기도 하다. 카뮈는 폐병 치료를 받은 뒤 요양하기에 적합하지 않은 어머니의 집을 떠나 이곳에 있는 이모부 집에서 기거하기 시작했다. 푸줏간 주인이었던 이모부 덕에 카뮈는 건강한 고기를 충분히 먹었고, 옷과 용돈 등 재정적인 지원까지 넉넉히 받았다. 무엇보다도 이모부 집에는 자신의 집에서는 절대 접할 수 없었던 훌륭한 책들을 소장한 서재가 있었으니, 카뮈가 글쓰기의 세계로 들어서게 되는 한 계기가 되었다. 나중에 이 거리의 이름은 디두슈무라드거리로 바뀌었다.

한 일이다. 게다가 아코 이모부는 그에게 "아버지란 어떤 존재인가를 어느 정도 상상할 수 있게 해준 유일한 사람이었다."(『젊은 시절의 글』) 그러나 카뮈의 애인 시몬 이에를 탐탁하게 여기지 않았던 이모부와 불화를 일으키면서 그곳을 떠난다.

그 후로 카뮈는 아주 드물게 잠시 벨쿠르의 어머니 집에 머물 뿐 거처를 계속 옮긴다. 처음에 그는 병으로 인해 위축감을 느낀다. 그는 삶에 대한 열정의 한가운데에서 갑작스레 죽음이라는 부조리를 만났고, 이제 죽음은 그에게 가장 중요한 테마가 된다. 그러나 얼마 지나지 않아 반발심이 생겨난다. 병에 걸렸다는 사실로 주눅이 들어 늘 죽음만 생각하며 사는 것은 살아서도 죽음에 굴복하여 죽음을 사는 것이다. 병에 걸려 오래 살지 못하게 된다면 오히려 죽음을 물리치고 자신에게 부여된 삶을 최대한으로 살아야 마땅하다.

그리하여 그는 "지옥은 이 육체를 가지고 사는 삶이다. 소멸보다는 그래도 이 육체가 낫다"(『작가수첩 1』)라고 스스로 다짐하는 동시에 이렇게 외친다. "인간 조건을 받아들인다? 그게 아니라 반대로, 반항이 인간의 본성 속에 잠재한다고 나는 믿는다."(『젊은 시절의 글』) 달리 말해 그는 가난과 병과 죽음이라는 인간 조건의 부당함을 인식한다. 그것들은 결코 우리가 원했던 것도, 우리에게 책임이 있는 것도 아니기 때문이다. 그러므로 두려워하거나 원망하는 대신, 다만 반항하고 거부해야 할 대상일 뿐이다.

중병에 걸려서 잠시 동안 생명력을 잃고, 그로 인하여 내 속의 모든 것이 온통 모습을 바꾸어버렸을 때도 보이지 않는 폐병(고칠 수 없는 병)과 그로 인하여 전에 없이 느끼게 된 허약함에도 불구하고, 나는 공포감과 낙담은 경험했지만 원망이라는 것은 끝내 모르고 지냈다. 그 병은 내가 이미 받고 있던 구속에다가 또 다른 구속을, 그것도 가장 가혹한 구속을 덧붙이고 있었다. 그러나 그 병은 결국 저 마음의 자유를, 세속적인 이해관계에 대하여 얼마만큼 거리를 둘 수 있는 심리 상태를 돕게 되었던 것이다. 그것이 항상 내가 원한의 마음을 품지 않도록 지켜주었다.

—『안과 겉』, 21쪽

요컨대 가난과 병은 그에게 특별한 계기가 된다. 그리고 그 계기를 통해 연극과 글쓰기에 새롭게 눈을 뜬다. 병에 걸려 스포츠의 '단순한 기쁨'을, 늘 병과 죽음 앞에 직면한 인간적 외로움을 이겨내기 위한 연대감을, 몸의 감각과 움직임에 대한 관능적 열정을 더 이상 누리지 못하게 된 그는 자신이 상실한 것을 거의 그대로 연극 활동에서 되찾는다. 그런가 하면 가난과 죽음이라는 인간의 일, 인간의 역사, 인간의 조건에 대비되는 태양이라는 자연의 힘, 더 영원하고 더 본질적인 존재 혹은 관념을 인식한다. 그럼으로써 그 사이에 존재하는 가장 의미 있는 인간적 행위로서의 창조 행위에 눈을 뜬다. 말하자면 연극과 글쓰기는 카뮈가 평생 동안 자신의 실존을 확인하며 죽음에 반항하는 의미를 가진 두 가지 행위였다. 연극과 글쓰기를 통해 그는 자신을 다시 창조할 수 있으리라 믿었다.

사람의 얼굴은 둘이다

카뮈는 1947년에 쓴 「과거가 없는 도시들을 위한 간단한 안내」
라는 산문에서 알제를 여행하는 법에 대해 이렇게 말한다.

> 나는 예민한 감각을 지닌 여행자에게는 알제에 가거든 항구의 궁
> 륭 아래로 가서 아니스 술을 마시고 아침에는 어장 식당에 가서 금
> 방 잡아 와 숯불 화덕에 구워주는 생선을 먹어보라고 권하겠다. 그
> 리고 (…) 인생이 항상 손쉽기만 한, 바닷가의 물속에 기둥 박아 세
> 운 일종의 무도장 파도바니식당에 가서 저녁을 먹고 아랍 사람들
> 의 공동묘지를 찾아가보라. 우선은 그곳에서 고즈넉한 평화와 아
> 름다움을 만나기 위해서, 다음으로는 우리가 죽은 자들을 안치하
> 는 저 끔찍스러운 죽음의 도시들이 얼마나 한심한 것인가를 바로
> 헤아려보기 위하여. 그런 뒤에 카스바에 있는 푸줏간 거리로 찾아
> 가 비장이며 간장막, 온 사방으로 피가 뚝뚝 떨어지고 있는 피투성
> 이 염통들 사이에서 담배를 피워보라(그 중세 시대 같은 곳의 냄새가 어
> 찌나 독한지 담배는 필수적이다).
>
> ─『결혼·여름』, 129~130쪽

카뮈의 글들에서 가볍고 유쾌한 어조로 쓰인 몇 안 되는 것 중의
하나다(하지만 그 와중에도 죽음을 경외하여 무덤을 꾸미고 가꾸는 인간들을
한심스러워하는 신랄함을 잊지 않는다. 그에게 죽음은 다만 추악하고 경멸해야
마땅한 것이다). 나는 카뮈의 안내를 따라 느긋하게 시간을 보내며 알

제를 누리기로 한다.

우리는 알제의 카스바로 통하는 입구에 도착한다. 카스바는 옛 이슬람 도시의 구시가를 의미하는 일종의 메디나다. 이미 나는 모로코의 마라케시와 페스의 메디나에서 무척 흥미로운 시간을 보냈기에 알제의 카스바에 대해서도 큰 관심을 가지고 있었다. 나는 카스바를 천천히 둘러보며 걸어서 내려가기로 한다. 내리막길 안으로 들어서자 항구가 내려다보인다. 묘하게도 나는 이 높은 곳이 아니라 저 아래 항구에 서서 카스바를 올려다보는 듯한 느낌을 받는다. 카뮈는 『결혼·여름』에서 이렇게 말한다. "항구 저 위에는 카스바 거리의 하얀 입방체 모양을 한 집들이 아물아물하게 내려다보고 있다. 수면과 같은 높이에서 바라보면 아랍 도시의 저 야생적인 백색을 배경으로 하여 수많은 육체들이 구릿빛 띠 장식 같은 벽을 펼쳐 보이고 있음을 알 수 있다."

경사진 지형을 잘 살린 구불구불한 좁은 길이 나를 이끈다. 카스바는 다양한 전통이 통합된 뿌리 깊은 지중해 이슬람 문화를 대표하는 전통적인 거주 방식의 뛰어난 사례로 알려져 있다. 그만큼 복잡하고 격동적인 역사가 담겨 있다는 뜻이다. 그러나 모로코의 마라케시와 페스의 메디나에 비하면 대체적으로 많이 훼손되고 상당

카스바의 골목

카스바는 아프리카 북서부 지중해 연안에 위치한 대표적인 역사적 도시로, 미로처럼 얽혀 있는 이곳의 비좁은 골목과 오랜 세월의 흔적은 오욕으로 점철된 알제리 역사를 고스란히 비추어주는 거울 같다. 프랑스인이자 알제리인이라는 이중의 정체성을 가진 카뮈는 이 공간에 대하여 어쩔 수 없는 낯섦을 느끼면서도 동시에 깊은 애정을 가지고 있었다.

히 썰렁한 분위기다. 이곳이 서민 주거지처럼 퇴락한 데는 유럽에서 온 이주민들의 영향이 크다고 한다. 한때 이곳이 외젠 들라크루아의 그림 연작 〈알제의 여인들〉에서 느껴지는 것처럼 퇴폐적이고 이국적인 분위기를 풍기는 술집이나 홍등가로 채워진 할렘이었던 것도 서구인들의 영향이었을 것이다. 문득 1937년에 쥘리앵 뒤비비에가 감독하고 장 가뱅이 주연을 맡은 〈페페 르 모코〉(우리나라에서는 〈망향〉이라는 실로 이상한 제목으로 개봉되었다)라는 영화가 떠오른다. 알제의 카스바가 중심 무대인 이 영화에서도 나는 서구의 상업주의에 편승한 허황될 정도로 낭만적인 감상주의가 단지 이국적인 정취를 미끼로 삼기 위해 카스바의 실체와 정신을 얼마나 훼손했는지를 분명히 목도할 수 있었다(카뮈도 분명 이 영화를 보았을 것이나, 그는 침묵한다).

카스바가 중심 무대가 된 주목할 만한 또 하나의 영화는 질로 폰테코르보 감독의 1966년 작품 〈알제리 전투〉다. 이 영화에서 카스바는 프랑스 식민지 시대 말기 독립운동가들, 즉 알제리 민족해방전선 조직원들의 기지로 변한다. 그들이 "우리가 카스바를 정화하겠다"라고 선언하는 것은 따라서 우연이 아니다. 그 시절 독립 투쟁을 위한 게릴라전의 거점이었던 곳이 지금은 이슬람 원리주의자들이 출몰하는 곳이 되었다. 골목마다 무장 경관들이 유난히 많이 눈에 띄는 것도 그 때문이다.

20대 청년으로서 알제에 살고 있을 때, 카뮈는 카스바를 좋아했다. 이 미로와도 같은 길들을 자주 산책했으며, 모퉁이의 카페에서 여자들과 데이트를 했다. 그는 『작가수첩 1』에 이렇게 쓴다. "가난하면서도 찬란한 카스바." 또한 이런 구절도 눈길을 끈다. "카스바: 자기 자신과 분리되는 어느 한순간이 찾아오는 법. 어둡고 끈적거리는 골목길 한가운데서 반짝이는 작은 숯 불빛." 여기에서 '자기 자신과 분리'된다는 것은 무슨 뜻일까. 그는 이렇게 말한다. "지성인은 이중의 존재가 되는 자. (…) 나는 둘이 된다는 게 만족스럽다." 아마도 이 말은 세상사에 대한 마음속 의혹으로부터 달아나서는 안 된다는 것, 세상을 감각하고 누리는 자아와 그 세상에 대해 의혹을 품고서 "두 눈을 크게 뜨고 있으려" 하는 자아를 동시에 유지하겠다는 뜻일 것이다. 여기에서 우리는 카스바에 대해 카뮈가 지니고 있는 어쩔 수 없는 낯섦과 마음속에서 우러나오는 깊은 애정, 프랑스인이자 북아프리카인으로서 그의 이중적 정체성에 대한 자의식 또한 인식할 수 있다.

그런데 여기에서 영화 〈알제리 전투〉가 다시 머리에 떠오른다. "사람의 얼굴은 둘이다. 하나는 웃고 하나는 운다." 영화 속 알제리 민족해방전선 조직원들 사이의 암호다. 카뮈의 생각과 크게 다르지 않아서 흥미롭다. 그러나 웃든 울든 얼굴은 하나가 아닌가. 얼굴은 울 수도 있고, 웃을 수도 있는 것이 아닌가. 그렇다면 카뮈의 말대로 "어느 것도 거부하지 않으려는 의지"가 중요한 게 아닐까.

지중해 연안의 고장들은 내가 살아갈 수 있고 삶과 빛을 사랑할 수 있는 유일한 고장인 것이 사실이다. 그러나 삶의 비극성이 인간의 마음을 강박적으로 사로잡고 있으며 가장 깊은 침묵이 거기에 깃들어 있다는 것 또한 부정할 수 없는 사실이다. 이 세계와 나 자신의 이 같은 안과 겉 사이에서 나는 그 어느 하나를 선택하는 것을 거부한다. 한 인간의 절망한 입술에서도 미소를 발견할 수 있을진대 어찌 이것과 저것을 서로 떼어서 생각할 수 있을 것인가.

—『젊은 시절의 글』, 233쪽에서 재인용

지중해는 역사적으로 온갖 인종과 문화가 한데 뒤섞여 끓어 넘치던 곳이다. 카뮈에게서도 프랑스와 북아프리카를 이어주는 것이 곧 지중해다. 지중해인으로서 그는 삶의 도저한 다양성 속으로 자신을 던지고 싶은 욕구를 자기 속에서 발견한다.

세계 앞의 집

이제 우리는 도심을 등지고 알제 뒤편의 고지대로 오른다. 카뮈는 1934년 스물한 살의 나이에 건강이 다소 회복된 후, 알제대학에서 스무 살의 시몬을 만나 사랑에 빠지고 6월에 결혼식을 올린다. 그러나 그 결혼은 그에게 여러 가지 어려움을 겪게 한다. 우선 시몬은 뛰어난 미모와 도발적 행동으로 남자들의 시선을 끌어 카뮈에게 질투심을 느끼게 했을 뿐만 아니라, 어렸을 적 생리통에 시달릴 때 안과 의사였던 어머니가 모르핀 주사를 놓아준 이후로 모르핀에 중독된 상태였다. 시몬의 이러한 불안정한 상태로 인해 카뮈는 심리적으로 고통을 겪으며 그녀가 마약을 끊고 정상적인 생활을 하도록 애써야 했다. 게다가 생계를 꾸리기 위해 가정교사로 일하고 여름에는 알제도청의 자동차 면허증 및 등록증 교부 부서에서 근무하기도 했다. 가난의 굴레는 여전히 카뮈의 목을 죄었다.

우리는 알제 언덕 이드라 지역의 높고 구불구불한 길을 따라 천천히 달린다. 그곳 어딘가에는 카뮈가 이모부의 집을 나와 시몬의 어머니에게 도움을 받아 신혼살림을 차린 집이 있었다. 그리고 그에게 평생의 스승이자 문우였던 그르니에의 집도 근처에 있다고 했다. 카뮈는 그곳에 살면서 전차 삯을 아끼기 위해 아침 일찍 일어나 걸어서 출근해야 하는 처지였고, 결국 두 달이 채 못 되어 병이 재발하고 말았다. 그러나 카뮈는 특유의 의지력으로 견뎌냈다. 그르니에의 설득에 따라 국제주의적 성향의 공산당에 입당하여 회교도들을 회유하는 선전 업무를 담당한 것도 그 무렵이었다. 얼마 후부터는 공산당 활동의 일환으로 뜻이 맞는 동료들과 노동극단을 창단하여 연극 활동에 몰입하기 시작했다.

그 무렵에 또다시 치명적인 불행이 그를 기다리고 있었다. 1936년 초여름에 카뮈는 아내와 친구 이브 부르주아와 함께 중부 유럽으로 카누 여행을 떠난다. 도중에 잘츠부르크에 이르렀을 때, 그는 그곳 우체국에서 유치우편으로 도착한 편지들을 열어보다가 끔찍한 진실과 맞닥뜨린다. 아내 시몬에게 마약을 공급해주는 의사가 사실은 그녀의 정부라는 사실을 알게 된 것이다. 지중해적 마초 기질을 지녔던 그에게 그 일은 큰 상처가 되었고, 이후로 그는 여자들에 대해 애증의 이중적 감정을 지니게 된다.

그 시기에 그를 구원한 것은 역설적이게도 여자 친구들이었다. 잔 폴 시카르와 마르그리트 도브렌이 그들이었는데, 그들은 알제 언덕에 있는 집을 구입하여 함께 살고 있었다. 그들은 시몬과 별거 상태인 카뮈를 받아들였다. 아내의 배신으로 큰 충격을 받았던 카뮈는 '세계 앞의 집'이라는 이름의 그곳에서 차츰 위안을 얻는다.『작가수첩 1』에 그는 이렇게 쓴다. "'세계 앞의 집'은 재미있게 노는 집이 아니라, 그 안에 있으면 행복한 집이다." 장차 그 집은 단지 '행복한' 공간이 아니라, 자신의 운명을 스스로 만들기로 뜻을 세운 카뮈가『행복한 죽음』과『칼리굴라』를 쓰는, 초기 작품들의 산실이 된다.

나는 여러 정보를 종합하여 그 집이 이드라 언덕에서 동쪽으로 이어지는 고지대의 시디브라힘거리와 아망디에거리 사이에, 미슐레거리를 굽어보는, 항구 쪽을 향한 옥외 테라스를 가진 집이라고 짐작하고서 주변의 집들을 살핀다.

앞이 탁 트여 전경이 내다보이는 그 집은 마치 세계의 오색빛 무도회 저 위에서 작열하는 하늘에 매달린 작은 배 같았다. (…) 흰 빨래와 빨간 지붕들, 지평선이 끝에서 저 끝까지 주름 하나 없이 당겨서 펼친 듯한 하늘 아래 미소 짓는 바다, 이러한 색깔과 빛의 축제를 향해 '세계 앞의 집'은 그 널찍한 창문들을 내놓고 있었다. 그러나 저 멀리서는 보랏빛 높은 산들의 능선이 물굽이와 만나면서 멀리 보이는 그 윤곽선 안에 그 같은 도취를 담아놓았다. 그래서 아무도 가파른 길과 거기까지 오르는 피곤을 불평하지 않았다. 매일 정복해야 할 기쁨을 가지게 되었다.

—『행복한 죽음』, 130~131쪽

그 집에서는 고양이 두 마리와 개 한 마리를 길렀는데, 고양이들의 이름은 '칼리'와 '굴라'였다. 그 무렵에 카뮈가 쓰고 있던 희곡의 제목에서 따온 이름들이니, 그의 유머 감각을 짐작할 수 있는 대목이다. 또한 그해 10월에는 젊은 속기사이자 타자수인 크리스티안 갈랭도가 그들 그룹에 합류한다. 그녀는 카뮈가 쓴 원고를 타자해주며 도왔고, 곧 두 사람은 연인 관계로 발전한다. 마침내 카뮈는 세 여인으로부터 마음의 안정과 자극을 얻으면서 창작에 몰두한다. 시기적으로 보아 그의 첫 책이자 첫 산문집인 『안과 겉』도 그 집에서 탈고한 것으로 여겨진다. 그는 그 책에서 어린 시절에서부터 시작하여 그동안 자신이 겪은 인상적인 장면들을 내적 독백 형식으로 섬세하고 진술하면서도 예리하게 기술하면서 장차 작가로서 자신의 정체성에 대한 탐구를 시도했다.

유한한 생에 대한 찬가

카빌리의 삶

1938년에 대학원을 졸업한 카뮈는 그의 인생에 운명적 영향을 미칠 또 한 사람 파스칼 피아를 만난다. 유명한 언론인인 그는 아랍인의 권익 옹호에 앞장선 《알제 레퓌블리캥》을 창간했다. 종래의 알제리 신문과는 완전히 다른 신문이었다. 그곳의 기자로 취직한 카뮈는 문학이나 정치 등 다양한 분야의 기사를 썼다. 그중 알제리 동북부 고산 지대인 카빌리 지역 원주민들의 버림받은 삶을 생생하게 묘사한 르포 기사 〈카빌리의 비참〉은 알제리 사회에 큰 반향을 일으켰다.

카빌리로 가는 길, 더 정확히 말하면 카빌리를 지나는 길은 황량하면서도 매혹적이다. 협곡과 구릉, 올리브나무들, 사막처럼 메마른 땅, 길모퉁이마다 자리 잡은 난전, 그곳에 전시되어 있는 민속 토기들, 원색의 카빌리족 의상, 소뿔로 만든 목걸이, 각종 가방과 바구니 등 더할 나위 없이 이국적인 풍경이다. 그런가 하면 도처에서 알제리 독립전쟁 순국 선열탑과 마주친다. 그리고 그 탑들은 어김없이 독립전쟁 때 희생된 순교자들의 끔찍한 이미지들로 장식되어 있다. 프랑스 군대가 알제리 사람들을 총살하거나 골짜기 밑으로 떨어뜨려 계곡 밑의 강이 시뻘겋게 물들거나 하는 장면이다. 아메드와 나는 내내 침묵을 지킨다.

 길가에는 들개들이 어정거린다. 다리 난간이나 가로수 위에는 어김없이 원숭이들이 자리를 차지하고 있다. 지나가는 차량에서 던져주는 먹을 것을 기다리고 있는 것이니, 원숭이들과 들개들은 서로 성가신 경쟁자인 셈이다. 저 멀리 척박한 밭 한가운데에는 생뚱하게 허수아비가 서 있는 것이 보인다. 그 뒤로 흙과 짚으로 만들어진 집들이 사막 위의 제 영역을 아슬아슬하게 점유하고 있다. 마치 뜨거운 모래 위로 떨어져 막 스며들기 직전의 물방울들로 보인다. 그래도 간간이 엄청난 굵기의 올리브나무들이 나타나고, 그 밑에서 올리브를 수확하는 가족들과 만난다. 나는 그들과 어울려 함께 올리브를 따고, 기념사진도 찍는다. 덕분에 올리브 한 바구니를 내 노동에 대한 대가로 받는다. 수염이 텁수룩한 가장과 수줍게 미소 짓는 어린 딸들의 다정한 작별 인사에 가슴이 뭉클해진다. 나는 이곳의 베르베르인이 아랍인과 다르며, 베르베르인이 곧 무어인이며 카빌리인임을 안다. 그들에게서는 뭐라 규정하기 어려운 신비로운 기운이 느껴진다. 과묵함을 넘어서는 어떤 비장감, 현상을 초월하는 깊고 비극적인 눈길, 현대화된 도시 생활에 도저히 적응할 수 없을 듯한 초월적인 인상이다. 과학 정신으로 무장한 서구인들이 저들을 짓밟는 것은 지극히 쉬운 일이다. 과학이 신비를 두려워하며 말살하려 드는 형국이다. 그런데 놀랍게도 카뮈에게서 저 베르베르인, 카빌리인의 풍모가 풍겨 나온다. 그 공통된 풍모가 카뮈에게 그토록 중요한 지중해적 정신에 뿌리를 두고 있음은 물론이다. 나는 그들에 대한 깊은 경외심을 느낀다. 카뮈 또한 카빌리에서 비참만을 보지 않았다. 고대의 찬란함, 운명에 대한 존중과 지상의 덧없는 삶에 대한 완전한 수용의 미덕을 보았다. 그는 이렇게 썼다.

> 자연적인 지형에 따라 무리를 이루면서 각기 고유한 삶을 사는 마을들. 희고 긴 천으로 옷을 해 입은 사람들, 그들의 정확하고 단순한 몸짓들이 언제나 푸른 하늘을 배경으로 또렷이 보인다. 선인장, 올리브나무, 캐롭나무, 그리고 대추나무들이 늘어선 작은 길들. 거기서 올리브를 잔뜩 실은 노새를 끌고 가는 사람들을 만난다. 얼굴은 검게 타고 눈빛은 맑다. 그리하여 인간에게서 나무에게로, 몸짓에서 산에게로 비장하면서도 즐거운 일종의 동의 같은 것이 생겨난다. 그리스? 아니다. 카빌리다. 이건 마치 수 세기의 세월이 지나서 갑자기 바다와 산 사이로 고스란히 옮겨다 놓은 헬라드Hellade(고대 그리스 지방의 통칭)가 그의 게으름, 그리고 동방의 인접성을 통한 운명의 존중을 보이는 듯 마는 듯 그 고대의 찬란함 속에서 다시 태어나는 것만 같다.
>
> ─『작가수첩 1』, 107쪽

하지만 그 당시에 북아프리카의 유럽인들 대부분은 사막의 유목민들이 질병을 도시로 옮긴다고 여기며 꺼렸다. 그에 비해 카뮈의

알제리 카빌리 지역

카빌리는 알제리 동북부 고산 지대를 가리킨다. 이곳에서 알제리 아랍인들과는 다른 언어와 문화를 간직하며 살고 있는 소수 민족을 베르베르인이라 한다. 대학 사회를 나온 뒤 카뮈는

아랍인의 권익을 옹호하는 신문인 《알제 레퓌블리캥》의 기자로 취직하여 알제리의 정치적 문제를 다루는 기사를 많이 썼다. 그중 카빌리 지역 원주민의 열악한 삶을 취재한 〈카빌리의 비참〉이라는 르포 기사로 큰 반향을 불러일으켰다. 그러나 카뮈는 여기서 단지 '비참'만이 아니라 운명에 대한 존중, 지상의 덧없는 삶에 대한 완전한 수용의 미덕을 발견했다.

기사는 대세를 거스르는 공감력과 통찰력을 가졌음을 인정하지 않을 수 없다. 무엇보다도 카뮈는 카빌리 사람들에게서 카뮈 자신이 지향하는 삶, 자연과 합일하여 묵묵히 살아가는 고대 그리스인들의 삶을 발견했기 때문이다.

자연히 나는 카뮈가 1954년에 이 지역을 배경으로 쓴 단편소설 「손님」(『유배지와 왕국』에 수록)을 머리에 떠올린다. 카뮈는 늘 알제리의 풍토와 자신을 동일시했지만, 알제리 사람들과 거리를 좁히려는 노력은 거의 하지 않았다. 그러나 말년에는 변화를 꾀하면서 알제리인과 프랑스인 간 화합의 가능성을 주제로 삼은 소설을 쓰기 시작했으며, 그 첫 시도가 바로 「손님」이다. 이 작품은 〈신의 이름으로〉라는 제목의 영화로도 만들어졌다. 영화의 원제인 'Loin des hommes'은 '인간들로부터 멀리'라고 번역할 수 있는데, 영화는 다소 엉뚱한 제목이 암시하듯이 어설픈 전쟁 활극으로 변해버렸다.

그러나 소설은 무척 진지해서 알제리와 프랑스 사이의 화합을 꾀하려는 카뮈의 진정성을 충분히 느끼게 한다. 그런데 '손님'이라니. 일차적으로는 프랑스 이주민이 카빌리의 손님이다. 그러나 소설 속에서는 남들의 땅을 차지한 프랑스인들이 주인이고, 그들에게 밀려 어려운 삶을 살던 나머지 사소한 일로 사람을 죽인 자가 손님이다. 일종의 주객전도라 할 수 있다. 하지만 여기에서 우리는 프랑스어 'hôte'의 뜻을 돌아볼 필요가 있다. 이 단어는 '주인'이라는 뜻과 함께 '주인으로부터 접대받는 손님'이라는 의미도 있기 때문이다. 요컨대 누가 주인이냐가 중요한 것이 아니라, 양쪽이 서로 존중하면 모두 주인이자 손님이 될 수 있음을 함의하고 있는 것이다.

사멸한 도시 제밀라에서

이제 우리의 자동차는 카빌리 지역을 벗어난다. 우리 앞에 길은 계속 이어진다. 제밀라에 이른다. 제밀라는 높은 능선 정상에 있는 고대 로마의 도시로, 회랑과 신전과 집회장, 개선문, 공중목욕탕의 터가 잘 보존되어 유네스코 세계문화유산으로 지정된 곳이다. 그리스 문화에 경도되어 있던 카뮈에게 제밀라는 특별한 장소였으며, 1937년 무렵에 「제밀라의 바람」(『결혼·여름』에 수록)이라는 산문을 쓰기도 한다. 알제와 같은 현대의 도시들은 완전히 변했다. 인간 세상에서는 짧은 시간이 큰 변화를 초래한다. 그러나 폐허로 버려진 이 고대의 도시에서 50년, 100년의 시간은 그리 길지 않다. 말하자면 지금 나는 제밀라에서 80여 년 전에 카뮈가 보았던 것과 같은 것을 보는 것이다.

나는 카뮈와 함께 걷고 함께 보고 함께 경험한다. "드높은 산들 사이에 푹 파묻힌 빛바랜 어느 언덕배기에 마치 백골들의 숲과도 같은 누르스름한 잔해가 솟아나 보인다." 여기저기 움푹 팬 자리, 비바람에 얽힌 돌무더기, 돌기둥들의 비스듬한 그림자, 언제 보아도 신비로운 느낌을 주는 높은 아치들과 나지막한 포석들, 하늘을 향해 활짝 펼쳐진 광장, 하얀 비둘기 떼가 차지한 개선문, 해골로 남은 도시. 아, 수천 년의 빛을 머금었을 돌들. 이 세상의 그 무엇이든 오랜 시간의 빛이 축적되면 이곳에 있는 저 돌들만큼이나 시간에 저항할 수 있는 신비로운 색깔을 띠게 될 것이다. 마찬가지로 우리는 고통을 받으면 그만큼 더 행복할 권리를 얻게 될 것이다. 그런데 이것이 나의 생각인지 카뮈의 글에서 읽은 기억인지 알 수가 없다. 분명한 것은 지금 내가 카뮈와 더불어 느끼고 생각하고 있다는 것이다.

고대 그리스와 로마의 정신은, 기독교가 설파하는 영혼의 영생보다 자연과 합일하는 육체의 현존을 중시했다. 그리하여 제밀라의 풍경은 카뮈로 하여금 이렇게 말하게 한다.

> 나는 한 일생의 종말에 가서 인간이라는 이름을 가질 자격이 있는 인간이라면 (…) 자신의 운명과 정면 대좌한 고대인들의 시선 속에서 빛나고 있는 저 순수함과 진실을 다시 찾아야 마땅하다는 것을 확신한다. 그들은 자기의 젊음을 회복한다. 그러나 그 젊음은 죽음을 껴안으면서 다시 찾아지는 젊음이다. (…) 그리하여 이제 나는 문명의 참다운 단 하나의 진보는 (…) 바로 스스로 뚜렷이 의식하는 죽음을 창조하는 것임을 분명히 느끼게 된다.
>
> —『결혼·여름』, 29쪽

이제 나는 카뮈의 말을 조금 더 이해할 수 있다. 그는 이렇게 쓴다. "제밀라의 언덕은 (…) 인간에게 사멸한 도시의 고독과 침묵과 더불어 인간의 정체를 측정할 수 있는 절도를 부여한다." 까다로운 말이 아닐 수 없다. 어떤 의미에서 카뮈의 글을 읽는 것은 그의 독특한 어법에 적응하려는 노력을 의미한다. 한마디로 그가 하고자 하는 말은 인간의 삶은 유한하고 그 존재는 하찮지만, 그 사실을 명정하게 의식하면서, 오히려 그 사실에 고양되어 이 순간에 온 힘을 다해 열정을 바치는 데에, 달리 말해 그 유한함과 하찮음으로부터 에

제밀라

알제리 북쪽 세티프주에 있는, 1~6세기에 번성한 고대 로마 도시의 유적지다. 남북으로 뻗은 도로를 중심으로 북쪽에는 로마 신을 모신 카피톨리움신전, 바실리카, 장터 등이 있고, 남쪽에는 셉티미우스 세베루스 황제의 신전이 크고 화려한 위용을 자랑한다. 젊은 카뮈는 이곳의 폐허를 바라보며 인간 삶의 유한함을 명징하게 의식했다. 그렇게 죽음과 정면으로 대면하면서 존재의 유한함을 껴안을 때, 역설적으로 젊음을 다시 회복한다는 사실을 깨닫는다.

너지를 취하는 데에 인간의 위대함이 있다는 의미가 될 것이다.

계속하여 그는 이렇게 쓴다. "나는 한 번도 내가 나 자신으로부터 떨어져 나와 거리를 유지함과 동시에 내가 세계 속에 현존하고 있음을 이토록 절실히 느껴본 적이 없다. 그렇다. 나는 현존한다." 요컨대 모든 것이 오직 현재일 뿐이다. 종신징역을 받은 사람처럼 내일도 다를 것이 없다. 자신의 현존을 깨닫는다는 것은 곧 더 이상 아무것도 미래에 대하여 기대할 것이 없음을 뜻한다. 이때 우리는 명징하지만 쓸쓸한 심정에 사로잡히지 않을 수 없다. 자기도 모르게 불안감이 가슴에 싹틀 수도 있다. 하지만 포기와 거부는 다르다. 내 눈앞에 있는 풍요를 포기하지 않는 의지가 중요하다. 죽음 다음에는 또 다른 삶이 온다고 믿는 것은 의미가 없다. 죽음이란 닫혀버린 문, 추악한 모험이다. 죽음에 대한 두려움으로 기껏 생명 자체의 무게를 덜어내는 것이 아닌, 단지 생명의 무게 그 자체를 최대한으로 누리는 것이 중요하다는 의미다.

그런 의미에서 제밀라는 그에게 죽음을 준비하게 하는 장소, 죽음에 대한 명상을 통해 명료한 정신으로 죽음과 대면하는 장소다. "내 명징한 의식을 극한에까지 밀고 나가서 나의 모든 아낌없는 질투와 공포와 더불어 나의 종말을 응시하고 싶다." 하지만 바로 그 순간 비로소 그는 그곳에서 자신의 모든 가능성이 펼쳐지는 '자신의 왕국'을 발견하는 것이다.

대지에 대한 사랑

알제에서 보내는 사흘째 아침, 곧 우리는 알제 서쪽의 오랑으로 향한다. 도중에 우리는 제밀라와 유사한 고대 로마 도시 티파사에 들를 것이다. 알제와 티파사와 오랑은 카뮈의 문학과 삶에서 중요한 의미를 갖는다. 알제는 그가 성장한 곳이고, 티파사는 그가 자주 들러 철학적 명상에 잠겨 20대 초반의 혼란스러운 마음을 가다듬던 곳이며, 오랑은 건강과 직장을 잃고 궁지에 몰린 그를 받아준 피난처였다. 때로 그 피난처는 카뮈에게 벗어날 수 없는 미로이자 감옥처럼 여겨지기도 했으나, 그곳에서 그는 『이방인』의 대부분을 쓸 수 있었다.

우리는 큰길을 버리고 해안 도로를 따라 달린다. 오래전에 카뮈가 지났을 그 길이다. 도중에 만나는 작고 소박한 마을들의 고즈넉함이 내 마음을 빼앗는다. 카뮈는 1937년에 「티파사에서의 결혼」(『결혼·여름』에 수록)이라는, 그의 문학에서 무척 중요한 의미를 갖는 산문을 썼다. 그 무렵에 그는 사회적으로나 정신적으로나 육체적으로 하나같이 실망과 좌절의 연속이었다. 그런 그에게 티파사는 정신적으로 거듭나는 데 중요한 계기를 제공한다.

티파사는 바다가 내려다보이는 세 개의 작은 언덕 위에 페니키아, 로마, 초기 기독교 시대와 비잔티움의 유적이 모여 있는 독특한 곳이다. 한때 찬란한 문명을 꽃피웠던 고대 도시의 잔해 위에서 다시금 나는 오래전에 카뮈가 보았던 것을 본다. "올리브 열매가 흩뿌려진 고대 광장"에 서서 문득 고개를 들어보면 유적지 뒤쪽으로 슈

티파사

알제에서 서쪽 연안으로 68킬로미터 떨어져 있는 고대 유적지로 페니키아, 로마제국, 초기 기
독교, 비잔티움의 유적이 모여 있다. 카뮈는 청년 시절 이곳에 자주 들러 명상에 잠기며 지친
심신을 달랬다. 그는 「티파사에서의 결혼」이라는 산문에서 이곳의 풍경을 "봄철에 티파사에
는 신들이 내려와 산다. 태양 속에서, 은빛으로 철갑을 두른 바다며 야생의 푸른 하늘, 꽃들로
뒤덮인 폐허, 돌더미 속에서 굵은 거품을 부글거리며 빛 속에서 신들은 말을 한다"라고 묘사
했다. 사진에서 멀리 보이는 산이 슈누아산이다.

누아산이 우람하게 솟아 있다. 슈누아산은 카뮈에게 늙은 신과도 같다. "티파사 성문에까지 가면 바야흐로 갈색과 녹색의 우뚝 솟은 산더미, 그 무엇에도 흔들리지 않을 이끼 낀 늙은 신, 나도 그중 하나인 아들들에게는 피난처요 항구인 그 신이 눈앞에 나타난다." 나는 가장 높은 곳으로 올라간다. 그곳에는 세 개의 예배당을 갖춘 카피톨리움신전이 터와 벽으로만 남아 있다.

나는 원형경기장을 지나고, 납작한 돌이 깔린 도로를 따라 걷는다. 동쪽 언덕 위에 있는 생트살자대성당이 내 발길을 끈다. "성당에는 이제 오직 벽돌만 남아 있을 뿐 그 성당 주위에는 커다란 원을 그리며 땅속에서 파내놓은 석관들이 가지런히 놓여 있다. 그것들의 대부분은 간신히 보일락 말락 밖으로 드러나 있어서 한쪽 모서리는 여전히 땅속에 묻혀 있다. 옛날에 그 석관들에 죽은 자들의 시체가 담겨 있었다. 그런데 지금은 샐비어와 향꽃무가 그 속에서 자란다." 그 대성당은 기독교 사원이었다. 바닥에는 모자이크 무늬가 아직 남아 있다. "사원을 떠받들고 있는 언덕은 그 등성이가 편편해서 옛 사원의 돌기둥들 사이로 바람이 더욱 드넓게 분다." 나는 "원주들 사이에 서서 태양의 운행을 가늠하고 주변 마을의 집들을 돌아본다." 그리하여 "나는 폐허를 껴안고 애무하며 나의 숨결을 세계의 저 소용돌이치는 입김과 맞추어보려고 애쓰는 한편 (…) 열기로 숨 막힐 듯한 저 하늘의 지탱하기 어려운 장엄함에 두 눈과 가슴을 활짝 연다."

이제 자연과의 감각적 일체감이 그를 깊은 상념으로 인도한다. 그는 모든 선입견을 벗어나서 하나의 진실을 향해 나아간다. 모든 것이 실로 무상하다. 그러나 저 태양과 바다의 현존은 너무도 압도적이다. 그는 생각한다. "티파사에서는 '나는 본다'라는 말은 '나는 믿는다'라는 말과 같은 뜻을 지닌다. 그리하여 나는 내 손이 만질 수 있고 내 입술이 애무할 수 있는 것을 부정하려고 고집하지 않는다."

> 폐허의 왕국 (…) 우리는 교훈을 찾는 것도 아니요, 위대해지는 데 필요하다는 그 어떤 쓰디쓴 철학을 구하는 것도 아니다. 태양과 입맞춤과 야성의 향기 외에는 모든 것이 헛된 것으로 여겨진다. (…) 여기에 오면 나는 질서나 절도 따위는 다른 사람들에게 양보해버린다. 나를 온통 휩싸는 것은 자연과 바다의 저 위대한 무분별의 사랑이다. (…) 고대 광장의 포석들 사이로 향일성 식물이 붉고 흰 머리를 쳐들어 올리고, 붉은 제라늄은 옛적에는 가옥이요 사원이요 공공 광장이던 자리에 그들의 붉은 피를 쏟아붓는다. 폐허는 다시금 돌들이 되어 인간의 손길로 닦인 저 반드러운 손때를 이제는 다 버리고 자연 속으로 되돌아와 있다. (…) 무너지게 마련인 사물의 중심으로 폐허를 다시 인도해주는 저 심원한 힘에 복종하는 것 이외에 다른 마음 쓸 것이란 아무것도 없다.
>
> ─『결혼·여름』, 14쪽

이제 그는 스스로 다짐한다. 죽는 날까지 대지에 대한 변함없는 충실성을 지키겠노라고, 신에 대한 믿음을 통해 영생을 꿈꾸지 않겠노라고, 인간과 대지를 넘어서는 초월적인 어떤 것에 희망을 가지지도, 그렇다고 죽음 앞에 굴복하여 절망하지도 않겠다고. 그리하여 그는 자신의 감각을 최대한 확장하는 한편, 하늘과 바다의 다정하면서도 가혹한 침묵을 받아들이며 늘 명징한 정신을 유지하고자 한다. 그는 『작가수첩 1』에서 이렇게 말한다. "이제 내가 바라는 것은 행복해지는 게 아니라 다만 또렷한 의식을 유지하는 것이다." 달리 말해 그 '또렷한 의식' 속에서만 비로소 행복을 찾을 수 있는 것이다. 여기에서 그가 자신의 종말을 명징한 정신으로 받아들이며 기꺼이 무로 돌아가겠다는 것은, 『작가수첩 3』에서 말한 것처럼 곧 현재의 이 공간에 "자신의 존재 전체를 송두리째 내맡긴다는" 것을 의미한다. 그리고 그것이 또한 그리스적인 절도와 절제의 정신이기도 하다. 부조리의 인식에서 비롯된 반항의 열망이 마치 영혼의 외침처럼 그의 머릿속에 정확히 자리 잡는 시점이다.

이제 그에게 맡겨진 일은 "그토록 오래전부터 땅과 바다가 입술과 입술을 마주하고 열망하던 포옹을 (자신의) 피부 위에서 맺어주는 것이다." 그것은 곧 인간과 우주의 결혼을 의미한다. 그 결혼을 통해 그는 숨 쉬는 방법을 새로이 배우고 정신을 가다듬어 본연의 자신이 되고자, 자기 속에서 저 심오한 척도를 되찾고자, 그리하여 자신을 완성해나가야 하는 것이다. 이때 마침내 하나의 궁극적인 각성이 그의 속에 자리 잡는다.

나는 내게 맡겨진 이 삶을 사랑한다. 이 삶의 이야기를 자유롭게 해보고 싶다. 이 삶은 나의 인간 조건에 대하여 긍지를 갖게 해준다. "뭐 그렇게 자랑스러워할 건 없어"라고 사람들은 흔히 말하지만, 분명 자랑스러워할 만한 것이 있다. 이 태양, 이 바다, 젊음이 용솟음치는 이 가슴, 소금 맛이 나는 나의 몸, 그리고 부드러움과 영광이 노란빛과 푸른빛 속에서 서로 만나는 장대한 무대 장치가 바로 그것이다. 바로 이것을 정복하기 위하여 나의 힘과 능력을 모두 바쳐야 한다. 여기서는 그 무엇도 내 본연의 모습을 그르치지 않는다. 나는 나 자신의 그 어느 부분도 버리지 않는다. 나는 아무런 가면도 쓰지 않는다. 저들의 처세술 따위는 따라오지도 못할 저 어려운 삶의 지혜를 참을성 있게 깨우쳐가면 되는 것이다.

─『결혼·여름』, 18쪽

그에게 문학에 대한 소명 의식이 계시적으로 찾아드는 신화적인 순간이다. 마침내 그는 세계와 삶의 무의미 혹은 부조리를 확인한 후, 그 무의미와 부조리에 나름의 의미와 통일성을 부여하여 거기에 대응하는 힘겨운 노력이 예술 곧 문학임을 믿기에 이른다.

티파사를 떠나기 전에 나는 카뮈의 문학비 앞에서 잠시 걸음을 멈춘다. 카뮈가 죽은 다음 해에 그의 친구들이 세운 일종의 추모비다. 앞서 말했듯이 거기에는 "나는 사람들이 영광이라고 하는 것이 무언지를 깨닫는다. 그것은 거리낌 없이 사랑할 권리다"라고 새겨져 있다. 그러나 지금 나는 다소 다른 이야기를 하고자 한다. 그 글귀 밑의 '알베르 카뮈'라는 글자가 지워져버린 것에 주목한다. 어떤 사람들은 그것이 알제리인들이 저지른 일종의 문화적 반달리즘이라고 지적한다. 하지만 나는 차마 그 말에 동의할 수 없다. 만약에 어느 일본인 작가가 한국에서 태어나고 자라서 한국을 자신의 일부로 생각한 나머지 한국과 일본은 결코 분리될 수 없고 연합된 체제를 유지해야 한다고 주장했다면, 그가 아무리 뛰어난 작가라 하더라도 그의 문학비를 우리 땅에 용납할 수 있겠는가. 하지만 이 또한 부질없는 생각이다. 부조리와 싸우기 위해 인간들이 일으켜 세우는 역사라는 것도 부조리 그 자체와 별 다를 게 없는 것이 실로 부조리한 일일 뿐이다.

카뮈의 피난처, 오랑

이제 우리는 오랑을 향해 자동차 전용도로 위를 빠르게 질주한다. 나는 입안에 대추야자를 넣고 우물거린다. '에덴동산의 과일'이라고도 불리는 대추야자는 크고 우람한 나무에 잔뜩 매달려 있는 모습부터가 장관이었거니와, 말린 상태에서의 달고 쫄깃한 식감은 여행길에 오르기만 하면 늘 뭔가에 쫓기는 듯한 심정이 되는 나 같은 여행자에게는 잠시 긴장을 푸는 데 큰 도움이 되었다.

카뮈와 오랑 사이에는 인연이 깊다. 그가 깊은 우정을 느꼈던 세계 앞의 집의 세 여인이 모두 오랑 출신이었다. 그중 크리스티안 갈랭도와는 연인 관계로 발전했고, 그녀의 오빠인 피에르 갈랭도와는 절친한 사이가 되었다. 피에르가 『이방인』의 주인공인 뫼르소의 모델이라는 것은 널리 알려진 사실이다. 게다가 그들 덕분에 오랑 출신의 프랑신 포르를 만났고, 몇 년 후 카뮈와 프랑신은 결혼하기에 이른다.

'세계 앞의 집'에 머물던 시기에 카뮈는 아내인 시몬과의 결별로 인한 충격에서 채 벗어나지 못한 상태였다. 사회적 활동에서도 큰 변화를 겪어야 했다. 그동안 그는 공산당원으로서 노동극단을 이끌고 있었다. 그런데 공산당이 국제적 전략을 위해 반식민주의 운동을 우선순위에서 제외하자 가난한 노동자 계층의 입장을 옹호하려던 카뮈는 당을 떠나는 쪽을 택한 것이다. 그는 공산주의와 기독교가 현세를 떠나 이상적인 세상을 더 중요시하는 관점을 받아들일 수 없었다. 다음 해에는 신체검사 결과 폐결핵 후유증으로 인해 공직 부적격이라는 판정을 받는다. 이제 그는 프랑스로 건너가서 철학 교수가 되려는 꿈을 접고 알제리에 머물며 작가와 신문기자로서 자신의 소명을 받아들인다. 그가 새로운 좌파 일간지《알제 레퓌블리캥》의 기자가 되어 알제리의 정치적 문제점을 파헤치는 데 힘을 기울이기 시작한 것도 그 무렵이었다.

그러나 1939년 9월에 제2차 세계대전이 발발하면서 신문 발행이 중지된다. 그는 곧바로 군대에 자원한다. 누구든 전쟁을 피할 수 있도록 투쟁하지 않으면 안 되지만, 일단 전쟁이 터지면 자기 나라에 대해 연대감을 가져야 한다는 생각에서였다. 그러나 건강 문제로 소집이 연기된다. 그는 그때의 일을 『작가수첩 1』에 이렇게 썼다. "'아니 이 젊은 친구는 중병 환자군' 하고 중위가 말했다. '우린 이 사람을 받을 수 없어요.' 내 나이 스물여섯 살, 웬만큼 살았다. 이제 나는 내가 무엇을 원하는지 알고 있다."

이제 그로서는 오랑에 있는 프랑신의 집으로 가서 신세를 지며 가정교사 일을 하는 것밖에 달리 선택의 여지가 없게 된다. 하지만 그 유폐와 칩거의 시간은 그에게 "자신이 원하는 것"에 몰입할 수 있는 계기가 된다.

두 달 후에 그는 파리로 간다. 피아의 추천으로 일간지《파리수아르》에서 말단 교정부원 자리를 맡게 된 것이다. 하지만 전황이 급박해지면서 《파리수아르》는 리옹으로 피난을 간다. 이로써 카뮈에게도 리옹 생활이 시작된다. 그해 겨울에 그는 프랑신을 리옹으로 오게 하여 결혼식을 올린다. 하지만 한 달도 지나지 않아 신문사의 감원 조치로 다시 직장을 잃게 되고, 젊은 부부는 하릴없이 알제리로 돌아온다. 그가 오랑에서 시작한 처가살이는 1941년 1월부터 1년 8개월 동안 지속된다.

오랑은 바다가 있는 동남쪽의 신시가와 서쪽의 구시가로 나뉜다. 자동차가 신시가로 진입하면서 저 위로 산타크루즈 언덕이 올려다보인다. 전략적인 요새이자 산타크루즈성당이 자리한 그 언덕에서 아래를 내려다보면 왼쪽은 메르스엘케비르만과 방파제와 신시가가 한눈에 들어오고, 오른쪽으로 바닷가의 절벽들과 그 뒤의 분지 속에 자리 잡은 구시가가 보일 것이다.

우리는 카뮈의 표현대로 관광객들을 위한 신시가를 통과하여 곧장 구시가로 들어간다. 달팽이 모양으로 만들어진 미궁과도 같은 시가지라는 말을 들었던 탓인지 처음부터 왠지 답답함이 느껴진다. 우리는 오랑 중심가에 있는 11월1일광장(11월 1일은 알제리의 혁명기념일이다) 근처의 주차장에 차를 세운다.

천천히 거리를 따라 걷는 동안, 내 머릿속에서는 카뮈가 1939년에서 1940년 사이 『작가수첩 1』에 쓴 내용들과 「미노타우로스 또는 오랑에서 잠시」(『결혼·여름』에 수록)라는 산문에 쓴 구절들이 되살아난다. 그런데 그 글귀들이 하나같이 냉소적이고 비판적이다. 『결혼·여름』에서 그는 "오랑의 길거리들은 먼지와 자갈과 더위에 바

오랑

알제에서 서쪽으로 423킬로미터 떨어진 항구 도시인 오랑을 카뮈는 "비둘기도 없고 나무도 없고 공원도 없어서 새들의 날개 치는 소리도 나뭇잎 흔들리는 소리도 들을 수 없는 도시, 요컨대 중성적인 장소"라고 표현했다. 하지만 이곳은 그의 삶과 문학에서 중요한 의미를 갖는다. 젊은 시절 직장을 잃고 오갈 곳이 없던 그를 받아준 곳이고, 그의 대표작 『페스트』의 배경이 된 곳일 뿐만 아니라 『이방인』의 대부분을 쓴 곳이다.

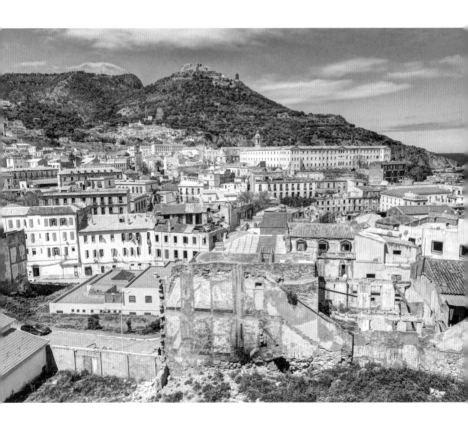

처져 있다. 비라도 오면 홍수가 져서 진흙 바다가 된다. 그런데 비가 오건 볕이 나건 가게들은 한결같이 엉뚱 야릇한 모습이다. 유럽과 중동의 모든 악취미들이 여기서 서로 만났다"라고 했다. 계속하여 카뮈는 사진관 진열창 속의 가소로운 사진들, 낡고 더러운 카페들, 사람들이 죽는 것으로 유난히 법석을 부려대는 장의사들, 영화관의 진부한 광고판, 영화배우들을 흉내 내는 경박한 젊은이들, 거리를 메운 흉한 건축물에 대해 세세하게 서술하면서 한마디로 "권태와 법석과 고독"이 도시를 채우고 있다고 단정적으로 말한다.

하지만 이해할 수 없는 일이다. 카뮈의 글에서는 거의 의도적일 정도의 악의적인 어조가 감지되기 때문이다. 게다가 이곳은 오갈 데 없는 카뮈를 받아들여준 지상의 유일한 장소가 아닌가. 급기야 그는 훗날 오랑을 소설 속 무대로 활용하면서 이렇게 쓴다.

솔직히 말해서, 도시 자체는 못생겼다. 한가한 겉모습을 지니고 있는 이 도시가 전 세계 각지에 있는 수많은 상업 도시들과 어디가 다른지를 알아차리자면 시간이 걸린다. 가령 '비둘기도 없고 나무도 없고 공원도 없어서 새들의 날개 치는 소리도 나뭇잎 흔들리는 소리도 들을 수 없는 도시, 요컨대 중성적인 장소'일 뿐인 이 도시를 어떻게 설명하면 상상할 수 있을까? 여기서는 계절의 변화도 하늘을 보고 읽을 수 있을 뿐이다. 봄이 오고 있다는 것도 오직 바람결이나 어린 장사꾼들이 교외에서 가지고 오는 꽃 광주리를 보고서야 겨우 알 수 있다. 말하자면 시장에서 파는 봄인 것이다. 여름에는, 아주 바싹 마른 집에 불을 지를 듯이 해가 내리쬐어 벽이란 벽은 모두 흐릿한 재로 뒤덮인다. 그래서 덧문을 닫고 그 그늘 속에서 지내는 수밖에 없다. 가을에는 그와 반대로 진흙의 홍수다. 맑은 날씨는 겨울이 되어야 비로소 찾아온다.

—『페스트』, 15~16쪽

이쯤 되면 1950년에 「미노타우로스 또는 오랑에서 잠시」가 소책자로 출간되었을 때, 오랑 시민들의 항의 편지가 출판사로 쇄도했다는 것이 충분히 이해된다. 하지만 글이 진행되면서 차츰 문체가 달라진다. 이제 우리는 시디브라힘거리를 걷는 카뮈의 뒤를 따른다. 그는 『작가수첩 1』에 이렇게 썼다. "비 온 뒤의 시디브라힘거리에는 물의 무게로 온통 축 늘어진 무겁고 답답한 캐롭나무에서 사랑의 냄새가 흘러내린다. 이윽고 또다시 눈부시게 빛나는 색채들 속에서 태양이 물기를 빨아올리면 사랑의 냄새는 코끝에 거의 느껴지지 않을 만큼 옅어진다. 마치 숨 막히는 하오를 함께 보낸 뒤에 같이 거리로 나선 정부가 햇빛과 인파 속으로 어깨를 맞대고 걸어가면서 나를 쳐다보는 것 같은 기분이다." 더할 나위 없이 서정적이면서 관능적인 단락이 아닐 수 없다.

이윽고 우리는 카뮈가 살았던 프랑신의 집 앞에 이른다. 지금은 라르비벤므히디거리로 이름이 바뀐 아르죄거리 65번지. 오랑에서 가장 길고 번화한 그 길 한곳에 있는 번듯한 아파트 건물, 그곳에도 철제 난간이 달린 발코니가 있고 그 뒤로 푸른색 덧창이 굳게 닫혀 있다. 나는 발코니를 유심히 살피며 저녁 무렵 그곳에 나와 담배를 피우며 거리를 내려다보는 카뮈를 떠올려본다. 그러자 조금은 카뮈

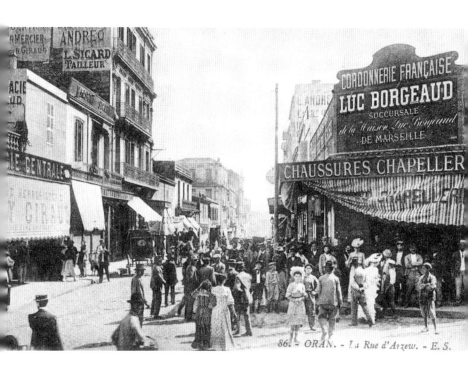

86. – ORAN. – La Rue d'Arzew. – E. S.

프랑신 포르의 집이 있었던 오랑 아르죄거리

카뮈는 제2차 세계대전 중 오랑에 두 번 체류한다. 한번은 1939년, 기자로 일하던《알제 레퓌블리캥》이 폐간 위기에 처했을 때이고, 다른 한번은 1940년, 말단 교정부원으로 일하고 있던《파리수아르》에서 감원 대상이 되어 실직자가 되었을 때다. 그가 얹혀 지낸 프랑신 포르의 집은 오랑에서 가장 번화한 아르죄거리 65번지에 있었다. 지금도 그 건물은 건재하다의 비틀린 심정을 이해할 수 있을 듯하다.

우선 오랑에 대한 카뮈의 비판적인 어조는 병든 채 직업도 없이 처가에 얹혀사는 그 자신의 울화를 반영한다. 특히 그의 장모는 성격이 강해서 카뮈와 자주 불화를 일으켰다. 어떤 글에 따르면, 카뮈는 시청 앞의 사자들을 볼 때마다 장모를 떠올렸다고 한다. 그는 늘 오랑에서 이방인이었다.

하지만 그 때문만은 아니다. 그는 프랑스 루베와 생테티엔뿐만 아니라 리옹이라는 도시에 대해서도 무척 강한 어조로 반감을 표했다. 말하자면 그는 전통과 역사와 문화가 없는 도시들, 게다가 자연의 혜택을 누리지 못하는 도시들에서 보내는 시간을 잘 견디지 못했다. 달리 말해 그는 도시와 자연을 대비하여, 너무도 인간적인 공간들과 그 유한한 운명의 인간들을 감싸안는 영원한 자연 사이에 균형을 잡으면서, 자신의 실존에 무게와 가치를 부여하는 데 삶의 의미를 둔 것이다.

이제 글 속의 무대가 바다 쪽으로 옮겨지면서 그의 목소리는 점점 생기가 넘친다. 우리는 바닷가에 이르러 길을 하나 잡아 산타크루즈 언덕으로 올라간다. 카뮈는 『작가수첩 1』에 이렇게 썼다. "산타크루즈와 소나무들 사이를 지나 올라가는 길. 올라갈수록 만이 계속 넓어지다가 정상에 오르면 시야가 광대무변한 공간 속으로 빨려 들어가버린다. 무심. 내게도 나만의 순례길이 있다." 우리는 카뮈의 순례길을 따라 걷는다. 그는 『결혼·여름』에서 이렇게 말한다. "조금 더 올라가면 고원을 둘러싼 울퉁불퉁한 절벽들이 벌써 붉은 짐승들처럼 바다 속에 웅크린다. 계속해서 올라가면 해와 바람의 큰 회오리바람이 바위투성이 풍경의 네 구석에 제멋대로 흩어져 있는 무질서한 도시를 뒤덮고 휘몰아쳐 뒤섞어버린다. 여기서 서로 맞서는 것은 인간의 엄청난 무질서와 늘 변함없는 바다의 항구성이다. 생명의 기막힌 향기가 산허리에 난 길 쪽으로 솟아오르기 위해서는 이것으로 족하다." 이윽고 『작가수첩 1』에서 말했듯이 우리 앞에 "땅속 깊숙이 팬 곳에 푸른 하늘로 삐죽하게 내민 돌의 손가락 같은" 산타크루즈성당이 모습을 드러낸다.

그곳에서 카뮈는 숨을 크게 들이쉬며 자연과 합일된, 자연으로부터 배우는 삶의 방식에 대해 숙고한다. 『결혼·여름』에서 그는 이렇게 말한다. "허무는 절대나 마찬가지로 인간의 손이 미치지 않는 세계다." 우리는 자신에게 절대가 힘을 발휘하지 못하도록 해야 하듯이 허무도 허용하지 말아야 한다. 그 사이에서 중심을 잡아야 한다. 그것이 '무'이고 '권태'라 할지라도 받아들여야 한다. 불가능한 것에 기대지 말고 있는 그대로의 삶을 최대한으로 살아가는 것, 그 절도가 바로 삶이라는 미로를 빠져나가는 '아리아드네의 실'이다.

나는 바닥에 떨어진 돌을 하나 집어 든다. 카뮈가 『결혼·여름』에서 말했듯이 "돌들과 하나가 되고 싶은 유혹, 역사와 그 야단법석을 깔보는 저 불타오르는 비정의 세계와 한 덩어리가 되고 싶은 욕망", 그 욕망에 나 자신을 온통 맡김으로써 나는 우리 삶에 뿌리내린 권태의 상징인 미노타우로스와 작별 인사를 나눈다. 내 손에 들린 돌이 바로 아리아드네의 실이다. 여기에서 카뮈는 이렇게 덧붙인다. 오랑에서는 모든 사람이 저도 모르게 그 사실을 알고 있다고.

이제 우리는 다시 바다로 내려간다. 『결혼·여름』에서 말했듯이

"늘 순결하기만 한 풍경을 발견하려면 더 멀리 가야 한다." 돌과 꽃이 아리아드네의 실이 되어 우리를 미노타우로스가 사는 미로에서 끌어내 "인적 없는 긴 모래언덕"으로 인도한다. 바다가 점점 더 가까워진다. 1939년 3월, 카뮈는 오랑의 앞바다를 바라보며 『작가수첩 1』에 이렇게 쓴다. "메르스엘케비르만. 어중간하게 맑은 날씨: 구름과 태양. 조화로운 고장. 커다란 하늘 한 조각만 나타나면 지나치게 팽팽했던 가슴속에 금방 고요가 찾아든다."

삶의 미궁 밖으로

메르스엘케비르만을 지나면 부이스빌 해변, 지금은 아인엘투르크로 이름이 바뀐 해변이 나타난다. 피에르 갈랭도를 중심으로 한 프랑스인들과 아랍인들 사이에 시비가 벌어진 곳, 『이방인』의 가장 중요한 장면인 바닷가 살인 사건에 대한 영감을 준 장소이기도 하다.

카뮈는 그 무렵 『작가수첩 1』에 이렇게 쓴다. "오랑에 와보지 않고서는 돌이란 것이 무엇인지 잘 알지 못한다. 이 세상에서 먼지가 가장 많은 도시들 중 하나인 이곳에서는 자갈과 돌이 왕이다. (…) 정신을 자극하는 것 하나 없고 추악함만이 한량없이 지배하며 아무런 과거도 가진 것이 없는 이런 도시에 대해 글을 써보겠다는 생각을 가져볼 사람은 아무도 없을 것이다. 그렇지만 그런 글이 가끔은 써볼 만한 것이 될 수도 있다."

그렇다. 카뮈에게 진정한 의미의 아리아드네의 실은 자연이 제공

오랑 부이스빌 해변

『이방인』의 결정적 장면 중 하나인 바닷가 살인 사건의 배경이 된 곳으로, 지금은 아인엘투르크 해변으로 이름이 바뀌었다. 소설 속 주인공 뫼르소는 친구들과 함께 이 해변으로 놀러 갔다가 아랍인 일행과 싸움을 벌인 끝에 그들 중 한 명을 권총으로 쏴 죽인다. 이 사건은 실제 이 해변에서 피에르 갈랭도를 중심으로 한 프랑스인들과 아랍인들 사이에 시비가 벌어진 데서 영감을 얻은 것이다.

하는 돌과 꽃이 아니라, 스스로 만들어내는 돌과 꽃, 곧 글쓰기였다. 이곳에서 그는 『행복한 죽음』을 마무리했고, 첫 희곡 『칼리굴라』와 『이방인』의 틀을 잡아 상당 부분 진척했다. 그리고 실제로 『이방인』은 카뮈를 오랑에서 벗어나게 해주었다.

아인엘투르크 해변에 서서 나는 카뮈 자신과 뫼르소의 이미지, 즉 『작가수첩 1』에서 말한 대로 "바닷가 모래밭에서 두 팔을 십자로 벌린 채 태양에 못 박힌 남자"의 모습을 눈앞에 그린다. 1942년 7월, 마침내 『이방인』이 출간된 후 그는 아인엘투르크 해변에서 아내와 몇몇 친구들과 함께 야영을 한다. 카뮈 부부는 프랑스 여행 신청을 하고서 허가가 나기를 기다리는 중이다. 이제 그들에게는 『이방인』의 인세가 있다. 저녁에 카뮈는 부야베스를 만든다. 프랑스 마르세유 지방의 전통 요리이자 지중해 요리를 대표하는 부야베스는 생선을 비롯한 해산물과 펜넬, 마늘, 양파, 감자 등을 넣고 끓인 생선 스튜다. 프랑신은 요리에 별 관심이 없었지만, 카뮈는 요리를 잘했다. 카뮈와 경쟁하고 싶은 마음은 없지만, 부야베스는 내가 무척 좋아하고 또한 아주 잘할 수 있는 요리다. 그는 그날의 순간을 이렇게 영원히 살아 있게 한다.

누가 말할 수 있겠는가. 나는 완벽한 일주일을 보냈다고. 나의 추억이 내게 그렇게 말한다. 그것이 거짓이 아님을 나는 안다. 그렇다. 그 기나긴 날들이 완벽했듯이 그 이미지는 완벽하다. 그 기쁨들은 순전히 육체적인 것이고 정신의 동의를 얻은 것이다. 바로 거기에 완전함이 있는 것이다. 자신의 조건과의 일치, 감사, 그리고 인간에 대한 존중.

기나긴 모래 언덕들은 야생의 모습 그대로 순수하다! 그토록 새카
만 아침의 물, 그토록 밝은 정오의 물, 미지근한 황금빛 저녁 물의
축제. 모래 언덕과 벌거벗은 몸들 가운데 오래 머무는 아침, 찍어
누르는 듯한 정오, 그리고 그 뒤에 이어지는 모든 것을 되풀이해서
말하고, 했던 말을 또 말해야 하리. 그것이 바로 젊음이었다. 그것
이 바로 젊음이기에, 서른 살의 나는 그 젊음이 계속되기를 바랄 뿐
더 이상 바랄 것이 없다.

　　─『작가수첩 2』, 33쪽

　1942년 8월, 카뮈는 알제리를 떠나 프랑스로 간다. 요양을 위한
것이었지만, 그보다는 작가로서 새로운 도약의 의미가 더 컸을 터
이다. 카뮈는 그 벅찬 순간을 이미 예감하고 있었다. 「미노타우로스
또는 오랑에서 잠시」는 이렇게 마무리된다.

　한낮에 하늘이 낭랑하고 드넓은 공간 속에다가 저의 빛의 샘을 열
어놓을 때, 해안의 모든 곳은 출범 직전의 선단 같다. 바위와 빛의
그 육중한 보물선들이 태양의 섬들을 향해 떠날 준비라도 하듯이
용골 위에서 떨고 있다. 오, 오랑 지방의 아침들! 언덕 꼭대기로부
터 제비 떼는 대지가 부글부글 끓어오르는 거대한 물통 속으로 잠
겨든다. 해안 전체가 출발 준비를 갖추고 모험의 전율이 훑고 간다.
아마 내일 우리는 함께 출발할 것이다.

　　─『결혼·여름』, 106쪽

창조와 반항으로서의 글쓰기

사부아의 부드러움

    다음 날 아침, 날이 약간 흐리다. 엷은 구름이 하늘을 가리고 있는 것이 마치 물속에 계란 흰자위를 풀어놓고 마구 휘저은 듯하다. 이 표현이 카뮈의 것인지 아니면 나의 것인지 가늠이 되지 않는다.

    점심을 먹고 아메드의 차를 타고 공항으로 향하는 동안, 북아프리카의 태양이 유감없이 빛을 발한다. 『작가수첩 1』에는 카뮈의 글 중 내가 특히 좋아하는 구절이 있다. "1월의 오후, 그러나 쌀쌀한 기운이 대기 속에 남아 있다. 도처에서 손톱으로 건드리면 그냥 부서질 듯한 얇은 햇빛의 막이 만물을 영원한 미소로 옷 입힌다. 나는 누구인가, 이 나뭇잎들과 햇빛의 유희 속으로 빠져드는 것밖에 달리 내가 무엇을 할 수 있겠는가."

    카뮈는 1942년에 알제리를 영영 떠나기 전에 두 차례 유럽 여행을 했다. 첫 번째는, 이미 언급했듯이, 1936년 초여름에 아내와 친구 부르주아와 함께 중부 유럽으로 떠난 카누 여행이다. 병에서 완전히 회복되지 않은 그는 도중에 간간이 병든 폐를 치료하기 위해 기흉 시술을 받아야 했다. 그 때문에 급류를 타고 카누를 젓는 것은 육체적으로 힘겨운 일이었다. 더욱이 잘츠부르크에 이르렀을 때, 아내의 불륜 사실을 알게 되면서 정신적으로 강한 충격을 받는다. 친구의 증언에 따르면, 그날 밤 그들의 방에서는 큰 충돌이 벌어진다. 카뮈는 그녀와 헤어지기로 결심하지만 일단 여행을 계속하기로 한다. 시몬과 부르주아는 계속하여 카누를 타고 남하하고, 그는 혼자 기차로 프라하로 가서 외롭고 우울한 나흘을 보낸다. 이윽고 다시 만난 그들은 독일과 오스트리아를 거쳐 이탈리아로 들어선다. 그곳에서 카뮈는 베네치아와 비첸차 등지를 돌아보며 지중해의 태양 밑에서 어렵게 소생의 기쁨을 맛본다. 여행에서 돌아온 카뮈는 시몬과 별거한다.

다음 해인 1937년 8월에 카뮈는 다시 유럽 여행에 나선다. 그는 사부아 지방, 파리, 앙브룅을 지나 이탈리아를 거쳐서 9월에 알제리로 돌아온다. 처음에는 혼자였지만, 도중에 친구들이 합류하여 외롭지만은 않은 여정이었다. 이제 내가 뒤따르게 될 여정은 이 두 번째 여행이다. 카뮈가 자신에게서 소설가로서의 소명을 인식하는 중요한 시간과 만날 수 있기 때문이다.

1937년, 카뮈는 알제항에서 배를 타고 마르세유에 도착한다. 그는 딱히 행선지가 정해지지 않은 가난한 여행객의 심정을 허름한 호텔방의 스산한 풍경에 투사한다.

마르세유. 호텔 방. 회색 바탕에 커다란 노랑 꽃무늬들. 땟국의 지도. 엄청나게 큰 라디에이터 뒤의 질척거리고 끈적거리는 구석들. 얇은 조각판들을 댄 침대, 깨진 전기 스위치……. 미심쩍고 수상한 것에서 오는 이런 종류의 자유.

　　―『작가수첩 1』, 79쪽.

　카뮈는 아를, 아비뇽, 오랑주, 리옹을 지나 북상하는 동안 점점 건강이 악화된다.

　여행하는 동안 내내 병에 대한 자의식과 글쓰기에 대한 욕구 사이에서 시달리고 있다. "파리로 가는 길: 머리통을 두드리는 이 열기, 세계와 인간들의 기이하고 돌연한 버림. 자신의 몸과의 싸움. 내 자리에, 바람 속에 앉아 내면이 비워지고 깊이 팬 채 나는 줄곧 K. 맨스필드를, 질병과 싸우는 부드럽고도 고통스러운 그 긴 이야기를 생각했다. 알프스 지방에서 나를 기다리고 있는 것은, 고독과 더불어, 치료를 위해서 거기로 가는 것이라는 생각과 더불어, 내 병에 대한 의식이다."

　　―『작가수첩 1』, 70쪽

　파리로 가려던 그는 하는 수 없이 방향을 바꾸어 사부아 지방에 있는 한 고산지대의 방갈로로 간다. 결핵에 적절한 치료법이 없었던 시절이라 고도가 높아질수록 적혈구의 숫자가 늘어나서 폐에 더 많은 산소를 공급한다고 믿었기 때문이다. 하지만 산봉우리들이 높게 솟은 험준한 알프스의 이른바 '반지중해적' 풍경은 그에게 혐오감을 일으킨다. 지난번 중부 유럽 여행의 기억이 그를 괴롭혔는지도 모른다.

하지만 그에게서 서서히 심경의 변화가 일어난다. 전기 작가들의 말처럼 카뮈는 항상 역경을 극복한다.

> 1937년 8월. 그는 매일 산속으로 깊숙이 들어갔다가 하루 종일 머리에 풀잎을 묻히고 온몸이 긁힌 자국투성이가 되어 말없이 돌아오곤 했다. 그리고 그것은 매번 아무런 매력도 없는 똑같은 정복이었다. 그는 차츰 그 적대적인 고장의 저항에 굴복했다. 때로는 산꼭대기에 단 한 그루 우뚝 솟은 전나무 저 뒤의 희고 둥실둥실한 구름들을 닮기도 했고, 발그레한 분홍바늘꽃, 마가목, 풍령초 자욱한 들판을 닮기도 했다. 그는 그 향기 그윽하고 바위 많은 세계에 동화되어갔다. 먼 산꼭대기에 이르러 돌연 눈앞에 전개되는 그 광대한 풍경을 바라볼 때 그의 내면에서 생겨나는 것은 사랑의 평정이 아니라 저 낯선 자연과 맺는 내적 계약, 모질고 사나운 두 얼굴 사이에서 이루어지는 휴전 협정, 두 친구 사이의 마음 놓음이 아니라 두 적대자 사이의 내적 친화 같은 그 무엇이었다.
>
> ―『작가수첩 1』, 71쪽

그리고 그의 수첩에는 곧바로 "사부아 지방의 부드러움"이라는 표현이 나온다. 그에게서 새로운 세계를 받아들이는 화해와 변화의 조짐이 이루어지고 있는 것이다.

내가 사부아 지방의 엑스레뱅에 도착한 것은 밤 9시가 조금 넘어

카뮈의 요양처였던 사부아 지방의 엑스레뱅

카뮈는 1937년에 떠난 유럽 여행 도중에 건강이 악화하여 사부아 지방의 고산 지대에 머물며 요양한다. 하지만 바다와 태양을 벗 삼아 살아온 이 지중해인에게 험준한 산들로 둘러싸인 이 곳의 환경은 처음에는 매우 낯설었다. 하지만 늘 역경을 극복해온 그답게 바위 많은 이 세계에 차츰 동화되어갔다.

서였다. 도중에 몇 군데의 수도원에 들르느라 지체했던 탓이다. 다음 날 우리는 일찍 깨어났고, 곧바로 호텔을 떠나 부르제호수를 따라 크게 원을 그리며 돌기 시작했다. 지형이 거칠고 험해서 운전하기가 쉽지 않았다. 하지만 도중에 들른 오트콩브수도원은 멀리서 바라볼 때도, 그리고 안으로 들어가 둘러볼 때도 매 순간 시야가 선연해지고 머릿속이 맑아질 정도로 경건한 아름다움을 느끼게 했다. 그곳의 모든 것은 한마디로 윤곽이 분명하게 환히 드러나 있었다. 그 때문에 어쩌면 그 상태로 영원히 보존될 수 있을 것 같았다.

하지만 절대와 영원을 연상시키는 그런 형상이야말로 카뮈가 싫어하는 것이었다. 그보다는 윤곽이 물렁거리고 당장이라도 발효와 부패로 이어질 듯한 상태, 스스로 더할 나위 없이 명증하고 자명한 태양, 그 태양의 가혹한 빛줄기를 받아 모든 것이 노골적으로 노출되고 짓뭉개져 소멸되기 직전의 상태, 그것이야말로 카뮈가 '절망적으로' 사랑하는 것이었다. 그리하여 억압하는 것이 아무것도 없이 자연의 힘과 더불어 모든 것이 순간순간 변하고, 그 과정에서 인간들 하나하나가 그 힘에 대항하여 변하고 뭉개지는 것들을 가지고 어렵게 하나의 형태를 빚어내고자 최선을 다하는 것, 그러다가 시간이 다하면 다만 헛되이 스러져가는 것, 지상에서 영원한 것과 경건한 것은 단지 우리 속의 영원함과 경건함에 대한 의식일 뿐이라는 것, 그러한 명징한 의식을 통해 삶의 본질을 투시하며 순간적이고 개인적인 것들을 가지고 영원한 윤곽이나 형태에 도전하는 작업이 곧 예술이라는 것, 그리스의 정신을 가진 지중해인이자 예술가로서의 카뮈를 우리는 그렇게 이해할 수 있다.

내게 이상한 일이 일어났다

  잠시 숨을 돌린 그는 파리로 간다. 첫 방문이었던 만큼 설레면서
도 긴장되었을 터인데, 그는 파리에서 좋은 인상을 받으며 마음의
위안도 얻는다.『작가수첩 1』에서 그는 이렇게 말한다. "파리의 정
다움과 감동. 고양이들, 아이들, 서민들의 편안함. 흐릿한 잿빛, 하
늘, 돌과 분수의 거창한 퍼레이드." 그는 파리의 뒷골목에서 자기가
사는 벨쿠르와 비슷한 가난하고 오래된 동네들을 발견하며 친숙함
을 느낀다. 어쩌면 이런 곳에서는 글을 쓸 수 있을지도 모른다고 생
각한다. 하지만 이 괴물과도 같은 거대한 도시에서 주머니 사정이
빠듯한 젊은 여행자로서는 딱히 할 일도 없고 머물 곳도 마땅치 않
다. 그는 다시 여행길에 오른다.

  쫓기는 여행자 노릇을 하는 것보다 이상하게도 가난하게 여행하는
  데 더 많은 에너지가 필요하다. 배에서는 갑판 위에서 지내고, 지칠
  대로 지쳐 속이 텅 빈 상태로 도착하고, 삼등칸에 타서 오랫동안 여
  행하고, 빈번히 하루 한 끼만 먹으면서 참고, 오로지 자신의 주머니
  에 든 돈에만 의지하고, 매 순간 어떤 뜻하지 않은 사태로 인하여
  그렇지 않아도 고되기 짝이 없는 여행이 중단되지나 않을까 걱정
  하는 모든 일은 '뿌리 뽑히기'에 대한 요란한 설교를 진지하게 신뢰
  할 수 없게 만들 만큼의 용기와 의지를 요구한다. 여행한다는 것은
  즐거운 것도 쉬운 것도 아니다. 가난하고 돈 없는 처지일 때 여행의
  꿈을 실현하기 위해서는 어려움에 대한 취미와 미지의 세계에 대

한 사랑이 필요하다.

—『작가수첩 1』, 108쪽

 그는 잠시 동행했던 친구와 헤어져 혼자 오트잘프 지방의 앙브룅으로 향한다. 아마도 내심 무척 비장한 심정이었을 터이다. 그러나 왜 하필 앙브룅을 택했는지는 알려져 있지 않다. 아마도 높은 지역이므로 요양에 좋을 것이고, 조용한 시골 마을이므로 머무는 데 비용이 적을 것이며, 장차 이탈리아 여행을 의식하여 국경에 가까운 곳을 택해야 했기 때문일 것이다. 그는 그곳에서 '세계 앞의 집'의 두 여자 친구인 시카르와 도브렌을 기다린다.

 우리가 앙브룅에 도착했을 때는 마침 장날이었다. 상설 시장이 아닌 정기적으로 열리는 재래시장에 들르는 것은 어디에서든 늘 큰 즐거움을 준다. 마을 입구의 우물에서 시작되어 광장으로 이어지는 큰길은 꽤 가파르다. 광장 중심은 천막과 마차 들로 가득 차 있고, 그 주위를 온갖 물건을 전시하는 트럭들이 둘러싸고 있다. 앙브룅은 해발 870미터로 사부아 지방과는 달리 그리 높지 않고 기후도 온화하다. 게다가 우리가 갔을 때는 날씨가 화창했다. 온갖 다양한 사람들 사이에 섞여 삶을 풍요롭게 해줄 갖가지 산물들 사이를 이리저리 거니는 것은 지상에서 누릴 수 있는 가장 큰 즐거움이 아닐 수 없다.

 우리는 커다란 솥 안에서 김을 뿜으며 익고 있는 해물 파에야와 함께 약간의 과일과 야채를 산다. 그리고 저 밑으로 너른 평원이 펼쳐지고 멀리 높고 낮은 산들이 마주 보이는 언덕 자리에 앉아 포도주를 곁들여 점심 식사를 한다. 쥐라 지방을 지나며 구입한 노란 와

앙브룅 시장

카뮈는 두 번째 유럽 여행길에 고산 지대의 조용한 마을인 앙브룅에서 머물며 '세계 앞의 집'
친구들인 시카르와 도브렌을 기다린다. 그때 카뮈의 심경에 놀랄 만한 변화가 일어나는데, 바
로 소설을 써야겠다는 생각을 하게 된 것이다. 무엇보다도 그가 경험한 가난과 병이 창조 행위
로서의 글쓰기에 대한 열망을 절실하게 일깨웠을 것이다.

인이다. 식사를 마친 후 우리는 마을을 산책한다. 이리저리 골목길을 빠져나가며 상점과 성당, 탑과 공원을 살펴본다. 간간이 마주치는 젊은 프랑스인들에게서 나는 나도 모르게 카뮈의 모습을 찾는다. 내 눈앞에 한 깡마른 청년의 모습이 어른거린다. 그는 매끼 먹는 데 드는 돈과 하룻밤 자는 데 드는 비용을 꼼꼼히 따져야 하는 절박한 기색이 역력하다. 그러면서도 그것들과는 전혀 다른 무엇인가를 골똘히 생각하는 것처럼 보인다. 어찌 보면 무척 권태로워하는 듯싶기도 하다. 그런데 그가 문득 눈을 들자 강렬한 시선이 나를 놀라게 한다.

나는 이곳에서 카뮈에게 특별한 변화가 일어났으며, 1937년 여름은 그의 삶에서 분수령이자 전환점이 되었다는 것을 알고 있다. 그는 친구들이 오기를 기다리며 권태로운 시간을 보내고 있었다. 그러던 중에 문득 자신이 바로 이런 시간을 바라왔다는 사실을 깨닫는다. 그 순간, 강요된 것이나 다름없는 이 휴식의 와중에서 깜짝 놀랄 일이 일어난다.

카뮈는 친구들에게 보내는 편지에 이렇게 쓴다. "내게 이상한 일이 일어났다. 내가 소설을 생각하기 시작한 것이다." 그러자 마치 수액이 나무를 오르듯이 이야기가 그의 내면에서 솟아나기 시작한다. "소설가가 될 생각은 거의 해보지 않던 내게 등장인물들이 너무도 생생하게 나타나기 시작한 것이다. 그래서 나는 순간적으로 현실 세계에서 벗어나기도 한다." 그 후로 그는 에세이는 더 이상 쓰지 않기로 한다. "내가 지금 골몰하는 것이 있다면 그것은 오로지 내 안에서 살고 있는 세상을 구체화하는 것이다." 그는 자신의 소설이 "정말로 기이하고 이상한 것, 하지만 살아 있는 것, 그러므로 아무것도 겁낼 게 없는 것"이 되리라고 예견한다.(올리비에 토드,『카뮈 1』) 훗날 그가 완전히 무너질 지경에 이를 때도 매번 그를 구원한 것은 바로 이 시기에 그가 느낀 순수하면서도 벅찬 감동이었다.

나의 반항이 옳다

물론 소설가로서 살아가겠다는 비장한 다짐은 갑작스레 이루어진 것이 아니다. 일찍부터 그는 매 순간 명징한 의식으로 삶의 진실을 똑바로 보고자 했으며, 그러한 노력은 자연스레 글쓰기로 이어졌다.

그에게 그런 계기를 부여한 것은 가장 먼저 '가난'이다. 가난은 부당한 것으로서 삶의 실상을 제대로 이해할 수 있게 한다. 또한 물질적인 가난을 통해 자연의 진정한 풍요로움에 눈을 뜨게 되고, 그럼으로써 자신이 아는 그 풍요로움에 대해 말하고자 하는 욕구가 일어난다.『작가수첩 1』에서 그는 이렇게 말한다. "마음에 거리끼는 가책이 있으면 고백이 필요하다. 작품이란 고백이니 나는 증언하지 않으면 안 된다. 내가 말할 것은 한 가지뿐이니 똑똑히 보겠다는 것이다. 삶의 진정한 의미라고 여겨지는 것을 가장 확실하게 손으로 만져본 것은 바로 보잘것없는, 혹은 허영심에 찬 이 사람들 가운데서 영위하는 이 가난한 삶 속에서다."

다음으로 중요한 계기는 '병'이다. 병은 우리를 나약하게 하므로 반드시 물리쳐야 하고, 병에 걸렸다면 남들보다 몇 배 더 삶에 대한 열정과 죽음에 대한 명징한 의식을 가져야 한다.『안과 겉』에서 그는 이렇게 말한다. "인간은 극단적으로 한구석에 몰리게 되면 자신의 영원을 의식하게 된다." 병에 걸려 죽음에 짓눌려 있던 자가 마침내 반대 항으로서 삶의 가치에 눈을 뜨게 되면 더 많은 가능성을 얻을 수 있는 것이다. 그는『작가수첩 1』에서 "우리는 늘 우리 자신을 과소평가한다. 그러나 가난, 병, 고독: 거기서 우리는 우리의 영원성을 의식한다. '우리는 더 이상 물러설 수 없는 마지막 진지 속으로 떠밀려 들어가야 한다.' 바로 그거다. 그 이상도 그 이하도 아니다"라고 한다. 말하자면 질병은 카뮈로 하여금 시간을 좀 더 잘 활용하게 하고 생활에서 어떤 체계를 갖추게 하며, 그리하여 죽음이라는 종말에 앞서 자기완성에 이르고자 하는 필요를 절실하게 일깨웠다. 이때부터 카뮈는 "게임을 다시 시작하기로" 마음먹는다. "더 행복하지도 더 불행하지도 않은, 그러나 내 힘에 대한 자각, 내 허영들에 대한 무시, 그리고 내 운명과 마주하여 나를 떠미는 명증한 열기"를 있는 힘껏 끌어안는 것이다.

　그러한 명증한 의식 앞에서 삶은 부조리를 드러낸다. 그는 인간들이 살아가는 꼴을 면밀히 살피며 생각을 가다듬는다.『시시포스 신화』에서 그는 부조리에 대해 이렇게 말한다. "명철성이 살아나는 어떤 순간에는, 인간들이 하는 행동의 기계적인 면과 의미 없는 무언극으로 인하여 그들 주위의 모든 것이 다 어리석게만 보인다. 한 사내가 유리 칸막이 저쪽에서 전화를 걸고 있다. 그의 목소리는 들리지 않지만 무언극 같은 뜻 모를 몸짓은 보인다. 이쯤 되면 저 사람은 무엇 때문에 살아 있는 걸까 하는 의문이 생겨나게 된다. 인간 자신에게서 엿보이는 비인간성을 접하면서 느끼는 막연한 불안, 우리 존재 자체의 모습 앞에서 경험하는 측량할 길 없는 추락, (…) 이것도 또한 부조리다."

우리는 행복하고자 하지만, 행복이란 무상한 것으로 우리는 죽을 수밖에 없다. 또한 우리는 자신의 존재가 좀 더 위대해지는 데 의미를 부여한다. 그러나 허약한 육체 속에 갇힌 우리의 존재가 조만간 죽음과 더불어 무의미해질 것임을 잘 알고 있다. 요컨대 우리는 죽음이라는 피할 수 없는 수수께끼와 대면할 때, 전화 부스 안에서 요란하게 몸짓을 하는 사람을 바라볼 때, 부조리의 감정을 일상적으로 경험한다. 부조리라는 감정은 세상을 합리적으로 이해하고자 하는 우리의 열망과, 세상의 측량할 수 없는 비합리적 속성 사이에 존재하는 것이다.

그렇다면 어찌해야 할 것인가. 우선 달리 어쩔 수 없는 죽음을 긍정적으로 받아들여야 한다. 그러나 그것은 죽음 그 자체를 긍정하는 것이 아니라, 죽음으로부터 자유로운 것이다. 죽음으로부터 자유로워야 비로소 자유가 있다. 그러려면 죽음을 있는 그대로 대면하여 속속들이 받아들여야 한다. 그는『안과 겉』에서 "삶에 대한 절망 없이는 삶에 대한 사랑도 없다"라고 했다. 죽음을 긍정할 때, 삶도 긍정할 수 있다.『작가수첩 1』에서는 이렇게 말한다. "나는 나 자신이 태어나는 것을 보고 있기에 이제는 더 이상 불평이 없다. 나는 이 세계 속에서 행복하다. 나의 왕국은 이 세계의 것이기 때문이다. 지나가는 구름, 사라져가는 순간, 나 자신으로부터의 나의 죽음."

죽음은 오히려 우리 삶을 그 자체로 충만하고 견고하게 해준다. 우리는 영원한 존속을 포기함으로써 비로소 바로 그 순간에 영원을 경험할 수 있고, 당장이라도 스러져버릴 삶에서 아름다움과 숭고함을 발견하게 되는 것이다.

요컨대 카뮈에게 부조리는 긍정적 니힐리즘이요, 부정이 난무하는 시대를 헤치고 나아가며 그 속에서 생존의 길을 발견하기 위한 수단이다. 그러나 거기에서 그칠 수 없다. 부조리한 삶을 제대로 살아가기 위한 어떤 자세를 획득해야 하고, 더욱이 그 자세는 끊임없이 갱신되어야 한다. 그 견고한 자세를 통해 죽음이라는 수수께끼와 대면해야 한다. 그것은 죽음으로부터 살아생전에 거듭나는 것, 스스로 창조하는 것이다. 예술의 힘을 통해 우리는 자신의 삶을 새롭게 창조할 수 있다. 그리하여 죽음에 속수무책으로 당하는 것이 아니라, 스스로 죽음의 형식조차 창조할 수 있다. 이 때문에 예술은 창조이자 반항이다. 이것이 카뮈가 도달한 결론이다.

이제 그에게서는 창조 행위로서의 글쓰기에 대한 열망이 솟구쳐 오른다. 카뮈는 『작가수첩 1』에 이렇게 쓴다. "우리는 오직 이미지를 통해서만 사고한다. 철학자가 되려거든 소설을 써라." 지금까지 그는 철학자였다. 그런데 이제 그의 속에서 철학과 소설이 만난다. "나는 내가 이제 글을 쓰려고 한다는 것을 알겠어. 한 그루 나무가 많은 고통을 겪고 나면 열매를 맺어야 하는 때가 오는 법이지. 겨울이 지나면 반드시 봄이 오게 되어 있는 거야. 나는 증언을 해야 돼. (…) 삶에 대한 사랑 이외에 다른 할 말은 없어. 그러나 난 그걸 내 식으로 말하겠어." 이제 그에게는 세상이 달리 보인다. 그는 진정한 자신이 되는 동시에 자신을 넘어선다. "사물들과 존재들이 나를 기다린다. 아마도 나 또한 내 모든 힘과 내 모든 슬픔을 다하여 그들을 기다리고 욕망하는 것이리라. 그러나 나는 여기서 너무나 많은 침묵과 비밀로써 삶을 획득한다. 자신에 대하여 말하지 않아도 되는 기적."

물론 수시로 불안감이 그를 휘감는다. 하지만 그때마다 거듭 스스로 다짐한다. 그는 『작가수첩 1』에 이렇게 쓴다. "포기하지 말 것. 절대로 포기하지 말 것. (…) 심지어 사무실에서 일하는 시간에도 명증한 정신을 유지할 것. 우리가 세계 앞에 혼자가 되는 즉시 세계가 우리를 몰아넣는 그 벌거벗음의 상태를 열망할 것. 그러나 특히, 남의 눈에 보이는 모습에 연연해하지 말고 존재할 것."

이윽고 그는 한층 더 열정적인 삶에 대한 비장한 각오를 품고서 시카르와 도브렌과 함께 앙브룅을 떠나 이탈리아로 접어든다. 카뮈가 친구들에게 한 말에 따르면, 이탈리아의 피사에서 그는 호젓한 시내 거리를 돌아다니던 중 갑자기 울음을 터뜨렸다. 이제 비로소 마음속 깊이 자리 잡은 상처가 치유되기 시작한 모양이었다. 피렌체는 특히 그의 마음을 사로잡는다. 그는 한 수도원의 묘지에서 이렇게 쓴다.

나는 체념하지 않겠다. 나는 마지막까지 내 모든 침묵을 다하여 항변하리라. '그럴 수밖에 없다'고 말해서는 안 된다. 나의 반항이 옳다. 그리고 땅 위의 길손과도 같은 이 기쁨이 옳다. 그 기쁨을 한 걸음 한 걸음 따라가야 한다. 수도원 저 위의 하늘에서는 구름들이 점점 커지고, 죽고 없는 사람들이 갖추어 지닌 미덕을 새겨놓은 무덤들을 밤이 차츰 어둠으로 뒤덮는다. 만약 내가 지금 도덕책을 써야 한다면 100페이지로 된 그 책의 99페이지는 백지로 남을 것이다. 그 마지막 페이지에 나는 이렇게 쓰리라: "내가 아는 단 한 가지 의무는 바로 사랑해야 한다는 의무다." 그리고 그 밖의 것들에 대해서 나는 '아니다'라고 말한다. 나는 나의 모든 힘을 다하여 '아니다'라고 말한다. 무덤들은 내게 그래봐야 소용없다고, 인생은 '해와 함께 떠올라 해와 함께 져가는 것'이라고 나에게 일러주고 있다. 그러나 나는 무용함으로 인해서 도대체 내 반항의 그 무엇이 의미 없어지는 것인지 알 수가 없다. 오히려 삶이 무용하기 때문에 반항은 더욱 의미가 있다는 것을 나는 잘 알고 있다. (…) 죽음이라니, 당치 않다! 이제 이런 식으로 계속하다 보면 나는 결국 행복하게 죽게 될 것 같다. 그리고 죽음은 내가 내 희망을 남김없이 다 먹고 난 뒤의 일일 터이다.

—『작가수첩 1』, 83쪽

하지만 그는 열정에만 이끌리는 대신 신중하게 자신을 돌아보기를 잊지 않는다. "9월 30일. 다시 쓸 생각을 하지 않는 것은 더 빨리 두각을 나타내고 싶어서인 것이다. 못된 버릇이다. 다시 시작할 것."

『이방인』의 탄생을 예고하다

카뮈는 첫 소설 『행복한 죽음』을 앙브룅 이전부터 구상했지만,

그때부터 본격적으로 진행하여 몇 달 만에 거의 완성에 이르렀다. 하지만 그는 돌연 작업을 중단한다. 그 이유는 우선 연극인과 신문 기자로서의 일에 충실하고자 했기 때문이다. 하지만 물론 그 때문만은 아니다. 우리는 작품 자체의 특징에서 그 이유를 몇 가지로 짐작할 수 있다.

소설의 줄거리는 대략 다음과 같다. 평범한 월급쟁이인 파트리스 메르소는 자기에게는 행복할 권리가 있고, 행복하려면 시간이 있어야 하며, 시간을 얻으려면 돈을 가져야 한다는 이유로 백만장자이자 불구자인 자그뢰스를 죽인 뒤 그 돈을 가지고 유럽으로 여행을 떠난다. 도중에 그는 바람기 많은 애인 마르트에게 절교의 편지를 보낸다. 그러나 프라하에 체류하는 동안 무한정으로 놓인 시간을 감당하지 못한 채 낯선 땅에 적응하지 못하고 고향에 대한 향수에 시달린다. 그러나 이탈리아의 태양과 바다를 접하면서 관능적인 흥분을 느끼며 무한한 자유와 자신의 존재 이유를 발견한다.

그는 여행을 마치고 알제로 돌아와서 '세계 앞의 집'이라는 언덕 위의 저택으로 이사한다. 그곳에서 그는 마르트와의 혼란스러운 열정 대신 세 여자 친구들과의 우정을 통해 행복을 경험한다. 그리고 그들의 소개로 뤼시엔을 만난다. 그는 뤼시엔과 결혼한 후에 혼자 조용한 해변 마을 슈누아에 방을 얻어 칩거한다. 고독과 금욕과 무위의 시간 속에서 그는 행복을 찾으려 한다. 아내 뤼시엔과 세 여자 친구가 간간이 그를 찾아오지만, 오히려 방해받는다는 느낌이 들 뿐이다. 그는 규칙적인 시간과 삶의 깊은 리듬에 자신의 호흡을 일치시키는 노력을 통해 행복을 되찾는다. 어느 날 그는 자신이 늑막

염에 걸렸음을 안다. 자그뢰스를 죽이던 날 신열에 들떠 감기를 앓았던 것이 원인이었다. 병은 치유되지 않고 점점 더 깊어진다. 메르소는 마침내 이 땅에서 자신의 역할을 다했고, 행복해야 한다는 인간의 유일한 의무를 완수했음을 느끼며, 명철한 의식을 지닌 채 행복감 속에서 죽어간다.

이상의 내용으로 짐작할 수 있듯이, 그리 길지 않은 이 소설 속에는 카뮈의 자전적 요소가 상호 충분한 연관성을 가지지 못한 채 넘쳐난다. 예컨대 카뮈가 알제 벨쿠르 지역에서 성장기를 보내며 겪은 가난한 삶, 1925년부터 1928년까지 여름방학에 알제 중심가에 있는 철물점에서 점원 노릇을 하거나, 해안 대로변의 해운 중개소에서 사원으로 일하면서 여름과 태양을 차압당한 채 사무실에 죄수처럼 갇혀 지내야 했던 고통스러운 경험, 폐결핵으로 투병하던 시절, 1936년 여름 중부 유럽과 이탈리아 여행, 아내의 불륜으로 인해 겪은 고통(그러나 소설 속에서 실제의 사정은 철저히 감추어져 있다), 그로 인해 프라하에서 혼자 보낸 외롭고 우울한 나흘, 1937년의 이탈리아 여행에서 느낀 소생의 기쁨, '세계 앞의 집'에서 세 여자 친구들과 동거하던 시절, 훗날 아내가 될 프랑신 포르와의 만남, 크리스티안 갈랭도와의 애정 어린 우정, 결핵과의 투쟁 등이 그러하다. 이는 곧 그가 아직 자신의 실제적 경험과 그것의 소설적 육화 사이에서 균형을 잡지 못하고 있음을 말해준다.

주제 의식에도 문제가 있다. 메르소는 사람이란 행복할 권리가 있고, 행복하려면 시간이 있어야 하며, 시간을 얻으려면 돈을 가져야 한다는 사실을 받아들여 살인을 한다. 말하자면 인간의 차원을 넘어서는, 인간의 조건 그 자체와의 싸움을 위해 살인을 한 것이라 할 수 있다. 그러나 살인을 한 자는 자신도 죽어야 한다는 사실을 깨닫고서 메르소는 '의식적인 죽음'을 맞이한다. 여기에서 우리는 훗날『정의의 사람들』에서 테러리스트 칼리아예프의 입장을 떠올릴 수 있다. 그는 역사적 정의를 위해 사람을 죽인 후에 스스로 죽음을 택한다. 역사를 위해 살인이 정당화된다면 폭력이 난무하게 될 터이므로 여기에 절제와 절도가 필요한데, 그것은 곧 타인을 죽인 자는 자신도 죽는 것이다. 그런데 메르소의 정의는 무엇인가. 여기에서 모호함과 무리함이 있고, 아마도 그것이 카뮈가 끝내 이 소설을 발표하지 못한 이유일 것이다. 요컨대 이 작품에서는 젊은 카뮈의 낭만적이고 감상적인 관념이 과잉되게 표출되었다고 할 수 있다.

그런 탓에『행복한 죽음』은 카뮈가 죽은 후 10여 년이 지난 1971년에야 출판된다. 하지만 몇 가지 약점에도 불구하고 나름대로 무척 매력이 있는 의미심장한 소설임은 분명하다. 여기에서 우리는 카뮈가 이른 나이에 이미 소설의 틀을 짜고 내용을 구성해나가는 데 상당한 수준을 보여주고 있음을 알 수 있다. 물론 때로는 너무도 풋풋하고, 때로는 지나치게 진지하고, 또 무모하게 고집을 부리고, 지나치게 경험에 의존한 탓에 일관되고 통합된 흐름을 만들어내지 못한 것이 사실이다. 하지만 젊고 혼란스러운 시기에 소설 쓰기를 통해 자신의 삶에 질서를 부여하려는 노력이 절실하게 반영되어 있고, 때로는 날것 그대로 드러난 부분들이 오히려 독특한 힘을 발휘하고 있다는 점, 그리고 앞으로 그가 쓰게 될 소설들을 예감할 수 있게 한다는 점에서 이 작품의 중요성은 무척 크다.

끝으로 우리는『행복한 죽음』이 가지고 있는 의미를 또 다른 각도에서 지적하지 않을 수 없다. 그것은 이 작품이『이방인』의 탄생을 가능하게 한 고치로서의 역할을 했다는 점이다. 사실 우리로서는 그 두 작품 사이에 어떤 역학 작용이 이루어졌는지 자세히 알 수 없다.『행복한 죽음』을 쓰는 동안『이방인』은『작가수첩』에서 그저 밑그림으로만 그려지다가 갑자기 우리 앞에 솟아올랐기 때문이다. 이는 플롯이나 세부 사항과 관련하여 작품 진행상의 구체적인 메모가 따로 존재한다는 것을 의미한다. 그러나『행복한 죽음』의 주인공 메르소Mersault(바다+태양)와『이방인』의 주인공 뫼르소Meursault(죽음+태양) 사이에는 당연히 깊은 연관이 있다. 말하자면 전자는 삶에 대한 열망을, 후자는 죽음을 초연히 바라보는 의지를 상징한다. 여기에서도 우리는 카뮈의 성찰이 성숙해가고 있음을 확인할 수 있다. 더욱이 메르소의 다소 충동적인 살인은『이방인』에서 뫼르소의 필연적인 혹은 거부할 수 없는 살인으로 확장된다. 달리 말해 사적인 차원의 싸움에서 부조리와의 싸움이라는 더 깊은 상징적 의미와 심층적인 함의를 얻고 있는 것이다.

실제로 카뮈는 바로 이 무렵에『행복한 죽음』을 대체할 수 있는『이방인』이라는 소설에 대한 영감을 얻고 그로부터 자신이 원하던 일관된 형식을 발견하여 집필에 몰두했다. 따라서 우리는 『행복한 죽음』이 새롭게 완성된 모습을『이방인』에서 찾을 수 있다. 우리 여행의 다음 행선지는『이방인』이다.

카뮈 문학의 출발, 『작가수첩』

1935년 5월부터 카뮈는 『작가수첩』을 쓰기 시작했다. 그중 1935년 5월부터 1953년 12월까지 일곱 권의 공책에 쓴 내용은 타자로도 옮겨놓게 했다. 그 밖에도 기록한 상태 그대로 남아 있는 여덟 번째, 아홉 번째 공책이 있으며, 나중에 이 모든 공책이 세 권의 책으로 정리되어 출간되었다. 『작가수첩』이라는 제목은 그의 사후에 편집자가 이 공책들을 책으로 출간하면서 붙인 것이다. 이 수첩은 그의 삶과 문학을 이해하는 데 매우 중요하다. 『작가수첩』은 일기가 아니며, 그렇다고 작품 구상 기록도 아니다. 일기와 작품 구상 기록이 합쳐진 것이라 할 수 있을 것이다.

카뮈는 자기 삶이 남들에게 숨김없이 드러나는 것을 싫어했다. 그러기에 이 수첩이 그 자신의 생활을 기록하는 일기나 비망록으로서의 성격은 극히 약하다. 그보다는 글쓰기를 위한 작업의 수단이자 작업 그 자체였다. 실제로 그의 수첩에는 머릿속으로 구상하고 있거나 현재 쓰고 있는 작품들과 관련하여 문득문득 떠오르는 인물, 장면, 사건, 심리 등 여러 요소에 대한 단편적인 생각, 그리고 객관적 성찰, 자연 분위기와 풍경 묘사, 사람들과 사물들에 대한 관찰, 문학적 단상, 독후감 같은 것이 그의 체험과 느낌의 바탕 위에서 다양하게 기록되어 있다. 이 때문에 우리는 이 수첩을 통해 카뮈가 작품을 써나갈 때 보여주는 암중모색의 현장, 즉 시행착오를 거치며 소설의 구조를 바꾸고 새 인물을 창조하고 주제 의식에 변화를 주려는 여러 가지 시도와 만날 수 있다.

카뮈 자신의 말에 따르면, 그는 "어지러운 삶"을 살고 있기 때문에 객관적이고 구체적인 기록을 통해 혼란스러운 영감에 형식을 부여하고 중용을 유지할 필요가 있다고 했다. 그의 수첩에서 '나'가 자주 '그'로 나타나는 것도 자기 자신과 거리를 유지하려는 노력의 결과일 것이다.

내가 보기에 카뮈는 자신의 글과 삶, 그 사이에서 긴장감을 팽팽하게 유지함으로써 그 양쪽으로부터 에너지와 영감을 얻고, 또한 그 양쪽에 에너지와 영감을 부여하려 했다는 생각이 든다. 어떤 의미에서 『작가수첩』은 그가 완성하려는 이상적인 작가상을 비추는 거울이었다. 그에게 일기를 쓰지 않은 날은 아예 존재하지도 않은 것처럼 여겨진 것도 그 때문일 것이다.

『이방인』의 탄생

구름을 사랑하는 자

카뮈는 스무 살 무렵부터 보들레르의 시 『이방인』을 암송했다.
이 시 속의 '수수께끼 같은 친구'의 말에서는 『이방인』의 주인공 뫼
르소의 목소리가 울린다.

수수께끼 같은 친구여, 말해보게.
너는 누구를 가장 사랑하는가? 아버지, 어머니, 누이, 형제?
나에겐 아버지도, 어머니도, 누이도, 형제도 없소
친구들은?
당신은 이날까지도 내가 그 의미조차 모르는 말을 하는구려.
조국은?
그게 어느 위도 아래 자리 잡고 있는지도 모르오.
미인은?
불멸의 여신이라면 기꺼이 사랑하겠지.

황금은 어떤가?

당신이 신을 싫어하듯, 나는 황금을 싫어하오.

그렇군! 그렇다면 너는 도대체 무엇을 사랑하는가, 별난 이방인이여?

나는 구름을 사랑하오…… 흘러가는 구름을…… 저기…… 저 신
비로운 구름을!

　— 샤를 보들레르, 「이방인」

　　카뮈는 1938년부터 『작가수첩』에 『이방인』에 대한 메모를 하기
시작한다. 그는 1939년에 본격적으로 집필에 착수하여 1940년 5월
에 탈고한다. 완성한 원고는 우여곡절 끝에 1942년 5월, 갈리마르
출판사에서 출간된다. 이제 앞에서 언급한 것과 중복을 피하면서
『이방인』의 진행 과정과 카뮈의 행적을 겹쳐놓고 보기로 한다.

　　앙브룅에서 알제로 돌아온 후 카뮈는 1937년부터 1938년 후반
까지 생계를 위해 기상 연구소의 임시 조수나 시청 직원 같은 일자
리를 구한다. 하지만 이 시기에 그는 창작에 더욱 강한 의욕을 보이
면서 『행복한 죽음』을 쓰는 한편, 장차 『이방인』에 활용될 단편적인
텍스트를 기록하기 시작한다. 그러던 중 1938년 가을쯤에 결정적
으로 『이방인』의 첫 단락이 그의 머릿속에 떠오른다.

　　오늘 엄마가 죽었다. 어쩌면 어제. 모르겠다. 양로원으로부터 전보
를 한 통 받았다. '모친 사망. 내일 장례식 예정. 삼가 조의를 표함.'
이것만으로는 알 수가 없다. 아마도 어제였을 것이다.

　—『작가수첩 1』, 149쪽

이제 카뮈는 소설사에서 가장 멋진 서두 중 하나로 손꼽히는 유명한 구절을 얻은 것이다. 아직 카뮈 자신도 잘 감지하지 못하고 있지만, 조만간 그의 의식 속에서 이 구절이 깊은 울림을 일으키면서 작품 전체를 이끌어낼 것이 분명하다. 실제로 이때를 전후하여 『작가수첩』에는 『이방인』에 대한 메모가 더욱 빈번하고 지속적으로 나타난다. 카뮈는 나중에 어떻게 활용될지 전혀 모르는 상태에서 자신이 경험하거나 관찰한 사항을 수첩에 적어두었다. 이 중에는 훗날 『이방인』의 내용을 구성하게 되는 것들이 적지 않다.

예컨대 남녀가 사랑싸움을 벌이는 광경에 대한 짤막한 기술은 『이방인』에서 레몽 생테스가 정부와 다투는 장면으로 발전한다. 카뮈는 형 뤼시앵의 장모가 사망하여 장례식에 참석하기 위해 마랑고 양로원을 방문하는데, 이때 『이방인』에 사용될 세부적인 사항을 많이 얻는다. 예를 들어 양로원에서 죽은 노파, 그 죽음을 슬퍼하여 우는 친구, 시신을 안치한 작은 방, 매장지로 향하는 관을 따라가기 위해 들판을 가로질러 가는 노인, 뜨거운 태양에 녹아 시커먼 살이 쩍쩍 갈라지는 아스팔트 등이 그러하다. 이제 카뮈는 날마다 메모를 해서 2년 후에 작품을 하나 쓰리라고 다짐한다.

1938년 10월, 카뮈는 《알제 레퓌블리캥》의 기자가 된다. 그는 기사를 쓸 때 일반적으로 신문이 요구하는 문체를 따르지 않고 책을 쓸 때처럼 자연스러움과 고상함을 유지하고자 애썼다. 그렇다고 정확성을 잃거나 난해함으로 빠지지는 않았으며, 독자들이 쉽게 이해할 수 있도록 배려하는 것을 중요시했다. 그는 기자로서 여러 분야를 담당했는데, 재판 취재에서 창작을 위한 영감을 얻고는 했다. 여

신문기자 시절의 카뮈

좌파 일간지《알제 레퓌블리캥》기자 시절에 동료들과 찍은 것이다. 1938년, 카뮈는 유명 언론
인이자 문예에도 상당히 조예가 깊었던 파스칼 피아(맨 오른쪽)를 만나면서 기자가 되었다.
저널리스트로서의 카뮈는 우리에게 많이 알려져 있지 않지만, 이후 나치의 프랑스 점령기에
는 레지스탕스 기관지인《콩바》의 편집장을 지내기도 했다. 그는 기사를 쓸 때도 일반적인 신
문 문체보다는 책을 쓸 때와 같은 자연스러움과 고상함을 추구했다.

기에서 우리는『이방인』에서의 법정 장면을 떠올린다. 뫼르소가 재판정에 나섰을 때, 모두 똑같이 무심하고 나른한 표정을 짓고 있던 기자들 중 한 사람이 그를 빤히 응시한다. 아무 표정도 없이 자기를 유심히 관찰하는 그 기자를 마주 바라보며 뫼르소는 마치 자기 자신에 의해 바라다보이고 있는 것 같은 기묘한 느낌을 받는다.

1939년 7월 25일, 카뮈는 크리스티안 갈랭도에게 보내는 편지에서 이제 막 희곡『칼리굴라』를 탈고했고 곧『이방인』집필을 시작할 것이라고 쓴다. 이 시기에 마침내『행복한 죽음』과 과감히 결별한 것이다. 그러나 곧바로 전쟁이 일어나면서 그는 좌절감을 안고 오랑으로 가서 약혼자인 프랑신의 집에서 지낸다. 이제 그가 할 수 있는 일은『이방인』을 쓰는 일에 박차를 가하는 것밖에 없다. 그것도 어설픈 습작이 아니라, 전장에서 죽어가는 병사들처럼 자신의 죽음을 담보로 획기적인 작품을 써야 한다. 이제 절친한 사이가 된 오랑 출신의 피에르 갈랭도는 뫼르소라는 인물에 대한 영감을 불러일으킨다. 그와 함께 겪은 일들(예를 들어 해변 별장에서 한 식사, 바닷가에서 프랑스인들과 아랍인들 사이에 벌어진 시비 등)은 작품을 진척하는 데 구체적인 도움을 준다.

카뮈가 자신과의 약속을 지키기 위해 창작에 몰입하고 있을 때, 《알제 레퓌블리캥》에서 그의 상관이었던 피아가 그를 파리로 부른다. 카뮈의 삶에 지대한 영향을 미친 피아는 묘하고 신비로운 면을 가진 인물이다. 기욤 아폴리네르 전문가일 만큼 문예에 대해 상당한 식견을 가지고 있으면서도 저자로 나서기보다 늘 편집자로 남기를 원했기 때문이다. 그로 인해 몇몇 사람들은 그를 뫼르소의 모델로 보기도 한다. 하지만 당연히 카뮈 자신도 뫼르소의 모델이었다. 카뮈가 뫼르소를 자신의 이상향으로 구현하려 했으리라는 추론도 가능하다.

파리의 이방인

1940년 3월, 카뮈는 알제리를 떠나 파리로 간다. 그러나 지난번처럼 가난한 여행자가 아니다. 그에게는 직업도 있고, 가방에는 곧 세상을 깜짝 놀라게 할 소설의 초고도 들어 있다. 카뮈는 잠시나마 오노레 드 발자크의 소설 『고리오 영감』의 주인공, 청운의 꿈을 안고 파리로 상경하는 법대생 라스티냐크의 기분을 누렸을지도 모른다. 하지만 라스티냐크가 그랬듯이 카뮈 또한 피아의 추천으로 《파리수아르》의 편집부에서 교정부원으로 일하기 시작하면서 대도시에서의 생활에 적응하는 데 어려움을 겪는다. 그와 함께 알제에서와 같은 자연을 박탈당한 자신의 초라함을 절감한다.

카뮈가 파리에 도착했을 때, 피아는 그를 위해 몽마르트르에 있는 푸아리에호텔에 방을 얻어준다. 기록에 따르면, 푸아리에호텔 가까이에는 파블로 피카소, 아메데오 모딜리아니 같은 이들이 한때 사용하던 작업실이 있었다고 한다. 하지만 호텔 자체는 창녀 같은 비참한 처지의 사람들이 드나드는 저급하고 불결한 곳이었다. 그러한 낯설고 열악한 환경으로 인해 카뮈와 파리 사이에는 불화가 일어난다. 그는 파리에 대하여 더럽다고, 비둘기들이 컴컴한 안

뜰에서 날아다닌다고, 사람들의 피부는 하나같이 허옇다고 편지에 쓴다.

> 파리에서 가증스러운 것: 정다움, 감정, 아름다운 것을 예쁘다고 보고 예쁜 것을 아름답게 보는 저 추악한 감상주의, 저 흐리터분한 하늘, 번들거리는 지붕들, 저 끝없이 내리는 비의 정다움과 절망.
> 열광을 자아내는 것: 끔찍한 고독. 사회생활에 대한 약으로서의 대도시. 이제 이것은 현실 속에서 만날 수 있는 유일한 사막이다. 여기서 육체는 더 이상 자랑이 아니다. 육체는 보기 흉한 살갗에 뒤덮여 숨어 있다. 오직 있는 것은 영혼뿐이다. 그 모든 방탕과 술주정과 눈물 짜는 온갖 감정의 무절제 등등을 갖춘 영혼 말이다.
> ─『작가수첩 1』, 236쪽

카뮈가 보기에 파리 같은 대도시는 비인간적이다. 자연의 생명력으로부터 멀어져서 '인간'이 중심이 되지 못하고 도시의 시스템이 인간 위에 군림하기 때문이다. 그것은 곧 문명과 자연 사이의 절제와 절도를 잃는 것이기도 하다. 더욱이 그는 솔직하지 못한 파리 사람들에 대하여 늘 경계심을 가지고 있었다.『젊은 시절의 글』에 그는 이렇게 썼다. "이내 나는 공이 기대했던 곳으로 날아오지 않는다는 사실을 깨달았다. 그것은 살아가는 데 도움이 되었다."

먼저 우리는 푸아리에호텔을 찾아 나선다. 하지만 그런 이름의 호텔은 어디에도 없다. 그러나 카뮈가 그다음으로 머물렀던 마디손호텔은 그 자리에 남아 있었다. 그는 어느 정도 여유를 얻은 후에 좀 더 안락하고 주변 환경이 나은 마디손호텔로 거처를 옮긴다. 생제르맹데프레교회 맞은편에 있는 그 호텔은 외관상으로는 그리 특별할 것이 없다. 그러나 나는 생제르맹거리에 서서 호텔 건물로부터 쉽게 눈을 떼지 못한다. 그곳에서 카뮈는 다소 마음의 안정을 얻어 『이방인』 퇴고 작업에 온 힘을 다했기 때문이다.

그 무렵에 그는 『작가수첩 1』에 이렇게 쓴다. "파리에서 혼자 가난한 방구석에 처박혀 1년을 지낼 수 있는 사람은 (…) 많은 것을 배운다. 그것은 모질고 끔찍하고 때로는 고문 같고 언제나 미치기 직전인 그 무엇이다. 그러나 이런 것을 가까이 함으로써 한 인간의 자질은 충분히 능동적으로 확고해질 필요가 있다."

이제 그는 자기 내면의 힘을 되찾는다. 그러면서 자신을 위축시키는 외부의 힘에 대해 『작가수첩 1』에서 이렇게 받아친다. "인간을 격하시키는 것이 무엇인지 느끼는 것이 곧 인간의 위대함이다." 이때 그는 무엇보다도 자기 속에 깊이 드리워진 알제리라는 뿌리로부터 힘을 얻는다.

> 알제에 살고 있었을 때 나는 항상 겨울을 잘 참고 지냈다. 어느 날 밤에, 2월달의 싸늘하고 순결한 하룻밤에, 레콩실계곡의 편도나무들이 하얀 꽃들로 뒤덮이게 되리라는 것을 알고 있었기 때문이다. 그러고 나서 나는 그 연약한 흰눈빛의 꽃이 모든 비와 바닷바람에 저항하는 것을 보고 황홀함을 금치 못했다. 그런데 해마다 그 꽃은 열매를 준비하는 데 꼭 필요한 만큼만 끈질기게 버티는 것이었다.
> ―「편도나무들」, 『결혼·여름』, 111쪽

이제 그가 할 일은 끈질기게 버텨서 최상의 열매를 맺는 것이다. 실제로 그는 완전히 달라진 모습을 보인다. 우선 언어의 절제를 통해 완벽주의적인 경향을 발휘한다. 또한 그는 전작에서의 자기중심적이고 관념적인 면을 벗어버리고 삶의 모순과 부조리라는 문제를 끝까지 밀고 나가서 있는 그대로의 우리 자신을, 그 섬뜩한 진실을 비추어 볼 수 있는 거울 같은 작품을 창작하는 데 깊이 몰두한다.

1940년 5월, 마침내 카뮈는 파리에서 『이방인』을 탈고한다. 그는 수첩에 단 한 줄, 이렇게 쓴다. "5월. 『이방인』 탈고." 그는 프랑신에게 편지를 써서 그 사실을 알린다. 하지만 히틀러의 군대가 파리에 입성하면서 사태는 급박하게 돌아간다. 결국 《파리수아르》는 클레르몽페랑으로 일단 피난한다. 카뮈는 탈고한 원고를 가방에 넣어가지고 편집부 사람들과 행동을 함께한다. 그 와중에 하마터면 원고를 호텔 방에 두고 떠날 뻔하기도 한다.

신문사는 다시 동쪽으로 조금 떨어진 리옹으로 자리를 옮긴다. 리옹과 오랑 사이에 여러 차례 서신이 오간 끝에 11월 말에 프랑신이 리옹으로 온다. 그동안 카뮈는 줄곧 프랑신에게 프랑스로 오라고 청했고, 마침내 그녀가 마음을 정한 것이다. 두 사람은 12월 3일에 피아를 증인으로 삼아 구리 반지를 교환하며 결혼식을 올린다.

우리는 파리를 떠나 중세 종교 건축물이 곳곳에 자리 잡은 클레르몽페랑을 거쳐 리옹으로 들어선다. 리옹과 알제 사이에는 두 가지 우연의 일치가 있다. 하나는 리옹의 중심 광장의 이름이 벨쿠르이며, 카뮈가 어린 시절을 보낸 동네의 이름도 벨쿠르라는 점이다. 그것은, 앞서 언급했듯이, 리옹 출신의 이주민들이 알제에 자리를 잡으면서 자신들의 고향 광장의 이름을 되살린 탓이었다. 알제 벨쿠르의 큰길 이름이 리옹거리인 것도 그런 탓이다. 또 한 가지 우연은 리옹의 노트르담푸르비에르성당과 알제의 아프리카노트르담성당 사이에 깊은 인연이 있다는 점이다. 19세기 중엽에 리옹에서 알제로 온 두 여신도가 자기들 고향의 성당을 그리며 도시 뒤편 언덕 아래 골짜기에 있는 굵은 올리브나무 둥치 속에 작은 성모상을 하나 모셔놓았는데, 훗날 그것이 아프리카노트르담성당으로 발전한 것이다.

우리는 유난히 널찍한 벨쿠르광장을 걷는다. 광장 오른쪽으로 론강이, 왼쪽으로 손강이 흐르고, 그 너머로 높은 푸르비에르 언덕이 자리 잡고 있다. 행복과 불안감을 함께 품을 수밖에 없었을 젊은 신혼부부는 그 광장 근처의 에덴호텔에 거처를 정했다. 하지만 이름과 달리 그곳 또한 창녀들이 드나드는 허름한 여관이었다. 프랑신은 난방도 제대로 되지 않는 초라한 방에서 내내 몸을 떨며 남편이 돌아오기를 기다려야 했다.

우리는 광장을 떠나 론강을 건너서 쿠드드라리베르테로 간다. 피난 온《파리수아르》가 있었던 곳이다. 우리는 론강과 손강을 차례로 건너 케이블로 움직이는 기차를 타고 푸르비에르 언덕으로 올라간다. 그리고 놀라운 위용을 보여주는 노트르담푸르비에르성당을 등지고 서서 리옹을 굽어본다. 내 눈길이 벨쿠르광장에 머물 때면 그 위로 설렌 마음으로 서로를 바라보는 젊은 부부의 모습이 어른거린다.

하지만 카뮈 부부는 불과 한 달밖에 그곳에 머물 수 없었다.《파

리옹의 벨쿠르광장

나치에 의해 파리가 점령되면서 카뮈가 일하던 《파리수아르》도 리옹으로 피난을 갔다. 이때 카뮈는 오랑에 있던 프랑신을 리옹으로 불러들여 결혼식을 올리고 리옹의 중심 광장인 이곳 근처의 한 허름한 호텔에서 신혼 생활을 시작했다. 그러나 얼마 있지 않아 카뮈는 신문사의 감원 대상이 되면서 프랑신과 함께 다시 오랑으로 돌아갔다. 카뮈는 레지스탕스 활동을 하게 되면서 리옹과 다시 인연을 맺었다. 그리하여 바로 이곳이 여러 지하 운동가들과 비밀스럽게 접선하며 함께 투쟁하는 무대가 되었다.

리수아르》의 감원 정책에 의해 카뮈가 해고되었기 때문이다. 오랑으로 돌아가는 동안 카뮈는 참담한 심정이었을 것이다. 그러나 그의 몸은 다시 오랑에 갇히게 되었어도 퇴고를 마친 소설 『이방인』의 원고는 바다를 건너 사람들의 손을 거치면서 경탄을 불러일으킨다. 처음에 그르니에는 미온적인 칭찬을 하는 데 그쳤지만, 피아와 앙드레 말로는 열광적인 반응을 보인다. 그들의 추천 덕분으로 1941년 11월에 갈리마르출판사의 편집위원회가 원고의 출판을 결정한다. 그리하여 1942년 5월에 『이방인』이 출간된다.

뫼르소는 누구인가

『이방인』은 적어도 내게는 한마디로 수수께끼 같은 작품이다. 난해해서 어렵다기보다 여러 가지 질문이 꼬리에 꼬리를 물고 일어나서, 마침내 다 읽고 나서도 다시 읽고 싶게 만든다는 의미에서다. 그런데 주인공 뫼르소는 우리에게 무척 단순한 인물로 다가온다. 그런데 그 단순함이 쉽게 설명될 수 있는 것이 아니라는 데 중요성이 있다. 그렇다면 그 단순함은 작가가 의도한 바라 할 수 있을 터다.

예술가와 예술 작품. 진정한 예술 작품은 가장 말이 적은 작품이다. (…) 예술 작품이 경험 속에서 다듬어낸 어떤 몫, 내적인 광채가 제한되지 않은 채 요약되는 다이아몬드의 면 같은 것일 때 (…) 온갖 경험의 암시로 인하여 풍요로운 작품이 생겨나는 것이다.

―『작가수첩 1』, 147쪽

그렇다면 우리는 단순함을 간결함 혹은 과묵함으로 바꾸어 생각해야 할 것이다. 우선 뫼르소의 말과 행동과 생각은 우리에게 이른바 간결하고 정확한 몸짓의 투우사를 연상시키는 문체를 통해 전달된다. 그리고 뫼르소라는 캐릭터 자체가 과묵하다. 말하자면 문체와 캐릭터는 작가의 면밀한 의도에 서로 정확히 맞물린다.

과묵함이란 무엇인가. 먼저 그것은 자기 뜻을 내세우지 않는다는 것이다. 카뮈는 『작가수첩 2』에서 이렇게 말한다. "이 책의 주인공은 결코 앞장서서 무엇을 주장하지 않는다. 인생이 제기하는 질문이건 사람들이 제기하는 질문이건 그는 항상 질문에 대답하는 것으로 그친다. (…) 이 때문에 그는 결코 그 무엇도 단정하지 않는다."

또한 과묵함은 자신을 설명하려 하지 않는다는 것이다. 설명하지 않는다는 것은, 남들의 반응에 연연하지 않고 자신의 내적 진실에 대한 믿음을 가지고서 거기에 따라 행동한다는 것을 의미한다. 카뮈의 다음 말은 뫼르소에게 거의 그대로 적용될 수 있다.

내가 자신의 허영에 양보할 때마다, '남에게 보이기 위하여' 생각하고 살게 될 때마다, 그것은 배반이 된다. 그때마다 남의 눈을 의식하여 행동하는 것은 엄청난 불행이며, 그로 인하여 나의 존재는 진실 앞에서 점점 작아지는 것이다. 남들에게 자신을 털어놓을 필요는 없다. 그저 사랑하는 사람들에게만 그러면 되는 것이다. 남에게 보이기 위하여 자신을 털어놓는 것이 아니라, 뭔가 주기 위하여 그러는 것이니까. 인간에게는 훨씬 더 큰 힘이 내재해 있다. 그 힘은 꼭 필요할 때만 나타난다. 궁극에까지 간다는 것은 자신의 비밀을 간직할 줄 안다는 것이다. 나는 고독함 때문에 괴로워했다. 그러나 나는 나의 비밀을 간직했기 때문에 고독함의 괴로움을 극복했다. 그리하여 지금 나는 남에게 알려지지 않은 채 홀로 살아가는 것보다 더 큰 영광을 알지 못한다.

—『작가수첩 1』, 89~90쪽

그렇다면 뫼르소가 지니고 있는 내적 진실은 무엇인가. 그는 앞날에 대해 희망도 절망도 가지지 않는다. 인간은 곧 죽는다. 이 때문에 카뮈는『작가수첩 1』에서 "우리는 우리 자신이 될 시간이 없다. 우리에게는 오직 행복해질 시간이 있을 뿐이다"라고 한다. 우리가 무엇인가가 되려 하는 것은 죽음에서 비껴나기 위한 헛된 짓일 뿐이다. 그것은 우리 자신이 아닌 다른 무엇인가를 위해 행복을 차압당하는 것이다. 죽음에 대한 명철한 의식을 가지고서 삶의 행복을 찾아야 한다. 그 과정에서 삶의 진정한 의미를 찾는다. 그럼으로써 우리는 비로소 삶의 매 순간을 최대한으로 살 수 있게 된다.

또한 과묵함은 사물을 남들과 다르게 바라본다는 것을 의미한다. 아니 과묵할 때 사물을 달리 보게 된다고도 말할 수 있다. 말하자면 통찰하게 된다. 그때 그는 흔히 '인간적'이라 부르는 모든 것에 대해 의심하게 된다. 그리하여 그것들을 벗어버리고 벌거벗게 된다. 카뮈는『작가수첩 1』에서 이렇게 말한다. "'벌거벗음'은 선입견, 관념,

습관, 자기만족적인 위안, 수다스러운 말, 장식, 옷, 화장, 가면, 다시 말해서 모든 '무대장치'로부터 해방되어 가차 없는, 그러나 너무나도 귀중한 삶과 진실에 가닿는 것이다." 이제 그는 맨얼굴, 맨몸이 되어 인간성(인간성이라는 이름의 관습)으로부터 해방된 세계와의 결혼을 꿈꾸기에 이른다.

이 때문에 뫼르소는 '남들을 위해, 남들에 의해, 남들의' 삶을 사는 것을 거부한다. 그러나 우리는 누구나 세상을 살기 위해 다른 사람들이 날마다 사회적으로 벌이는 유희에 참가해야 한다. 어머니의 장례식에서 울어야 하는 것도 그런 유희 중 하나다. 카뮈는 『이방인』의 미국판 서문에서 이렇게 썼다.

우리 사회에서 자기 어머니의 장례식에서 울지 않은 사람은 누구나 사형선고를 받을 위험이 있다. (…) 나는 다만, 이 책의 주인공은 유희에 참가하려 하지 않았기 때문에 유죄 선고를 받았다는 말을 하고 싶었다. 그런 의미에서 주인공은 자기가 사는 사회에서 이방인이며 사생활에서도 주체가 되지 못하고 주변적인 인물로 외롭게, 관능적으로 살아간다. 그렇기 때문에 독자들은 그를 일종의 표류물과도 같이 간주하고 싶은 느낌을 받을 것이다. 그렇지만 뫼르소가 어떤 면에서 유희를 하지 않으려 하는 것인지를 자문해본다면 그 인물에 대한 더 정확한 생각을, 어쨌든 작가의 의도와 더 일치하는 생각을 갖게 될 것이다. 그 대답은 간단하다. 즉 그는 거짓말하는 것을 거부한다.

—『이방인』, 7쪽

여기에 과묵함의 다른 의미가 있다. 그것은 거짓말을 하지 않는다는 것이다. 거짓말을 통해 이중인격자가 되지 않기 위해 그는 남들이 요구하는 언어의 코미디를 연출하기를 거부한다. 그는 자신에게 당연히 맡겨진 역할을 하지 않는다. 그로 인해 재판관들이 주재하는 사회적 유희에 골치 아픈 차질이 생긴다.

이때 과묵함이란 다른 방식으로 말하는 것이라는 의미도 있다. 더욱이 뫼르소는 가장 적게 말함으로써 가장 많이 말하는 독특한 인물이다. 카뮈는『이방인』미국판 서문에서 "뫼르소는 겉보기와는 달리 삶을 간단하게 하고자 하지 않는다. 그는 있는 그대로 말하고 자신의 감정을 은폐하지 않는다"라고 했다. 따라서 그의 과묵함은 가장 분명히 진실을 말하는 것이고, 사회는 그 진실로 인해 위협당하고 있다는 느낌을 받는다. 사회가 그에게 유죄 선고를 내리는 것은 그 때문이다.

죽음과 대면하여 그는 예민하게 세상과 자기 자신을 관찰한다. 그리하여 깨닫는다. 인간은 자연 혹은 자기 본연의 모습과 혼연일체가 되는 순간, 관습 속에서 살아가는 다른 인간들에 의하여 이방인으로 규정될 수밖에 없다. 나아가 사람들은 그를 그 자신으로부터 이방인이 되게 하려 한다. 특히 신부는 뫼르소의 신조를 무너뜨려 그를 그 자신으로부터 추방하려 한다. 그러나 지금까지 그는 사회로부터 이방인이었지 결코 자신에게서는 이방인이 아니었고, 바로 그 자신이었다. 이 때문에 그가 신부를 쫓아버린 것은 당연한 일이다. 이제 뫼르소는 푸른 지중해 그 뒤에 무無 이외에는 아무것도 없다는 눈부신 진실을 분명히 인식한다. 그리하여 자신에게 사형을 선고한 세상의 불합리함을 받아들인다.

그러나 그때 그 죽음은 순교가 된다. 카뮈는 『이방인』 미국판 서문에서 이렇게 말한다. "뫼르소는 가난하고 가식이 없는 인간이며 한 군데도 어두운 구석을 남겨놓지 않는 태양을 사랑한다. (…) 집요하기 때문에 그만큼 뿌리가 깊숙한 그의 정열이 그에게 활력을 공급한다. 절대에 대한 진실, 진실에 대한 정열이 그것이다. (…) 그 진실 없이는 자아와 세계에 대한 어떤 정복도 가능하지 못할 것이다. 그 어떤 영웅적인 태도를 취하지 않으면서도 진실을 위해서는 죽음을 마다하지 않는 한 인간"이 바로 뫼르소인 것이다. 죽음에 맞서서 오히려 그는 의식적 각성을 통해 진정한 변신을 이룬다. 누군가의 말대로 뫼르소는 그의 교수대보다도 더 강하고, 시시포스는 그의 바위보다도 더 강하다.

부정을 넘어 긍정으로

짐승들의 세상이 시작되었다

1942년 8월, 카뮈는 다시 바다를 건넌다. 폐병이 재발하여 프랑스 고지대에서 요양하라는 의사의 권고에 따른 것이다. 그러나 이번에는 그의 곁에 아내가 있고, 그 자신은 비범한 작품으로 세상의 주목을 받고 있는 신예 작가다. 아마도 그는 꼭 병 때문이 아니더라도 오랑을 벗어나고 싶었을 터였다. 어쩌면 파리로 가고 싶었는지도 모른다. 이때 그는 『시시포스 신화』와 『칼리굴라』를 탈고한 상태였으므로 그 원고들을 출판할 길을 찾고 있었다.

하지만 그는 애초 계획한 대로 프랑스 중부의 파늘리에라는 작은 마을에서 요양하기로 결정한다. 두 사람은 배, 기차, 협궤열차를 타고 마르세유, 리옹, 생테티엔을 거쳐 비바레 지방의 샹봉쉬르리뇽에 도착한다. 그리고 마차를 타고서 4킬로미터 떨어진 파늘리에에 도착한다. 그곳에는 프랑신의 친척인, 배우이자 연출가인 폴 외틀리의 어머니가 운영하는 하숙집이 있다.

처음에 카뮈는 숲에 둘러싸인 전원의 단조로운 삶과 선선한 기후에서 적응하기 어려운 이질감을 느낀다. 그러나 지금 그에게는 세 가지 의무가 있다. 우선 몸과 마음을 잘 다스려 건강을 회복해야 한다. 카뮈는 『결혼·여름』에서 이렇게 말했다. "병보다 더 밀쳐내야 할 것은 없다." 병은 "자기 자신에 대한 마음 약한 연민의 감정"을 일으켜서 산 채로 죽음 앞에 무릎을 꿇게 만들기 때문이다.

그런가 하면 어떤 식으로든 전쟁과 그로 인해 사람들이 겪고 있는 고난에 대응해야 한다. 전쟁이 발발했을 때, 그는 장차 전쟁이 몰고 올 "폐허와 피, 그리고 지독한 구역질"을 예감한다. 『작가수첩 1』에 이런 구절이 있다.

사람들은 도대체 전쟁이 어디에 있는 것인가 하는 의문을 가졌다. 그 점이 바로 전쟁이 지닌 고약한 일면이었다. 그런데 이제 그 전쟁이 어디에 있는지를, 전쟁이 자신의 내부에 있음을 알아차리게 된다. (…) 전쟁은 거기에, 정말 거기에 있었는데, 우리는 그걸 푸른 하늘 속에서, 세계의 무심 속에서 찾고 있었다. 전쟁은 (…) 모든 사람들에게 공통된 저 수치스러운 절망 속에, 시간이 지날수록 사람들의 얼굴에 비쳐 나오는 것을 느낄 수 있는 저 점증하는 비열함 속에 있다. 짐승들의 세상이 시작되었다.

—『작가수첩 1』, 197쪽

그는 전쟁이 어느 누구의 잘못이 아니라, 우리 모두의 책임이라고 생각한다. 따라서 전쟁을 물리치기 위하여 각자 자신의 직분을

파늘리에

『이방인』이 출간된 1942년, 카뮈는 폐병이 재발하여 고지대인 프랑스 중부 파늘리에라는 작은 마을로 들어가 약 1년 반을 보냈다. 파늘리에에서 보낸 시간은, 그의 인생 전반기에 해당하는 알제리 시대와 후반기에 해당하는 파리 시대를 이어주는 과도기에 해당한다. 이곳에서 카뮈는 전쟁에 휘말린 참담한 시대적 상황을 소설로 형상화하는 데 몰두했다.

다하며 서로 연대감을 가져야 한다고 생각한다. 그 때문에 그는 "죽음을 두려워하지 않고 내 삶을 걸고 모험을 하기" 위해 군대에 자원하지만 뜻을 이루지 못한다. 그는 "다른 사람들과 죽음을 같이하지 못한다는 회한"에 사로잡힌다. 그래도 전쟁에 참가하든 못하든 "전쟁을 비판하고 행동할 권리"는 있다고 생각한다. 무엇보다도 절망하지 말아야 한다. 『결혼·여름』에서 그는 이렇게 말한다. "우리가 비극적인 시대를 살고 있다는 것은 사실이다. 그러나 너무나 많은 사람들이 비극적인 것과 절망을 혼동하고 있다. '비극적인 것이란 불행을 향하여 한바탕 크게 내지르는 발길질 같은 것이리라'라고 로런스는 말했다. (…) 오늘날에는 그러한 발길질을 받아 마땅한 것들이 많다." 그리하여 그는 "어느 절망한 사람에게 보내는 편지"의 형식으로 『작가수첩 1』에 이렇게 쓴다. "왜 개인들이 세계에 평화를 주는 데 성공하지 못하겠습니까? 너무 엄청난 목표들을 생각하지 않은 채 그냥 시작해야 합니다. 전쟁을 원하는 사람들의 열정 못지않게 온 영혼의 힘을 다하여 그 전쟁을 부정하는 사람들의 절망을 가지고도 전쟁을 할 수 있다는 것을 알아두십시오."

이제 카뮈는 세 번째 의무로서 한 개인이 역사에 대해서 할 수 있는 일을 모색하며 자신의 전쟁을 벌인다. 당연히 그것은 문학, 즉 다음 소설을 쓰는 일이다. 그는 새로운 공간에 터를 잡고서 전쟁의 이미지를 머리에 떠올리며 『작가수첩 2』에 이렇게 쓴다.

파늘리에. 해가 뜨기 전 높은 산꼭대기에서 전나무들은 그 나무들을 떠받치는 파동들과 잘 분간이 되지 않는다. 이윽고 아주 먼 곳의

해가 뒤쪽에서 나무들의 우듬지를 황금빛으로 물들인다. 이리하여 아주 조금 빛이 바랜 하늘을 배경으로 산 뒤쪽에서 마치 깃털 달린 야만인들의 대부대가 불쑥 나타나는 듯한 형국이다. 해가 솟아오르고 하늘이 밝아져감에 따라 전나무들의 키가 훌쩍 커지고, 야만인 부대가 전진하며 쳐들어오기 전에 우선 깃털의 소용돌이 속에서 한곳으로 자욱하게 모여드는 것만 같다. 그러고 나서 해가 상당히 높이 솟아오르면 그 빛을 받아 산허리로 쏟아져 내려오는 (…) 전나무들이 훤히 드러난다. 그리고 이건 십중팔구 골짜기를 향하여 내닫는 야만인들의 질주요 짧고 비극적인 싸움의 시작이니, 이제 대낮의 야만족들이 밤의 사유의 악한 군대를 물리치게 되리라.

—『작가수첩 2』, 45쪽

고독과 침잠의 시간

카뮈의 여정대로 나 역시 리옹에서 출발하여 샹봉쉬르리뇽을 거쳐 파늘리에로 간다. 물론 내게는 은색 푸조가 있다. 그러나 워낙 작은 마을이라 내비게이션으로 방향을 잡기 어려워서 자주 차를 세우고 미슐랭 지도와 구글 지도를 참고한다. 이윽고 키 큰 나무들 사이로 난 좁은 길을 구불구불 달린 끝에 간신히 파늘리에로 들어선다. 그리고 사람들에게 물어 카뮈가 머물렀던 집을 찾아간다. 그 집은 보통 단독주택이 아니라, 작은 아파트처럼 보이는 건물이다. 내가 입구에서 한숨 돌리고 있을 때, 여주인이 다가와 덤덤한 표정으로 나를 맞는다. 그러고는 짐작했다는 듯이 편하게 사진을 찍으라고 한다. 하지만 말투나 기색에서 그 이상은 허용할 수 없다는 점을 분명히 하는 것이 역력하다.

주변을 둘러보면 생각했던 것보다 그리 고지대도 아니고 깊은 숲속이라고도 할 수 없어서 한적한 농장 같은 분위기가 풍긴다. 그러나 마음의 여유를 가지고 찬찬히 살피면 높이 솟은 우람한 나무들, 가까이에서 흐르는 폭 넓고 물살이 센 개울, 서늘하고 청량한 바람이 과연 고적한 은둔지이자 요양지의 느낌이 들게 한다. 이곳에서 카뮈는 그의 시대가 처한, 그리고 그 자신이 겪고 있는 참담한 상황을 소설로 형상화하는 것을 자신의 의무로 삼아 작업에 몰두한다.

이 무렵 카뮈에게 찾아든 한 가지 위안은 『시시포스 신화』가 『이방인』에 이어 갈리마르출판사에서 출간되었다는 점이다. 이 철학적 에세이는 『이방인』만큼은 아니었어도 프랑스 지식인들 사이에 강한 인상을 남긴다. 이 책에서 그는 신의 저주에 걸려 영원히 산 밑에서 위로 바위를 밀어 올리는 삶을 살아야 하는 시시포스의 운명을 부조리한 세계에 던져진 인간의 삶에 빗댄다. 그리하여 인간이 할 수 있는 최선의 반항은 자살이 아니라 그 삶을 똑바로 직시하며 끝까지 이어나가는 것임을 밝힌다. 인간의 삶이라는 기이하고 비장한 드라마에서 반항은 죽는 순간까지 계속된다. 삶이 곧 반항이기 때문이다.

얼마 후 마침내 독일군이 프랑스 본토와 남부 지역을 점령함으로써 알제리와의 연락이 두절된다. 이제 카뮈는 홀로 병과 싸우며 고행과 같은 고독한 생활을 시작한다. 매번 그랬듯이 그는 강한 의지

시시포스

카뮈가 파늘리에에서 요양할 무렵, 철학적 에세이 『시시포스 신화』가 출간되었다. 시시포스는 그리스신화에 나오는 코린토스의 왕으로, 교활한 인물로 유명하다. 그는 신들을 기만한 죄로 커다란 바위를 산꼭대기로 밀어 올려야 하는 벌을 받는다. 그러나 그 바위는 정상 근처에 이르면 다시 아래로 굴러떨어져 다시 밀어 올리기를 영원히 반복해야만 한다. 카뮈는 시시포스의 노역을 부조리한 세계에 던져진 인간의 삶에 빗대었다. 그리고 이 부조리에 걸려들지 않는 유일한 방법은 부조리로부터 발을 빼지 않는 것이라고 했다. 티치아노, 〈시시포스의 형벌〉(1548~1549).

력으로 자신을 북돋운다. 『작가수첩 1』에는 이렇게 쓰여 있다. "나를 죽음으로 몰아넣지 않는 것이면 그것은 나를 더욱 강하게 만들어준다." 니체의 이 말은 늘 그의 좌우명이기도 하다(훗날 루르마랭에 있던 그의 작업실에는 니체의 사진이 걸려 있었다). 병들었다고 굴복할 수는 없는 노릇이며, 오히려 그로 인해 나태함에 빠지지 않을 수 있다. 그는 『작가수첩 2』에서 "병은 나름대로의 규칙과 절제와 침묵과 영감을 갖춘 수도원 같은 것이다"라고 했다.

그래도 수시로 힘겨워지는 순간은 어쩔 수 없다. 그럴 때면 그의 가슴은 고독과 불안으로 공허하고 삭막하다. 싸늘한 저녁이 오면 새들의 지저귐도 세상의 그 무엇도 그를 기쁘게 하지 않는다. 매 순간 죽음과 절망의 그림자가 시야를 가려서 어떤 모습도 순수하게 바라볼 수 없다. 아침마다 죽음의 고통을 느끼며 눈을 뜨고 하루하루가 감옥에 갇혀 잔인한 고문을 받고 있다는 느낌을 받는다. 그는 고향의 바다와 언덕과 사랑하는 사람들의 미소에 대한 그리움으로 고통받는다.

하지만 곧바로 명징한 의식이 돌아온다. "작가는 자신의 창조에 대해 느끼는 회의를 말해서는 안 된다. 거기에 대꾸하기는 너무나 쉬운 일이다. '누가 당신에게 창조를 강요하던가? 그게 그토록 끊임없는 고통이라면 그걸 왜 견디고 있는 건가?' 회의는 우리가 가장 내밀한 곳에 지니고 있는 것이다. 그 회의를 절대로 발설하지 말도록. 어떤 종류의 회의든." 『작가수첩 2』에서 한 말이다. 그는 병이 자신에게 미치는 영향에 대해서도 냉철하게 인식하며 중심을 잃지 않고자 애쓴다. "젊음에 대한 포기. 사람들과 사물들에 대해 포기하는 쪽은 내가 아니다(나는 그러고 싶어도 그럴 수가 없다). 나에 대해 포기하는 쪽은 사물들과 사람들이다. 젊음이 나를 피한다. 병이 든다는 것은 바로 이런 것이다."

그러는 동안 계절이 어느덧 가을을 지나 겨울의 문턱으로 들어서면서 파늘리에는 하얀 눈으로 덮인다.

> 나무들과 고사리로 뒤덮인 이 뾰족한 산기슭은 뱃머리처럼 두 강줄기가 합류하는 지점으로 들어간다. (…) 그 뱃머리의 정점에 앉은 채 나는 무심한 고장에서의 이 움직이지 않는 항해를 계속한다. (…) 너무나 뜨거운 가슴들에게 겨울이 가져다주는, 쓰디쓴 사랑에 파먹힌 가슴을 달래려는 이 하얀 평화. 나는 불길한 죽음의 전조를 부정하면서 팽창하는 빛이 하늘에서 점점 넓게 퍼지는 것을 바라본다. 모든 것이 내게 과거를 말하고 있는데 머리 위에는 마침내 미래의 신호가. 입 다물어라, 허파여! 이 창백하고 싸늘한 대기로 너의 속을 가득 채워라. 그리고 침묵하라. 내가 너 서서히 썩어가는 소리에 귀 기울이지 않아도 되도록.
>
> ─『작가수첩 2』, 64쪽

이제 그는 병과 고립, 금욕과 고독의 시간을 겸허히 받아들인다. 더 나아가 그는, 앙브룅에서도 그러했듯이, 이러한 고난이 그에게 꼭 필요했다는 사실을 인정한다. 그로 하여금 더 근원적인 반성을 가능하게 했기 때문이다. 그는 자신의 약점을 스스로 이렇게 밝힌다.

생각의 실천이나 작품을 쓰는 데 필요한 규율에 있어서 내게 방해가 되는 것은 바로 나의 상상력이다. 나는 절도가 없고 괴물처럼 고삐가 풀린 상상력의 소유자다. (…) 심심해질 때면 아무 의미도 없어 보이는 이미지나 구성의 유희에 넋을 놓고 있는 나 자신을 어쩌지 못한다. 이런 생각의 흐름을 추슬러서 꼭 섭취해야 할 자양분이 있는 쪽으로 유도하는 일이 그만 지겨워진 나머지 그냥 될 대로 되라고 포기하곤 하는 것이다.

— 『작가수첩 2』, 96쪽

자신의 성향에 대한 그러한 뼈저린 자각은 그에게 더 명증한 인식을 불러일으킨다. 『작가수첩 2』에서 그는 이렇게 말했다. "부조리에 걸려들지 않는 유일한 방법은 더 이상 부조리로부터 발을 빼지 않는 것이다." 요컨대 카뮈 식으로 말하면, 부조리는 세상에만 있는 것이 아니라, 우리 속에도 있다. 우리는 우리 자신을 명확히 이해하고 싶어 하지만 그것은 불가능하다. 그 때문에 우리는 우리 자신과 적절한 관계를 맺는 데 어려움을 겪는다. 그 또한 우리가 살면서 겪게 되는 부조리다. 그렇다면 부조리는 우리 삶의 장애가 아니라 우리 자신의 일부다. 따라서 그러한 부조리와 제대로 대면할 때, 우리는 우리의 한계를 넘어설 수 있게 된다. 이때 부조리는 사유의 폭을 넓힐 수 있는 가능성이자 사유의 궁극적인 목표가 될 수 있다. 그런 의미에서 보자면, 글쓰기를 방해하는 자신의 성향도 정확히 인식하면 오히려 자신도 알지 못했던 더 신비로운 미지의 세계로 나아갈 수 있는 것이다. 그것이야말로 카뮈가 창조 행위에 임할 때

늘 그를 이끌었던 역설의 힘이다.

전쟁의 알레고리, 페스트

여기에서 주목할 점은, 카뮈가 다음 소설『페스트』를 쓰기 시작하여 어느 정도 틀이 잡힐 때까지 '페스트'라는 말의 의미가 변화했다는 사실이다.

처음에 페스트라는 치명적인 질병은 일종의 교훈성을 띠고서 인간들의 각성을 유발하는 특별한 계기로서 의미를 가졌다. 그가 오랑이라는 도시에 대해 비판적인 시각을 보여준 것도 그런 의미에서다. 그가 보기에 오랑에는 죽음의 의미가 결여되어 있었다. 오랑 사람들이 별 의식 없이 영위하는 무의미한 삶, 살아간다는 행복조차도 의식하지 못하는 무용한 평화가 바로 페스트를 불렀다는 것이다. 그리하여 이제 페스트가 그들에게 죽어가는 불행이 무엇인지 가르쳐줌으로써 비로소 삶이 무엇인지 깨닫게 해줄 것이다. 말하자면 문화와 역사를 가지지 못한 채 현재의 권태로운 일상 위에서 떠도는 삶들에게 페스트가 닥쳐오는 것은, 단지 우연의 결과가 아니라 상징적이고 계시적인 경종의 메시지를 지닌다고 할 수 있다.

그런가 하면 애초에 카뮈가 구상하던『페스트』는 카뮈 자신이 겪고 있는 시련, 즉 폐 질환과 싸우는 개인적인 과정을 내적 성찰과 외적 관찰로 담아낸다는 의미도 지니고 있었다. 폐병은 그가 쉽게 물리칠 수 있는 것이 아니었다. 그러기에 자신이 가진 모든 것을 동원하여 궁극적인 승리를 향해 주도면밀하면서도 영웅적인 의지를 발휘해야 하는 대상이었다.

하지만 전쟁의 폭력성과 그로 인한 폐해가 깊어지면서 페스트의 의미도 달라진다. 전쟁에 휘말린 세상과 페스트라는 전염병이 창궐하는 세상이 서로 겹치는 것이다. 실제로 카뮈 자신을 포함하여 동시대의 모든 사람들이 전시의 긴장과 고독, 생활의 궁핍, 게다가 질병으로 인한 생명의 위협에 시달리는 이러한 상황은 『페스트』에서 오랑 주민들이 처한 상황과 다르지 않다. 그 무렵에 그는 이렇게 쓴다.

나는 페스트를 통해서 우리 모두가 고통스럽게 경험했던 숨 막힘을, 우리가 겪었던 위협과 유폐의 분위기를 표현하고자 한다. 그와 동시에 이 해석을 일반적인 생존 개념으로 확대하고자 한다. 페스트는 그 전쟁 속에서 나름대로 반성과 침묵을 강요당한 사람들의 이미지를, 그리고 정신적 고통의 이미지를 제공하게 될 것이다.

—『작가수첩 2』, 89쪽

『작가수첩 2』에 따르면, 그 후로 소설 구상은 이렇게 진행된다. "소설. '페스트'라는 제목을 붙이지 말 것. 그보다는 '갇힌 사람들' 같은 제목을 고려할 것." 실제로 연합군이 북아프리카에 상륙하면서 외부와 단절되었을 때, 그는 자신이 "쥐 떼 같은 처지가 되었다고" 여긴다. 이제 그의 수첩에는 "『페스트』, 서로 헤어진 사람들 (…) 감옥에 갇힌 수인"과 같은 구절이 나타난다. 전쟁과 전염병은 인간들을 단절시킨다는 점에서 공통점을 가지고 있다. 그러면서 카뮈는 이렇게 역설적으로 흐뭇한 상상에 빠져든다. "그러나 오랜만에 다시 만나게 되자 그들은 마음속으로 상상했던 사람을 현실의 인물로 대체하는 것이 또 그렇게 힘이 들었다. 그래서 그들 중 어느 한 사람이 자신의 면전에 있는 여자의 얼굴을 또다시 따분한 기분으로 바라볼 수 있게 되는 날에야 비로소 진정으로 페스트가 사라졌다고 말할 수 있을 것이다."

하지만 시간이 지나 전쟁에 대한 비판적 사유가 좀 더 구체적인 맥락을 얻으면서 점차 페스트는 결정적으로 전쟁과 맞물려 부정적인 악으로 귀착된다. 페스트는 인간의 의지가 자연의 힘에 부딪혀 좌절되는 상황의 상징이 아니다. 달리 말해 페스트는 보다 구체적으로 전쟁의 알레고리가 된다. 그의 의식 속에서 전쟁을 통해 인간의 부조리함이 더욱 극명하게 드러남에 따라, 페스트라는 전염병에 저항하는 인간의 의지도 점점 더 중요하게 부각되어가는 것이다. 따라서 이제 그가 해야 하는 것은 『이방인』과는 전혀 다른 소설을 쓰는 것이었다.

1942년, 독일 점령하의 파리에서 『이방인』이 출간되었을 때 점령군은 『이방인』과 곧이어 출간된 『시시포스 신화』에 내재된 저항 의식을 경계했다. 뫼르소는 충동적인 살인으로 자신의 운명에 저항하고, 그 살인의 결과로 겪게 되는 위기에서 물러서지 않음으로써 끝까지 저항한다. 그 후 제2차 세계대전이 발발했을 때, 카뮈는 원칙적으로 전쟁 자체에 반대하여 전쟁에는 어떤 식으로든 관여하지 않겠다는 입장이었다. 그러나 마치 뫼르소가 그러했듯이 어느 날 갑자기 평온한 일상이 부서지고 비극이 닥쳤을 때 물러서지 않고

제2차 세계대전 당시 폭격으로 파괴된 파리(1943)

1940년 5월, 나치 독일은 파리를 점령하고 이내 프랑스의 3분의 2를 삼켜버리고는 1944년까지 지배했다. 카뮈는 『페스트』에서 전쟁에 휩쓸린 세상을 페스트가 창궐하는 세상에 빗대어 인간 삶의 부조리함을 극명하게 드러냈다. 그는 이 작품을 통해 당시 사람들이 고통스럽게 겪은 숨 막힐 듯한 상황과 위협받고 유배당하는 분위기를 표현하고자 했다고 말했다.

저항에 나선다. 그리고 그 저항의 과정을 내면적으로 상징화하여 『페스트』를 쓴다. 따라서 우리는 『이방인』에서 개인의 자유와 행복과 투쟁의 이야기가 『페스트』에서 집단의 문제로 확산되었다고 할 수 있다. 카뮈는 수첩에 이렇게 썼다. "『이방인』은 부조리와 대면한 인간의 벌거벗은 모습을 그려 보인다. 『페스트』는 똑같은 부조리와 대면한 개인들의 여러 가지 관점들이 사실은 동등하다는 것을 보여 준다." 이제 그에게서는 시대의 오류를 통찰하며 전쟁이라는 페스트에 대항하는 새로운 모럴에 대한 탐색이 시작된 것이다.

알베르 마테의 이름으로

카뮈는 1942년 11월 말에 일주일 예정으로 파리행 통행권을 신청하여 12월 28일에 발급받는다. 그 후로 그는 간간이 파리를 방문한다. 그 무렵 카뮈를 만났던 사람들은 『이방인』의 작가를 직설적이면서 쾌활하고 그런가 하면 심술과 장난기가 농후한 젊은이로 기억한다.(허버트 R. 로트먼, 『카뮈, 지상의 인간』) 1943년 6월에는 파리에서 사르트르와 시몬 드 보부아르도 만난다. 적어도 그 시기에 카뮈와 그보다 여덟 살 위인 사르트르 사이에는 상호 존중과 배려의 분위기가 유지된다. 사르트르가 쓴 『이방인』 서평은 소설가로서 카뮈의 위상을 높이는 데 결정적인 기여를 했다.

그러나 그는 곧 파늘리에로 돌아와서 다시 작업에 몰두한다. 하지만 시간이 지날수록 그곳에서 조용히 칩거하는 일은 점점 더 어려워진다. 전쟁의 비참함에 무감각해지는 세간의 풍조와 페탱* 정부의 패배주의적인 행태, 아울러 나치의 광기에 대한 우려와 분노가 카뮈로 하여금 행동에 나서도록 부추긴다. 그는 사람들의 마비된 인식을 일깨우기 위한 "필연적인" 소명을 받아들인다. 이에 남프랑스 레지스탕스 중심지 리옹에서 저항 세력과 접촉한다. 그리고 1943년 7월부터 1944년 7월까지 네 차례에 걸쳐『독일 친구에게 보내는 편지』를 써서 "전쟁과 고문과 폭력을 야기하는" 편협한 민족주의와 배타적이고 독단적인 추상적 개념의 폐해를 신랄하게 지적한다. 그러면서 그는 자신이 증오 때문이 아니라 행복에 대한 긍정과 열망 때문에 투쟁 속으로 뛰어들었다는 것, 그가 반대한 것은 독일이 아니라 나치임을 분명히 밝힌다.

그는『페스트』에서 화자이자 주인공인 리유의 입을 통해 페스트와 전쟁을 비교하며 이렇게 말한다. 우리는 전쟁이 일어나면 어리석은 짓이니 오래가지 않을 것이라고 생각한다. 그렇듯이 페스트 같은 재앙이 일어나면 그런 재앙은 인간의 척도로 이해할 수 있는 것이 아니므로 비현실적이거나 악몽에 불과하다고 여긴다. 사람들은 오만하고 습관적이어서 여전히 모든 것이 전처럼 가능하다고 믿는다. 그러나 재앙이 발생하고 지속되는 한 그 누구도 결코 자유로울 수 없다. 이제 인정해야 할 것이면 명백하게 인정하여, 쓸데없는

---

* 제1차 세계대전 당시 베르됭 전투에서 독일을 패퇴시킴으로써 연합국이 승리하는 데 중요한 전기를 마련한 인물이다. 그러나 제2차 세계대전 중에는 프랑스를 점령한 히틀러에게 협조함으로써 정권을 장악하여 국가수반이 되었다. 전쟁이 끝난 후 전범재판에 회부되어 사형 선고를 받았다.

두려움의 그림자를 쫓아버린 다음 적절한 대책을 세워야 한다.

자연히 이때부터 카뮈는 글쓰기에만 머물지 않고 행동과 실천의 시기로 접어든다. 더욱이 곳곳에서 경험하는 야간 통행금지, 등화관제, 식량 배급을 타기 위한 긴 줄, 암시장의 음침한 풍경은 페스트의 상황과 맞물린다. 게다가 파늘리에의 하숙집은 경찰에 쫓기는 사람들, 특히 유대인들의 은신처로 활용되었던 터라 그곳에서 만나는 사람들 대부분은 레지스탕스와 긴밀하게 연관되어 있었다. 그들은 장차 『페스트』 속 인물로 육화된다.

그동안 간간이 만나던 피아가 항독 지하 레지스탕스의 기관지 《콩바》('투쟁'이라는 뜻)에서 중심적으로 활동하기 시작하면서 카뮈도 그와 행동을 같이하게 된다. 그 무렵 그는 쥘리앵 그린의 말을 인용하여 『작가수첩 1』에 이렇게 쓴다. "죽음을 두려워하면 안 된다. 그것은 죽음을 너무 영광스럽게 만드는 것이다." 1944년 10월부터는 피아의 제안대로 파리의 메르퀴르호텔에 체류하면서 《콩바》 편집에 참여하는 한편, 갈리마르출판사의 편집위원으로도 일한다.

1944년 초에 그는 친구에게 보내는 편지에서 갈리마르출판사 일과 기자 일로 아주 바빠서 "잠들어 있는 『페스트』는 가끔 깨어났다가 다시 잠든다"라고 쓴다.(올리비에 토드, 『카뮈 1』) 대신 그는 알베르 마테라는 이름으로 가짜 여권을 발급받아 레지스탕스 전투 조직과 직접적으로 접촉하는 한편, 보샤르라는 필명으로 《콩바》에 적극적으로 참여한다. 그는 비밀리에 등사기를 옮기는 동료들을 돕는 일도 마다하지 않는다.

그는 비참하면서도 위대한 이 부조리한 세계에서 중요한 것은 진실이 아니라 사랑이라고 생각한다. 진실이 아니라 사랑이 부조리에서 구원해준다고 믿는다. 그 사랑은 동지애와 우정 같은 좀 더 넓은 인간관계의 중요성을 일깨운다. 『시시포스 신화』에서 그는 이렇게 말한다. "그들에게는 오직 하나의 사치가 있을 뿐이니 그것은 다름 아닌 인간관계의 사치다. 약하고 상처받기 쉬운 이 세계 안에서 인간적인, 오직 인간적인 것에 불과한 것은 무엇이든 보다 뜨거운 의미를 갖게 된다는 것을 어찌 깨닫지 못하겠는가. 긴장된 얼굴들, 위협받는 동지애, 인간들 상호 간의 지극히 강하고 수줍은 우정, 이러한 것들이야말로 진정한 부유함이다. 왜냐하면 그것들은 언젠가 소멸해버릴 것이기 때문이다."

마침내 1944년 8월 18일에 파리에서 시가전이 벌어지고, 8월 25일에 파리가 해방된다. 그날 그는 공개적으로 배포된 《콩바》 창간호에 「진실의 밤」이라는 제목의 유명한 사설을 쓴다.

> 자유의 총탄이 아직도 도시 안에서 휘파람 소리를 내며 날아다니는가 하면, 다른 한편에서는 해방의 포탄이 외침 소리와 꽃다발들 가운데서 파리의 관문을 넘나든다. 8월의 가장 아름답고 가장 뜨거운 파리의 하늘에는 언제나 변함없는 별들이 요란한 총탄과 방화의 연기와 민중의 기쁨이 쏟아내는 오색찬란한 불꽃들과 뒤섞인다. 그 무엇에도 견줄 수 없는 이 밤 속에서 프랑스가 치욕과 분노를 껴안고 몸부림쳤던 4년간의 흉악한 역사와 형언할 수 없는 투쟁이 막을 내린다.
>
> ─『시사평론』, 28쪽

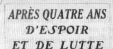

《콩바》(1944)

제2차 세계대전 당시인 1941년에 레지스탕스가 비밀리에 발행한 항독 신문이다. 1930년대 말에 《알제 레퓌블리캥》을 창간하기도 했던 피아가 이 신문을 이끌면서 카뮈를 합류시켰다. 1944년 8월 25일, 파리가 해방되던 날 카뮈는 〈진실의 밤〉이라는 제목의 사설에서 "4년간의 흉악한 역사와 형언할 수 없는 투쟁이 막을 내린다"라며 감격을 표하기도 했다(사진의 맨 왼쪽에 해당 사설이 보인다).

1945년 5월 8일, 독일이 항복하여 전쟁이 끝났을 때 그는 피아와 함께 《콩바》 편집과 운영을 맡는다. 이때부터 그는 칼리굴라 황제의 전기 작가의 이름을 딴 수에톤Saetone이라는 필명을 즐겨 쓴다. 하지만 얼마 지나지 않아 카뮈는 정치적 견해 차이로 피아와 절교하고 《콩바》에서도 떠난다. 더욱이 1946년 말 다시 건강에 이상이 생기면서 다음 해 초까지 알프스 산악 지대 브리앙송에서 요양한다.

브리앙송은 앙브룅에서 그리 멀지 않지만, 좀 더 위쪽이어서 고산 지대의 특징이 분명한 마을이다. 우리는 앙브룅에 들르기 전에 브리앙송의 산속 호텔에서 하루를 머물렀다. 높은 산들을 배경으로 삼아 골짜기 위로 성과 성벽, 성당들과 다리와 주택들이 자리 잡은, 온통 돌로 이루어진 고풍스럽고 아름다운 도시였다. 이곳에서 카뮈는 『작가수첩 2』에 이렇게 쓴다. "브리앙송. 1947년 1월. 싸늘한 저 산맥 위에 흐르는 저녁이 마침내 가슴을 얼음같이 차갑게 하고 만다. 나는 프로방스나 혹은 지중해변 바닷가에서밖에는 이런 저녁 시간을 견딜 수가 없었다." 그러나 차츰 카뮈는 건강을 어느 정도 회복하고 글쓰기에 몰두할 힘도 얻는다. 그리하여 다음 해 6월에 『페스트』를 탈고한다. 제2차 세계대전이 발발한 1939년부터 1947년까지 9년째가 되는 셈이다. 이 작품은 독자들에게 큰 호응을 얻었고, 비평가들이 수여하는 비평가상도 받았다.

아이들과 비둘기들 사이에 앉아

이제 우리는 파늘리에를 떠난다. 카뮈는 평생에 걸쳐 파늘리에를 다시 찾았다. 이곳에서 자신에게 필요한 단련을 하여 거듭 태어날 수 있었기에 파늘리에는 그에게 언제나 휴식과 더불어 창조의 에너지를 충전할 수 있는 장소였다. 문득 『페스트』에 등장하는 예수회 신부 파늘루라는 이름이 파늘리에서 나왔다는 사실이 떠오른다.

다음 행선지는 65킬로미터 떨어진 생테티엔이다. 카뮈는 파늘리에에 머무는 동안 정기적으로 생테티엔에 있는 병원에서 기흉 치료를 받았다. 매주 편도 세 시간가량 걸리는 기차 여행을 하는 동안, 그는 사람들의 불행한 삶을 지켜보며 연민을 느낀다. 『작가수첩 2』에서 그는 이렇게 말했다. "역에서는 바쁜 사람들이 보잘것없는 음식을 불평 한마디 하지 못한 채 허겁지겁 삼키고, 시내로 나서서 팔꿈치를 스치며 서로 섞이는 법도 없이 호텔로 방으로 뿔뿔이 흩어진다. 프랑스 전체가 기다림 속에서 견디는 절망적이고 말 없는 삶." 아마도 그러한 뼈아픈 풍경이 카뮈로 하여금 그저 가만히 주저 앉아 있을 수는 없다는 생각을 불러일으켰을 것이다. 실제로 얼마 후부터 생테티엔역의 구내식당 같은 곳은 그가 레지스탕스 동료들과 접촉하는 중요한 장소가 된다.

우리는 리옹에 들러 벨쿠르광장을 다시 찾는다. 이제 우리에게 그곳은 가난한 젊은 문학도가 신혼살림을 차렸다가 한 달여 만에 떠나야 했던 애틋한 장소가 아니다. 카뮈가 게슈타포의 감시를 피해 피아와 프랑시스 퐁주를 중심으로 한 여러 지하운동가들과 접선

했던 긴장되고 비밀스러운 공간이다. 이 공간에서 또한 그는 문학에서나 정치적 투쟁에서나 가장 가까운 동지였던 르네 레노와 함께 투쟁하며 우정을 키웠다. 바로 그곳에서 레노는 게슈타포의 총탄에 쓰러졌다. 사람들의 증언에 따르면, 두 사람은 자주 아이들과 비둘기들 사이에서 조용히 앉아 있기를 즐겼다고 한다. 내 눈에는, 레노가 체포되어 사형에 처해진 뒤 혼자 그곳의 아이들과 비둘기들 사이에서 모든 것을 잊은 채 모든 것을 잃은 듯 망연히 앉아 있는 카뮈의 모습이 어른거린다.

그런데 이상한 것은 상봉쉬르리뇽과 대조적으로 리옹에서는 어디에서도 카뮈의 행적을 찾을 수 없다는 점이다. 벨쿠르광장의 관광안내소를 찾아가 물어보자 직원들은 리옹 역사박물관에 가볼 것을 권한다. 그러나 규모가 꽤 큰 역사박물관에서도 카뮈라는 이름을 찾을 수 없었다. 그리고 보니 프랑스 도처의 거리나 도서관이나 문예 시설에 카뮈의 이름이 붙어 있고, 심지어 생테티엔과 리옹 외곽의 작은 마을에도 카뮈의 이름을 딴 거리가 있는데, 리옹에는 그런 것이 전혀 없었다. 어쩌면 내가 찾지 못한 것인지도 모르지만, 여하튼 나중에 나는 그 이유를 대략 짐작할 수 있었다. 한마디로 리옹도 카뮈가 혐오했던 도시들 명단에서 위쪽에 올라 있었기 때문이다. 젊은 시절의 편지에 쓴 구절이기는 하지만, 카뮈는 상업 도시 리옹에 대해 타락한 부르주아들의 도시, 상투적이고 진부하고 위선적인 곰팡내 나는 도시, 그가 온 마음으로 싫어하는 요소들, 인간의 삶이 피해야 하는 모든 요소들을 가진 도시라고 혹평했던 것이다.(올리비에 토드, 『카뮈 1』) 아마도 그런 사실이 자신들의 도시에 자부심을

르네 레노

프랑스의 시인이자 저널리스트로, 리옹에서 카뮈와 함께 레지스탕스 활동을 하다가 독일군의 총탄에 맞고 사망했다. 그와 각별한 우정을 나누었던 카뮈는 그의 사후 출간된 시집의 서문을 쓰는가 하면, 전시의 프랑스 신문에 편지 형식으로 기고한 글을 모아 출간한 『독일 친구에게 보내는 편지』를 레노에게 헌정했다.

지닌 리옹 사람들의 심기를 언짢게 한 모양이었다.

이제 나는 조금 서둘러 리옹을 떠난다. 내가 보기에 리옹은 푸르비에르 언덕을 제외하고는 전반적으로 다소 단조로운 느낌을 준다. 그러나 카뮈가 말하는 것처럼 너절하고 천박하다는 생각은 들지 않는다. 500년 전에도 앙리 4세와 마리 드 메디시스 사이에 세기의 결혼식이 거행될 정도로 나름대로 유서 깊은 곳이 아닌가. 하지만 카뮈가 가진 남다른 시점을 일반적인 맥락에서 평가하는 것 또한 타당하지 않다고 해야 할 것이다.

60여 년 전 어느 겨울의 카페드플로르

우리는 다시 파리에 도착하여 이탈리아광장에서 멀지 않은 곳에 호텔을 잡는다. 호텔 현관 옆에는 아직 이른 저녁인데도 늙수그레한 한 남자가 헌책들을 바닥에 잔뜩 늘어놓고서 그 옆에 깔아놓은 담요 위에 누워 잠들어 있다. 다음 날 아침 일찍 우리는 여전히 잠들어 있는 그 남자의 옆을 지나 거리로 나선다. 7시가 조금 안 된 시각이라 거리에 차량이 별로 없다. 우리가 원했던 것도 그 점이다. 우리는 천천히 차를 달려 미리 작성한 목록 속의 주소로 하나씩 찾아간다.

카뮈가 혼자 혹은 가족들과 함께 살던 아파트들, 피아 등과 함께 《콩바》를 제작하던 시기에 동료들과 자주 회합을 가지던 곳, 《콩바》 사무실이 있던 곳, 갈리마르출판사, 갈리마르갤러리, 갈리마르 서점, 카뮈가 《콩바》 편집에 참여하고 갈리마르출판사의 편집위원으로도 일할 때 체류했던 메르퀴르호텔 등을 차례로 들른다. 어차피 안으로 들어갈 수 없지만 혹시 어떤 특징적인 상황과 만날 수 있지 않을까 하는 기대를 한다. 하지만 그러한 행운은 만나기 어려운 법이다.

우리는 계속해서 카뮈가 연극을 연출하고 상연한 극장들을 찾아가본다. 에베르토극장, 앙투안극장, 마튀랭극장, 코메디프랑세즈(프랑스국립극장)가 그것들이다.

그중 마튀랭극장은 특히 카뮈와 인연이 깊은 곳이다. 우선 1943년 6월, 그곳에서 사르트르를 처음 만났다. 그때 무대 위에서는 사르트르의 희곡『파리 떼』의 공연을 앞두고 배우들이 연습 중이었다. 그 연극에 출연하는 배우들 중에는 카뮈와 마리아 카사레스도 있었는데, 그때 처음 마주친 두 사람은 얼마 후 평생의 연인 사이가 된다. 『페스트』를 구상하던 중에 카뮈는 틈틈이 시간을 내어 희곡『오해』를 썼다. 이 작품은 1944년 6월 마튀랭극장에서 초연되었고, 이때 주연을 맡은 배우가 카사레스였다. 스페인 출신 카사레스는 카뮈만큼이나 격정적인 지중해인이었다. 그녀의 좌우명은 'todo es nada'(모든 게 헛것이다)라고 알려져 있다. 말하자면 카뮈에게 그녀는 가장 지중해적인 것과 긴밀한 접촉을 유지할 수 있게 하는 통로와도 같은 존재였다.

그런데 내가 마튀랭극장 앞에 이르렀을 때, 놀라운 우연의 일치를 경험했다. 소설『페스트』를 각색한 연극 포스터가 극장 앞에 붙어 있었던 것이다. 깜짝 놀라 다가가 상연 날짜를 확인해보니 닷새 후인 7월 26일부터 8월 31일까지다. 그러나 안타깝게도 7월 26일은 내가 파리를 떠나야 하는 날이었다.

그렇게 오전 순례가 끝날 무렵이면 차량 통행이 잦아져 차도가 복잡해진다. 그러면 우리는 차를 지하 주차장에 세워놓고 걷거나 메트로를 타고서 이동한다. 그러다가 배가 고프면 중심가인 생제르맹데프레로 돌아온다. 거기서 서로 근접해 있는 두 레스토랑인 카페드플로르와 카페레되마고에서 브런치를 먹거나 저녁 식사를 한다. 물론 카뮈가 두 식당을 즐겨 찾았고 그곳에서 많은 사람들을 만나며 오랜 시간을 보냈기 때문이다. 그러나 이제 그곳들도 그리 특별할 것이 없어 보인다. 음식도 특별히 뛰어나다고 할 수 없는데, 그래도 예전부터 쌓아온 명성 탓인지 늘 사람들로 붐빈다.

이제 우리는 카페드플로르의 노천카페에 앉아 포도주를 마시며 식사를 한다. 포도주 잔에 찍힌 'Café de Flore'라는 글자의 글씨체가 멋들어져서 언제 보아도 잔 속에서 진한 적포도주빛 나비가 날아오르는 것을 보는 듯한 느낌이 든다. 향긋한 백포도주의 냄새도 저절로 코끝에 풍긴다. 종이로 된 테이블보에는 장자크 상페가 그린 카페의 풍경이 새겨져 있다. 그림 속에는 수십 명의 남녀가 한데 섞여 즐겁게 먹고 마시며 떠들고 있다. 그 속에 내가 있고 카뮈가 있고, 오늘이 있고 과거가 있다. 그래서인지 머릿속에서 시간대가 흐릿해진다.

내 눈에 장작을 때는 난로가 들어온다. 아마도 60여 년 전의 어느 겨울인 모양이다. 저쪽 구석 자리에 카뮈와 사르트르와 보부아르가 앉아 있다. 사르트르는 뭐라고 계속 말하고 있고 수시로 보부아르가 거들지만, 카뮈는 약간 뒤로 젖힌 자세로 앉아서 조금 시큰둥한 표정을 짓고 있다. 서로 가깝게 지내며 이곳에서 자주 만나던 시기

마튀랭극장

1944년 6월, 카뮈의 희곡 『오해』가 마튀랭극장에서 초연되었다. 이곳은 그가 연극 〈파리 떼〉의 원작자인 사르트르와 처음 만난 곳이기도 하다. 카뮈는 소설가로 널리 알려져 있지만, 『오해』를 비롯하여 『칼리굴라』 『계엄령』 『정의의 사람들』을 쓴 극작가이기도 했다. 알제리 시절부터 직접 극단을 만들어 연출가와 배우로 활동했고, 집단적 작업인 연극에 강한 애착을 가지고 있었다.

카뮈가 자주 드나들었던 카페드플로르

1880년 생제르맹대로에 문을 연, 파리에서 가장 오래된 카페 중 하나다. 카뮈, 사르트르, 보부
아르, 피카소, 자코메티, 헤밍웨이, 에디트 피아프 등 파리에서 활동한 수많은 철학자, 예술가,
문학인 들에게 사랑받으며 문화적 허브 역할을 해왔다.

에도 카뮈는 사르트르와 자기 사이에 넘어설 수 없는 경계가 있음을 절감했다.

그때 새로운 광경이 눈에 들어온다. 중년의 카뮈가 역시 중년으로 보이는, 그러나 약간 경박해 보이기는 해도 여전히 묘한 매력을 지닌 한 여인과 마주 앉아 있다. 나는 곧 그녀가 카뮈의 첫 아내 시몬임을 알아본다. 카뮈와 이혼한 후 그녀는 재혼하여 파리에 살고 있었고, 카페드플로르에 자주 드나들었다. 그러나 여전히 약을 끊지 못했고, 얼마 전에 그녀가 마약 투약 혐의로 체포된 곳도 바로 이곳이었다. 감옥에서 풀려난 그녀가 지금 카뮈를 불러내 이런저런 도움을 청한다. 카뮈는 그녀가 정상적인 생활로 돌아오기를 바랐고 그렇게 되면 갈리마르출판사에서 일을 맡겨볼 생각도 하고 있었다. 하지만 그녀에게서는 그럴 가능성이 보이지 않는다. 카뮈가 고개를 젓자 시몬이 벌떡 일어나 그에게 화가 난 날카로운 어조로 말을 쏟아붓는다. 그래도 카뮈가 아무 반응도 보이지 않자 제풀에 분을 참지 못하여 밖으로 뛰쳐나간다. 앞으로 카뮈는 시몬이 등 뒤에서 퍼뜨리는 험담에 한동안 시달려야 할 것이다.

그런데 문득 카뮈가 부드러운 미소를 짓고 있다. 그가 맞은편에 앉아 있는 젊은 여인을 조금은 서글프면서 부드러운 눈길로 바라보고 있다. 메트 이베르, 카뮈가 '미Mi'라는 애칭으로 부르는, 덴마크 출신의 여대생이다. 요즘 그들은 거의 매일 이곳에서 만나고 있다. 자신의 때 이른 죽음에 대해 아무것도 모르는 카뮈는 스물두 살 아래인 그녀가 자신의 마지막 사랑임을 알지 못한다. 아마도 카뮈는 미를 통해 젊은 시절 자신과의 만남을 꾀하는 모양이다. 실제로 어떤 의미에서 그녀는 카뮈의 분신과도 같다. 그런 의미에서 그들의 관계에서는 죽음에 근접하면서 죽음을 넘어서는 근친혼의 냄새가 난다. 그것은 바다와 태양의 근친혼, 사막과 바람의 근친혼, 삶과 죽음의 근친혼과 같은 것이다. 낮게 말을 주고받는 그들의 목소리가 내 귀에 아련하게 들려온다.

> 미Mi에게 내가 반쯤은 웃으며 반쯤은 진지하게 아주 늙어지면 만사에 대한 고양된 마음이나 감각의 흥취 등등이 끝장나버릴 거라는 이야기를 하자 그녀는 흐느껴 울면서 말한다. "내가 사랑을 얼마나 사랑하는데."
>
> ─『작가수첩 3』, 368쪽

신이 없이 성자가 되는 것

한마디로 『페스트』는 전시의 정황에 대한 우의적인 증언이자, 인간을 위협하는 악의 힘 혹은 폭력적인 권력에 대항하는 보편적인 저항문학으로서의 성격을 가지고 있다. 카뮈 자신도 페스트라는 질병에 대해 이야기함으로써 전쟁 중에 고통스럽게 겪은 질식 상태와 위기 상황, 그리고 고립과 유폐에 대해 표현하고자 했다. 동시에 그 경험을 인간의 삶 전체의 차원으로 확대하고 싶었다고 말한 바 있다.

여기에서 카뮈는 언어의 절제를 중요하게 여긴다. 온갖 구호와 선전이 난무하는 전쟁의 시기에는 언어가 혹사당하기 마련이지만,

레지스탕스는 정복자들의 언어에 묵묵히 혹은 낮은 목소리로 저항한다. 그렇듯이 카뮈 또한 차분하고 객관적이며 고전적인 언어를 자신의 소설에 부여한다. 이 소설의 연대기적인 서술이 그것이다. 이 정확하고 냉정한 어법은 페스트라는 소재가 주는 도발적이고 격정적인 면과 강하게 대비되면서 이야기의 구체성과 상징성, 그리고 역사성과 보편성을 동시에 확보해준다. 작가가 의사를 화자로 내세운 것도 가급적 주관성이 배제된 과학자의 언어가 필요했기 때문이다.

격을 갖춘 절제된 언어에 어울리게 이 소설은 고전적인 형식, 즉 고전극의 형식을 취한다. 5막으로 이루어진 고전 비극처럼 페스트가 발생하고 소멸하기까지의 진행 과정을 다섯 개의 특징적인 상황으로 나누고, 그 각각의 상황 속에 중심이 되는 사건과 장소를 설정했다. 그리고 그 장소들에 맞게 인물들을 적절히 배치함으로써 마치 연출자의 계산된 의도에 따라 연극 무대 위로 인물들이 등장하고 퇴장하는 듯한 인상을 준다. 이러한 특징은 이 소설의 전체적인 통일성을 강조해주는 역할을 한다.

이 소설에는 다양한 인물들이 등장한다. 그리고 중심인물 네 명의 면면에서 우리는 무엇보다도 카뮈 자신의 모습을 발견한다. 물론 그 외에도 코타르와 파늘루 같은 인물이 있기는 하지만, 중심인물들 각각이 카뮈 자신의 강한 메시지를 담보하고 있음을 감안하면 주변 인물들은 거기에 대비되어 설정되었다고 해도 지나친 말이 아닐 것이다.

우선 객관적인 증인이자 서술자로서 자신을 정확히 통제하는 의사 리외가 있다. 소설 속에서 그는 자신의 일에 대한 헌신적인 자세,

연극 〈페스트〉의 포스터

마튀랭극장에 들렀을 때 마침 연극 〈페스트〉가 공연 중이었다.

가난한 집안이라는 출신 배경, 고독한 성향, 심지어 수영을 즐기는 점뿐만 아니라 외모에서도 카뮈와 유사한 면을 보인다. 그는 신이 존재하지 않는 가운데 아무 희망도 없이 고통을 받다가 무력하게 죽어가는 인간들의 운명에 대해 절망과 분노를 느낀다. 그는 자신이 죽음에 대항하여 싸우기 때문에 신의 적이라고, 그리고 신의 적이 되는 것이 바로 자신의 직업이라고 스스로 밝힌다. 이제 그는 페스트가 인간들에게 가한 불의와 폭력에 대해 증언하기 위해, 그 불의와 폭력에 대항한 사람들에 대해 추억이라도 남겨놓기 위해, 그리고 페스트균은 결코 죽거나 소멸하지 않고 수십 년 동안 꾸준히 살아남았다가 언젠가는 인간들에게 불행과 교훈을 되새겨주기 위해 돌아올 것이라는 사실을 알리기 위해 글을 쓸 결심을 한다.

다음으로 기자 랑베르가 있다. "아랍인들의 생활 조건에 대해 취재"하기 위해 파리에서 온 기자 랑베르에게서 우리는 《알제 레퓌블리캥》의 기자로 카빌리 지방을 취재하고서 그곳의 열악한 사정을 전하는 기사를 쓰던 카뮈를 떠올린다. 그는 결코 영웅주의를 믿지 않는다. 관념 때문에 죽는 것은 어리석기 때문이다. 중요한 것은 사랑을 위해 살고 사랑을 위해 죽는 것이다. 이 때문에 그는 당장이라도 오랑을 벗어나 애인을 품에 안고자 안간힘을 쓴다. 파늘리에에서 고독과 불안과 그리움에 진저리를 치던 카뮈의 심정이 아닐 수 없다. 그러나 카뮈 자신이 그러했듯이 랑베르는 마음을 바꾸어 그곳에 남아 투쟁하기를 선택한다. 혼자만 행복한 것은 부끄러운 일이고, 이 부끄러움을 가지고서는 애인을 온전히 사랑할 수 없을 것이기 때문이다. 이 재앙이 자신을 포함하여 모두에게 관련된 것이라는 사실을 그는 비로소 깨닫게 된 것이다. 삶에서의 이 모든 고통스러운 투쟁이야말로 오직 행복을 위한 것이다. 행복 추구는 곧 반항을 의미한다. 반항이 없으면 행복도 없다.

세 번째로 시청 서기 그랑이 있다. 그는 성실한 공무원이다. 퇴근후 그에게는 자기만의 신성불가침 영역이 있다. 남들에게 밝히기를 부끄러워하지만, 그것은 글을 쓰는 일이다. 그 자신이 항상 가장 적절한 표현을 떠올려야 남들에게 자기 의사를 밝힐 수 있고 그래야만 비로소 자신의 권리를 요구할 수 있는 소심한 인물인 그는 틈이 날 때마다 글쓰기에 몰두한다. 어느 날 그는 리외를 집으로 데려가서 깨알같이 자잘한 글씨로 쓴, 온통 삭제한 부분투성이인 종이들 중 하나를 들고서 읽어준다. "5월의 어느 아름다운 아침에 한 우아한 여인이 멋진 밤색 암말 위에 올라타고서 불로뉴 숲의 꽃핀 오솔길을 따라 이리저리 달리고 있었다." 그러고는 글을 쓸 때 단어를 선택하는 일의 어려움에 대해 절실한 어조로 털어놓는다.

여기에서 고통을 감수하며 끝없이 퇴고를 거듭하는 그랑의 모습위로 작가 카뮈와 『행복한 죽음』의 주인공 메르소의 모습이 겹친다. 메르소는 기차를 타고 유럽을 횡단하는 중에 앞으로 자신에게다가올 운명에 대해 생각한다. 그러면서 마음속의 희망을 표현해주고 불안을 마감해줄 단어와 문장을 찾는다. 마음이 혼란스러울 때적절한 표현이 필요한 메르소처럼, 그랑도 머릿속으로 하나의 완전한 문장을 꿈꾸며 고통스러운 시기를 몸으로 겪어낸다. 그랑의 이러한 자세는 한마디로 어려운 삶의 문제를 감각적인 형식으로 승화하여 객관적으로 성찰하려는 예술가들의 노력과 맥을 같이한다. 비록 인간의 힘으로 완벽을 기하려는 그의 작업이 일종의 아포리아와 같은 것이라 하더라도 그는 결코 포기하지 않는다. 그런 의미에서 한 비평가가 그랑을 '글쓰기의 시시포스'라고 부른 것은 실로 적절한 표현이다.

리외는 그랑이 날마다 기울이는 이중의 노력, 즉 글쓰기를 통한 자기와의 싸움 그리고 전염병에 대항하는 고된 작업을 통해 타인을 위하여 자기를 희생하는 행동에서 진정한 의미의 영웅적 면모를 본다. 여기에서 우리는 화려한 영웅주의를 배격하고 행복을 추구하는 개인의 선량한 감정을 더 높이 평가함으로써 너무 느슨하지도 않고 그렇다고 선동적이지도 않은 이야기를 전달하려는 카뮈의 의도를 발견할 수 있다. 시대의 모럴리스트였던 카뮈가 연대기 자체의 도덕성에 대해서도 끊임없이 관심을 기울인 것은 당연한 일일 터다. 한때 그랑은 페스트에 걸려 모든 희망을 잃고서 자신의 원고를 모두 불태우려 한다. 그러나 곧 형용사들을 모두 없애고서 첫 문장을 다시 쓰기 시작한다. 여기에서 형용사들을 없앤다는 것은, 그 모든 고난을 치르며 겪었던 자잘한 부정적인 감정의 기억을 지워버리고서 큰 줄기에서 새로이 시작하겠다는 것을 의미한다고 볼 수 있다.

끝으로 하는 일 없이 도시를 배회하는 정체불명의 사내 타루가 있다. 시내 중심가에 있는 호텔에서 직업도 없이 지내는 그는 초연한 시선으로 세상을 바라보며 별 의미도 없는 자질구레한 것들을 수첩에 기록하는 일로 소일한다. 그러나 그는 자신의 작업이 이 어려운 시기를 연대기로 구성하는 데 필요한 수없이 많은 부차적이면서도 중요한 디테일을 제공할 수 있다고 믿고 있다. 그에게는 그의 기록 자체가 이미 일종의 유별난 연대기인 것이다.

군이 『작가수첩』을 떠올리지 않더라도 여기에서 타루는 카뮈의 분신으로서의 성격을 분명히 보여준다. 평소 카뮈는 앞으로 쓸 작품을 구상하며 머리에 떠오르는 문장의 초안을 잡거나 전체적인 틀을 짜거나 상상적인 인물들에 대한 정보를 수첩에 적어두기를 게을리하지 않았다. 그렇게 그는 늘 종이 위에 머릿속의 상념이나 관찰한 내용을 적어놓고 나중에 그 내용을 확인하면서 자신을 객관적으로 바라보는 한편, 스스로에게 어느 한쪽으로 섣불리 치우치지 않는 절제와 중용을 일깨우고자 노력했다.

그런가 하면 타루는 "시간을 허비하지 않으려면 어떻게 해야 할까?" 하는 질문을 스스로에게 던지고서 "일요일 오후를 자기 방 앞의 발코니에서 보낼 것"이라고 대답한다. 말하자면 일요일 오후 시간을 허비하지 않기 위해서는 발코니에 멍하니 앉아 있어야 한다는 일종의 역설적인 유머를 던지는데, 이 부분은 자연스레 『이방인』의 뫼르소를 떠올리게 한다. 또한 타루는 리외의 외모에 대해서도 자세히 묘사한다. 시칠리아 농부 같은 인상, 빠른 걸음걸이, 부주의하게 자동차를 운전하는 습관, 늘 모자를 쓰지 않는 맨머리, 세상사를 꿰뚫어보는 듯한 표정, 여기에서 우리는 리외의 외모를 통해 카뮈가 일종의 자화상을 그리고 있음을 짐작할 수 있다.

타루는 인간이 인간을 죽이는 사형 제도에 대한 깊은 반감을 가지고 있고, 어떤 이유에서든 사람을 죽이는 일을 정당화하는 일체의 것을 거부한다. 그리고 지구상에서 직접적이건 간접적이건, 좋은 이유에서건 나쁜 이유에서건 사람을 죽게 만드는 모든 것을 적극적으로 거부하지 않는 한, 결국 인간에 대한 도살 행위에 일말의 정당성을 부여한다고 믿고 있다. 그 믿음으로 인해 결국 그는 이 세상에서 아무 쓸모없는 존재, 영구 추방을 선고받은 인물이 되어버린다. 인간 사회의 규칙과 관습에 등을 돌렸기 때문이다. 그러나 그는 어떤 경우에도 차라리 희생자의 편에 서거나 희생자들 사이에 속하기를 원했다. 그리고 이제 그가 원하는 것은 희생자들과의 공감을 통해 마음의 평화에 도달하여 "신이 없이 성자"가 되는 것이다.

사실 사형대와 사형수는 카뮈가 늘 가슴에 품고 있던 중요한 문학적 이미지다. 카뮈의 아버지는 사형 집행 장면을 보고서 집에 돌아와 여러 번 토했고, 하루 종일 침대에서 나오지 않았다. 그 이야기는 카뮈의 가슴에 깊이 새겨졌고, 그 후로 그 죽음의 이미지가 그와 아버지를 묶어주는 고리가 되었다. 젊은 나이에 전사한 아버지 또한 이를테면 사형수였고, 아버지 없이 자라난 자신 또한 사형수의 운명에 처할 것이라는 두려움이 내내 그의 머리를 떠나지 않았던 것이다. 그리하여 성장해서 작가가 된 후에도 사형수의 처지와 사형의 문제성이 부조리한 삶에 대처하여 도덕성을 구성하는 중요한 모티브로 작용하게 되었다. 그러한 성찰의 결과가 『이방인』을 거쳐 이 소설에서는 타루의 입을 통해 사형 제도와 페스트의 동일시로 나타나고 있다. 타루가 판사들에 대해 강한 적대감을 나타내는 것도 인간의 자유와 생명을 구속하는 법에 대한 반감 때문이다.

더욱이 신이 없이 성자가 된다는 표현은, 무신론자 모럴리스트로서 카뮈의 철학을 분명하게 대변해주는 개념들 중 하나다. 이를테면 인간을 구속하는 것이라면 그 무엇도 용납하지 않는 것, 나아가

〈죽음의 승리〉(1562~1563)

중세 말 유럽을 휩쓴 페스트를 배경으로 네덜란드 화가 피터르 브뤼헐이 그린 것이다. 카뮈는 제1차 세계대전이 발발할 무렵에 태어나 전쟁으로 아버지를 잃었으며, 20~30대에는 제2차 세계대전의 한가운데를 통과하면서 전쟁이라는 비극을 온몸으로 경험했다. 그러면서 인간과 역사에 대한 깊은 비관적 인식을 갖지 않을 수 없었지만, 그럼에도 『페스트』 속 카뮈의 분신들은 삶에 대한 희망을 놓지 않으면서 끝끝내 '반항'한다.

단지 인간적인 상태에 머물러 있지 않고 인간성을 넘어서고자 노력하는 것, 그러나 신에게 기대지 않는 것, 신에게 기대는 것보다 더 큰 야심을 가지는 것, 인간과 신 사이에 용기 있게 머물러 있는 것, 요컨대 인간성을 넘어서되 언제까지고 인간으로 남아 있는 것, 그것이 신이 없이 성자가 되는 것의 의미다.

리외와 그의 어머니의 노력에도 불구하고 타루는 오랫동안 고통을 겪다가 숨을 거둔다. 리외는 타루의 시신을 내려다보며, 서로가 서로를 단죄하지 않을 수 없는 인간 세상의 분열과 모순 속에서 타루는 희망이라고는 전혀 가지지 못했기에 오히려 성스러움을 추구하고 인간을 위해 봉사하려는 노력에서 마음의 평화를 찾으려 했다고 생각한다.

그러나 리외는, 인간이 죽음 앞에 그러하듯이, 페스트와의 싸움에서 승리는 없고 오직 패배뿐이라는 것을 알고 있다. 전쟁이 끝나 평화가 온다 하더라도 평화 그 자체를 치유할 길 없는 고통으로 만들어버리는 결정적인 패배가 늘 우리 앞에 놓여 있는 것이다. 그렇다면 타루의 죽음은, 승리의 영광보다는 그 결정적인 패배의 교훈을 우리에게 각인시키는 것이다. 즉 '신이 없이 순교자'가 되는 운명을 선택한 것이다. 따라서 여기에는 신의 존재를 부정하지만, 성스러운 것에 대한 심오한 감각을 늘 유지하고자 했던 카뮈의 입장이 투영된 것이라 할 수 있다.

그렇듯 이 네 인물은 서로 긴밀하게 연계되면서 작품의 주제 의식과 강력하게 맞물린다. 그로 인해 어찌 보면 이 소설이 예상 가능한 이야기 틀에 갇히면서 교훈성과 계몽성을 순진하게 부각하고 있다는 느낌을 주는 것도 사실이다. 그러나 우리는 카뮈 자신이 밝힌 대로 『이방인』이 '부정'에 대한 소설이라면 『페스트』는 '긍정'에 대한 소설임을 알고 있다. 카뮈는 전쟁이라는 비극을 몸으로 겪으면서 인간의 삶과 역사에 대한 깊은 비관적 인식을 가지지 않을 수 없었다. 전쟁의 소용돌이 속에서 개인은 그 어떤 노력으로도 고통을 이겨낼 수 없고, 고통을 이겨낸다고 하더라도 그로부터 어떤 구원의 약속도 얻을 수 없으며, 전쟁이 끝난다 해도 폐허의 비참 속에 버려진 채 또 닥쳐올 전쟁에 대한 두려움으로 몸을 떨어야 하기 때문이다. 페스트가 밀어닥친 도시에서도 상황은 다르지 않다.

하지만 어느 순간에도 인간은 행복하기를 원한다. 인간에게는 그럴 권리와 의무가 있다. 행복을 향한 욕구 속에서 우리는 희망을 가지게 되며, 행복과 희망을 향해 나아가는 것은 곧 고통에 대한 반항을 의미한다. 앞에서 언급한 카뮈의 소설 속 분신들은 신뢰와 우정, 헌신과 희생을 통해 끝끝내 반항하며 삶의 희망에 대한 자신의 신뢰를 지킨다. 카뮈 자신의 말대로 우리는 반항한다, 고로 존재한다. 요컨대 인간은 매 순간 죽음에 면역되지 않고 죽음의 실상을 의식하며 깨어 있어야만 죽음(타나토스)에 대비되는 삶(에로스)을 가장 열렬하고 충실하게 살아갈 수 있게 될 것이다. 죽음에 면역되면 삶의 매 순간에도 또한 무감각해지게 될 터다. 죽음과 고통의 타나토스, 행복과 희망의 에로스, 중요한 것은 부정을 긍정으로 승화하는 것이다. 우리는 이것을 타나토스와 에로스의 결혼이라고 부를 수 있다.

ALBERT CAMUS

티파사의 돌기둥에 기대어

오독은 없다

『페스트』는 카뮈 문학과 삶의 정점으로서, 전쟁 경험의 결산이라는 의미와 더불어 부조리 철학의 심화라는 특징을 지닌다. 이 소설은 큰 반향을 일으켰지만, 일부 문인들은 『이방인』보다 미학적으로 떨어지고 실상 카뮈에게 문학적 재능이 없음을 보여준다고 지적한다. 사르트르도 그러한 의견을 부추기는 역할을 한다. 더욱이 그들은 카뮈가 독자들 사이에서 무신론적 성자로 찬양받는 것을 보고서 성스러움의 유혹에 빠졌다며 냉소한다.(올리비에 토드,『카뮈 2』)

게다가 카뮈는 이후 1948년과 1949년에 각기 희곡『계엄령』과『정의의 사람들』을 써서 무대에 올리지만, 좋은 평가를 받지 못한다. 한편에서는 극적 긴장감과 인물들의 성격, 주제의식이 서로 맞물린다는 호의적인 반응도 있었다. 하지만 적지 않은 비평가들이 이념성의 과잉으로 등장인물들의 현실감이 없고, 사건 전개가 단순하고 설명적이라고 신랄하게 비판했다. 달리 말해『페스트』에서처럼 인물들의 진실성을 살릴 수 있는 이야기꾼으로서의 솜씨와 드라마적 안목이 부족하다는 것이었다. 지나치게 인물들의 정신적인 면이 부각되어 육체적이고 인간적인 실체를 갖추지 못할 뿐만 아니라, 전반적으로 일련의 에피소드들을 이어놓은 것에 불과한 인상을 주기 때문에 무대 위에서 따뜻한 체온과 인간적인 감동을 찾기 어렵다는 지적도 있었다. 심지어 러시아 테러리스트들의 사랑과 죽음을 다루고 있는 『정의의 사람들』에 대해 어느 문학잡지에서는 작가가 "사랑에 대해 전혀 아는 것이 없다"라고 혹평한다. 그러자 카뮈는 『작가수첩 2』에서 이렇게 대꾸한다. "만약 내가 불행하게도 사랑에 대해 아는 것이 없고 그래서 사랑에 대해 배우겠다는 우스꽝스러운 생각을 하게 된다고 해도 내가 그 수업을 받으러 갈 곳은 파리나 소문 퍼뜨리는 것으로 소일하는 싸구려 잡지 따위는 아닐 터다."

그렇듯 글을 발표할 때마다 기대했던 것보다 더 큰 성공과 더불어 끊임없이 비판이 뒤따르는 현실은 그를 의기소침하게 했다. 그때마다 "남들이 자기의 글을 잘못 읽고 잘못 이해했다고 불평하는 것"은 부당하며, "오독은 없다"라고 스스로를 다독인다.(『작가수첩 2』) 그러나 사실 그는 자신의 작가적 능력에 늘 회의를 품고 있었다. 작품이 크게 칭찬받을 때는 불안했고, 비판받을 때는 상처를 입었다. 또한 사람들의 눈에 자신이 무척 도덕적인 인물로 비친다는 사실도 심각한 자괴감을 불러일으켰다.

하지만 그때마다 창작을 위한 노력 말고는 그 어떤 것에서도 자기 삶의 정당성을 발견할 수 없으며, 이 노력마저 인정받지 못한다면 자신의 인생은 무의미하다는 사실을 다시 확인한다. 그는 부정적인 태도를 떨쳐버리고 새로 시작하기 위하여 정신을 가다듬는다. 자신을 점검하고 반성하고 뒤집는다. 자기 속을 들여다보며 밑바닥까지 내려간다. 그리하여 일찍이 병과 절망을 스스로 치유하고 극복하는 데 결정적인 역할을 했던 문학의 힘으로 되살아나고자 한다.

언덕 위 수수한 여름 별장에서

이제 그는 파리를 자주 떠난다. 게다가 순회강연 등으로 바쁜 일정에 시달리던 끝에 다시 폐가 심각하게 손상된 상태다. 이에 파늘리에를 다시 찾아 휴식을 취한다. 그리고 더 남쪽으로 내려가서 프로방스를 찾는다. 1937년, 카뮈는 앙브룅을 떠나 프로방스를 지날 때 그곳의 풍광에 감동하며 이렇게 쓴 바 있다.

> 이번 8월은 일종의 연결점 같은 것이었다. 광란하는 듯한 노력 속으로 모든 것을 해방하기 전에 크게 숨을 내쉬는 시간. 프로방스와 내 속에서 닫히는 그 무엇. 살며시 기대어오는 여자 같은 프로방스. 살고 그리고 창조해야 한다. 눈물이 나도록 살아야 한다. 시프레나무들이 심어진 산언덕 위, 둥근 기와를 이고 푸른 덧문을 해단 저 집 앞에서처럼.
> ─『작가수첩 1』, 78쪽

더욱이 이제 그곳에는 그가 "형제처럼 생각하는" 르네 샤르가 있

르네 샤르(1984)

남프랑스 릴쉬르라소르그에서 태어난 그는 초현실주의에서 출발하여 사색적이고 응축력 있
는 간결한 시구로 프랑스 현대시를 대표하는 시인이 되었다. 제2차 세계대전 당시에는 레지스
탕스로도 활약했다. 카뮈와는 1946년에 만나 그가 사망할 때까지 많은 편지를 주고받으며 각
별한 우정을 나누었다. 대표작으로 『아르틴』 『임자 없는 망치』 『잠이 든 신의 글』 등이 있다.

다. 샤르는 간결하면서도 폭발적인 응축력을 갖춘, 사색적이고 잠언적인 시편으로 프랑스 현대시의 대표자로 인정받는 사람이다. 카뮈는 1946년에 샤르를 만나 죽을 때까지 깊은 우정을 나누었다. 그는 샤르에 대해 『작가수첩 2』에서 이렇게 말한다. "르네 샤르. 어떤 알 수 없는 재난이 있어 이 세상으로 추락한 고요의 덩어리."

카뮈는 샤르를 만나기 위해 그가 살고 있는 프로방스 남동부 보클뤼즈 지역의 릴쉬르라소르그를 자주 찾는다. "나는 건조하고 싸늘한 미스트랄 바람 속에서 밤 기차를 타고 와 릴쉬르라소르그에 내린다. 반짝이는 햇빛 속에서 하루 종일 기분 좋고 엄청난 열광, 전신에 힘이 솟아나는 기분이다."(『작가수첩 3』)

카뮈는 샤르와의 친교 덕분에 생제르맹데프레의 번잡한 삶과 세속적인 군중으로부터 차츰 벗어나게 된다. 그리고 자신의 문제를 직시한다. 『작가수첩 2』에서 그는 이렇게 말한다. "나는 지금 쓰고 있는 이 모든 수첩들을 다시 읽어보았다. 첫 권부터. 내 눈에 분명하게 드러나는 것: 풍경들이 차츰 사라져가고 있다는 사실. 현대의 암이 나 역시 갉아먹고 있는 것이다." 그는 가족들과 함께 릴쉬르라소르그를 찾고, 이곳에서 자신이 머물 집을 살 생각도 구체적으로 한다. 샤르는 내게 친숙한 시인이 아니다. 그래도 그의 시 「순간에서 순간으로」에서 "오늘날 세계는 투명한 사람들에게 적대적이다"라는 말을 기억하고 있다.

나는 릴쉬르라소르그로 들어서면서 깜짝 놀란다. 마을 구시가를 소르그강이 휘감아 돌고 있고, 곳곳에 커다란 물레방아들이 자리 잡고 있기 때문이다. 이곳이 프로방스의 베니스라고 불리는 것

릴쉬르라소르그

파리 생활에 지친 카뮈는 형제처럼 생각하는 르네 샤르를 만나러 프로방스의 베니스라 불리
는 릴쉬르라소르그를 자주 찾았다. 운하가 흐르고 곳곳에서 커다란 물레방아가 돌아가는 풍
경이 있는 이곳에서 카뮈는 자신이 머물 집을 살 생각도 구체적으로 했다.

도 그 때문이다. 대부분 두터운 이끼로 퍼렇게 덮여 있는 물레방아는 모두 예순두 개인데, 그중 열네 개가 아직 돌아가고 있다고 한다. 그 물레방아들 혹은 수차들에서 얻어지는 동력으로 이 도시는 오래전부터 섬유 산업의 중심지로 자리 잡을 수 있었다. 그런데 내가 놀란 까닭은 나 자신이 몇 년 전부터 '바퀴'라는 소재와 테마를 글쓰기의 중심에 놓고서 자료 수집과 구상을 해왔기 때문이다. 그런 내 눈에 수차들이 바퀴로 변하고 또 그것들이 풍차로 변하면서 마치 내가 수많은 바퀴 거인들에게 둘러싸인 돈키호테가 된 기분이 들었던 것이다.

　나는 관광안내소에서 물레방아들의 사진을 한데 담은 포스터를 산다. 그리고 오리들이 놀고 있는 강을 떠나 뤼베롱자연공원을 관통하여 달린다. 오래전에 카뮈도 샤르나 미Mi와 함께 11마력의 검은색 시트로엥을 타고 이 길을 달리고는 했다. 샤르의 증언에 따르면, 카뮈는 뤼베롱 산악 지대와 방투산 같은 높은 산들에 둘러싸인 이곳의 지형에서 알제리의 대지와 태양을 발견했다. 물론 이곳은 알제리의 정적과 건조한 눈부심과는 거리가 멀다. 그러나 햇살이 물과 바람과 어우러지며 압도적인 자연의 힘을 드러내고 있는 풍광에서 카빌리를 연상하는 것이 지나친 일은 아닐 터다. 『결혼 · 여름』에서 그는 이렇게 말했다. "저기 뤼베롱산맥은 내가 끊임없이 귀를 기울여 듣는 엄청난 침묵의 덩어리일 뿐이다. 귀를 세워 들어보면 멀리서 사람들이 내게로 달려오고 눈에 보이지 않는 친구들이 나를 불러 옛날과 다름없는 나의 기쁨이 커져간다."

　우리는 이제 프로방스의 동쪽에 위치한 카브리로 향한다. 건강이 더 악화된 카뮈는 요양을 위해 1949년에 알프마리팀 지방의 카브리라는 고산 지대를 찾는다.『작가수첩 3』에 그는 이렇게 쓴다. "병이 다 나았다고 굳게 믿고 있다가 이렇게 재발하니 낙담해야 마땅하다. 과연 그 때문에 나는 낙담해 있다. 그러나 끊임없는 낙담의 연속이다 보니 웃음이 난다. 결국 나는 마침내 해방된 것이다. 광기도 해방이다."

그는 예전에 파늘리에에서 그랬던 것처럼 카브리에서도 스스로에게 가혹하리만큼 규칙을 부과하여 엄격하게 자신을 다스린다. 그 결과 어느 정도 회복의 징후가 보이면서 카브리는 그에게 새로운 철학적 에세이『반항하는 인간』을 집필하는 장소가 된다. 그는『시시포스 신화』에 이어 자신의 문학 바탕을 이루는 철학적 이념을 새롭게 정리할 필요를 느꼈다. 1942년부터 그와 관련된 많은 책을 읽으며 메모를 해왔는데, 이제 그 작업을 마무리 짓기로 마음을 정한 것이다.

카브리는 높은 언덕 위에 자리 잡고 있어서 아래로 마을들이 내려다보이고 저 멀리 맞은편의 산들과 마주하고 있다. 그러나 알프스의 고원이 아니라 프로방스의 고지대여서 기후는 온화하다. 나는 관광안내소에서 일흔 살은 되어 보이는 늙은 부인에게 카뮈에 대해 묻는다. 그리고 그녀가 친절한 미소와 함께 건네주는 마을 지도를 보며 언덕길을 오른다. 여기에서도 나는 생텍쥐페리의 행적과 만난다. 그곳에 그의 어머니가 살았기 때문에 그가 간간이 방문했던 터라, 마을 중심에는 생텍쥐페리광장이 있고, 그의 어머니의 생가 벽에는 모자의 캐리커처가 그려진 타일이 붙어 있다.

카브리

1949년, 카뮈는 요양하기 위해 프로방스의 고지대에 위치한 카브리를 찾았다. 그는 이곳 절벽 위의 길을 자주 걸으면서 따가운 햇살을 만끽했다. 이곳에서 카뮈는 새로운 철학적 에세이『반항적 인간』을 집필했다. 이 책에서 카뮈는 마르크스주의적 혁명 철학에 맞서 중용, 한계, 절도를 중시하는 헬레니즘적 윤리에 충실한 사상을 내세웠다.

그러나 카뮈가 체류했던 언덕 위 '수수한 여름 별장'은 지도 위의 동그라미로 그저 위치를 짐작할 뿐이다. 그래도 절벽을 따라 길게 난 넓은 길에는 '알베르 카뮈 산책로'라는 푯말이 붙어 있다. 나는 천천히 그 길을 걷다가 절벽 끝에 있는 돌 위에 앉아 세상을 내려다본다.

카브리에서 보낸 카뮈의 나날은 그리 행복하지 않았다. 수시로 병이 재발하면서 집필하는 데 어려움을 겪었을 뿐만 아니라 우울증에 시달렸기 때문이다. 그러나 그는 이 절벽 위의 길을 자주 걸으면서 따가운 햇살을 만끽하며 알제 시절로 돌아간 듯한 행복을 느꼈다고 한다.(허버트 R. 로트먼, 『카뮈, 지상의 인간』) 그러나 지금 내 마음은 무겁다. 병든 몸으로 그렇듯 방대한 철학적 에세이를 쓰기 위해 발휘해야 했을 그 엄청난 노력과 헌신에 존경과 경외감을 느끼지 않을 수 없기 때문이다.

진정한 반항의 의미를 찾아서

카뮈는 1951년 초에 『반항하는 인간』을 탈고하고, 10월에 갈리마르출판사에서 출간한다. 도덕적인 면뿐만 아니라 정치적인 면에서도 그의 주요 관심사를 다루고 있는 이 책은 세상의 주목을 받지만, 이번에도 카뮈는 부정적인 서평들에 상처를 입는다.

까다로운 뉘앙스를 띤 섬세한 디테일과 더불어 하나의 장대한 체계를 가진 이 작품은 가벼운 마음으로 접근하면 읽기도 이해하기도 힘들다. 그러나 전체적인 그림을 머리에 그릴 때, 카뮈의 논지는 명료해진다.

무엇보다도 카뮈는 제2차 세계대전이라는 대량 학살을 일으키게 된 유럽인들의 추상적인 이데올로기의 근원을 파악하고자 시도한다. 200여 년 전 근대 계몽주의가 태동하면서 자립적 주체가 된 인간들은 개인적, 이기적 자아실현의 갈망 때문에 '형이상학적 반항'을 하거나, 또는 역사적인 합법성을 실천하기 위한 의지를 가지고 '역사적 반항'을 했다. 이렇듯 제약받지 않는 주체 내지 역사의 요구가 정당화됨에 따라 각 개인의 행동을 규제하는 제약이 없어지고, 철학이라는 이름을 달고 등장한 거창한 이념을 맹목적으로 따르는 범죄가 늘었다. 그리하여 양심의 가책도 없이 자행된, 20세기 역사의 비극적 상징인 대량 학살의 길이 열리게 된 것이다. 이러한 형이상학적 반항과 역사적 반항에는 사드부터 초현실주의자들에 이르기까지, 로베스피에르부터 스탈린에 이르기까지 수많은 역사적 인물과 작가를 거론할 수 있다.

그러나 이와는 반대로 긍정적 반항, 본래적 반항, 올바른 반항이 있다. 이것은 만인 평등 의식에서 성숙한, 자유와 정의에 봉사하는 반항이다. 여기에는 파리코뮌, 무정부주의자들의 노동조합, 그리고 작품을 생산하는 예술가들의 노력과 지중해인들의 생활을 꼽을 수 있다.

요컨대 역사의 발전에 대한 신앙은 부르주아들의 허상이다. 인간에게 맞는 현실 영역은 하나의 목적에 초점을 맞춘 철저하게 계산된 시간인 '역사'가 아니라, 순환적 반복을 하는 '자연'이다. 현대의

죽음의 계단

제2차 세계대전 당시 대량 학살이 자행된 곳 중 하나인 마우타우젠 강제수용소의 '죽음의 계
단'이다. '노동에 의한 몰살'이라는 원칙 아래 운영된 이 수용소의 수감자들은 하루에도 수차례

50킬로그램의 돌을 메고 이 계단을 올라야 했다. 돌의 무게를 이기지 못해 누군가 굴러떨어지면 수십 명이 함께 깔려 죽었다. 카뮈는 『반항하는 인간』에서 이러한 대량 학살을 일으킨 근저에 있는 근대적 이념의 허구성을 폭로했다.

서구인과 반대되는 긍정적인 이미지는 자연의 순환 법칙을 받아들이고 그 안에서 중용을 발견한 '고대인', 고대의 인간상을 계승하고 발전시키는 특권을 받은 '지중해인'이다. 인간과 자연이 조화를 이룰 때 비로소 인간은 구원받는다.(브리기테 젠디히, 『카뮈』) 그런 의미에서 카뮈는 진정한 반항의 이미지를 이렇게 제시한다.

> 우리 각자가 다시금 스스로의 진가를 발휘하기 위하여, 역사 속에서 그리고 역사에 반하여 자신이 이미 소유하고 있는 것, 즉 자신의 밭에서 얻는 보잘것없는 수확과 저 대지에 대한 짧은 사랑을 획득하기 위하여 팽팽하게 활을 당겨야 하는 이 시간, 마침내 한 인간이 탄생하는 이 시간, 시대와 시대의 설익은 열광을 그냥 그대로 놓아두어야 한다. 활이 휘고 활등이 운다. 최고조의 긴장의 절정에 이르러 곧은 화살은 더없이 단단하고 더없이 자유롭게 퉁겨져 날아갈 것이다.
>
> ─ 『반항하는 인간』, 498쪽

카뮈와 사르트르

1952년 6월부터 카뮈는 사르트르와 열띤 논쟁을 벌인다. 『반항하는 인간』에서 소련과 동유럽 공산주의 이데올로기의 허구성을 비판하고 있는 부분이 문제가 된 것이다. 그동안 카뮈와 사르트르는 신을 믿지 않고 합리주의의 한계를 뚜렷이 인식하며 이 세계의 부조리함을 절실히 경험한다는 점에서 공통점을 가지고 있었다. 그러나 일찍이 카뮈는 사르트르의『구토』에 대해 이렇게 비판적인 평가를 내린 바 있다.《알제 레퓌블리캥》1938년 10월 20일 자를 통해서다. "사르트르의 주인공은 위대함을 딛고 근원적인 절망에서 일어서려고 하지 않고, 인간의 혐오스러운 면만을 강조하면서 자신의 고뇌가 지닌 참된 의미를 보여주지 않는 것 같다."

소련과 동유럽의 공산주의에 대한 사르트르의 입장은 한마디로 역사의 진보라는 맥락에서 어떤 일이 있더라도 공산주의자들, 즉 스탈린주의자들과 동맹을 맺겠다는 것이었다. 그러나 카뮈는 히틀러 체제만큼이나 스탈린 체제를 같은 이유로 증오하며, 결코 스탈린 같은 살인자와 거래할 수 없다고 선언한다. 카뮈가 보기에 역사적 유물론은 개인의 자유를 부정한다. 또한 그는 이른바 혁명의 이름으로 자행하는 폭력을 용납할 수 없다. 말하자면 사르트르에게 혁명은 성스럽고 절대적인 것인 반면, 카뮈는 그런 태도가 역사의 노예가 되는 것과 다를 바 없으며, 인간적 가치들이 역사보다 우선할 때 비로소 인간이 주인이 될 수 있다고 단언한다. 여기에서 두 사람 사이에는 자존심을 건 싸움이 벌어진다. 사르트르는 카뮈가 좋은 소설가인지는 몰라도 좋은 철학자는 아니라고 믿었고, 반대로 카뮈는 사르트르가 좋은 철학자인지는 몰라도 좋은 소설가는 아니라고 믿었던 것이다. 그들은 각기 철학과 소설에 동시에 뜻을 두고 있으면서도 내심 서로 상대방이 섣불리 자기 영역 너머를 넘본다고 여겼던 것인지도 모른다.

결국 1942년 6월에 처음 만난 그들은 1952년 8월에 결별한다.

장폴 사르트르

카뮈와 사르트르는 1943년에 처음 만나 1952년에 결별했다. 두 사람의 갈등은 『반항하는 인간』을 둘러싸고 표출되었다. 카뮈는 이 책에서 스탈린 치하 소련의 공산주의에서 보듯 폭력을 정당화하는 마르크스주의적 혁명 개념을 거부한 반면, 사르트르는 역사의 진보라는 맥락에서 스탈린 편은 아닐망정 공산주의를 계속 지지한다고 밝혔다. 이로써 두 사람 간에는 물러설 수 없는 싸움이 벌어졌고, 결국 카뮈가 불의의 사고로 죽을 때까지 둘은 다시는 보지 않게 되었다.

전쟁 직후 사르트르는 카뮈에 대해 이렇게 평가했다. "우리에게 당신은 하나의 인물, 하나의 행동, 하나의 작품의 기막힌 결합이었습니다. 1945년이었지요. 사람들은 『이방인』의 저자 카뮈를 발견했듯이 레지스탕스의 투사 카뮈를 발견했습니다. 그리고 지하 신문 《콩바》의 그 논객과, 자신의 어머니와 연인을 사랑한다고 말하기를 거부할 정도로까지 정직함을 믿고 나가는, 그리하여 우리 사회가 사형에 처해버린 그 뫼르소를 나란히 놓으면서, 그리고 무엇보다도 당신이 지금도 변함없이 그 양쪽 모두라는 사실을 알게 되면서, 겉으로 보이는 이 모순은 우리 자신과 세계에 대한 우리의 인식을 한 걸음 더 나아가게 했으니, 당신은 가히 모범적이라 할 만했습니다. 당신은 당신 속에 시대의 갈등을 요약하고 있었고, 그 갈등을 몸소 살아가려는 열정을 통해서 그 갈등을 초극했습니다. 당신은 가장 복합적이고 가장 풍부한 하나의 페르소나였습니다."(『시사평론』) 그런데 이제 사르트르는 이렇게 최후통첩을 보낸다. "우리의 우정은 편안한 것이 아니었지만 그래도 내게는 아쉬워질 것입니다. 오늘 당신이 그 우정을 끊어버리는 것을 보면 아마도 그것은 끊어져야만 하는 것인가 봅니다."(『유배지와 왕국』)) 그 후로 카뮈에 대한 프랑스 좌파 지식인들의 격렬한 공격은 그가 죽을 때까지 그치지 않는다.

그 무렵에 카뮈는 『작가수첩 2』에 이렇게 쓴다. "파리의 조무래기 작가들. 거인들을 흉내 내면서 동시에 그들을 직업적으로 조롱하는 종들". 『작가수첩 3』에서는 이렇게 말한다. "혁명 정신의 졸부, 새로운 부유층, 정의의 바리새인들. 사르트르는 인간과 정신이 불성실하다." 하지만 그는 정신적 충격에서 쉽게 벗어나지 못한다.

"새벽 2시. 여러 해 전부터 늘 꾸는 두 가지 꿈. 그중 하나는, 여러 가지 형태로 나타나지만, 언제나 사형 집행의 꿈이다. (…) 나는 형장으로 걸어간다."

　물론 그는 스스로를 다잡으며 이겨내고자 한다. "나보다도 더 조화, 꾸밈없음, 결정적인 균형을 원한 사람은 아무도 없으리라. 그러나 나는 언제나 가장 가파른 길들, 무질서, 투쟁을 통해서 그것들을 지향하지 않으면 안 되었다." "특히 글을 통해서는 아무도 공격하지 말 것. 비판과 논쟁의 시대는 끝났다 ─ 창조." "비판과 논쟁을 '완전히' 없앨 것. 이제부터는 오로지 한결같이 긍정. 그들 모두를 이해하라. 그들 중 몇몇을 다만 사랑하고 찬양하라."

　그런데 그가 마침내 상처에서 치유되고 원기를 회복하는 것은 다시 알제리의 티파사에서였다. 1952년에 그는 착잡한 심정으로 티파사를 찾는다. 그러나 그곳에 태양은 사라지고 없다. 그는 『결혼·여름』에 이렇게 쓴다. "닷새째 알제에 비가 그치지 않고 내리더니 마침내는 바다까지도 적셔버리고 말았다. 바닥이 없는 것만 같은 꼭대기에서 너무나 자욱한 나머지 끈적거리기까지 하는 그칠 줄 모르는 소나기가 만 위로 덮쳐들고 있었다. 거대한 스펀지처럼 물렁물렁한 회색 바다는 윤곽이 보이지 않는 해안선 근처에서 부풀어 오르고 있었다. (…) 내게는 여전히 숱한 여름들의 도시로만 여겨지는 그 12월의 알제에서, 나는 물에 젖은 바다를 앞에 둔 채 거닐었고 기다렸다. 나는 유럽의 밤을, 여러 얼굴들에 박힌 겨울을 피해서 이곳에 왔다. 그러나 여름의 도시에마저도 웃음이 사라져버려서 비에 번들거리는 등허리들밖에는 보이지 않았다." 지금도 우리는 사진 속에서 카뮈가 심각한 표정으로 두 손을 상의 주머니에 찌르고 서 티파사의 돌기둥에 기대어 서 있는 모습을 볼 수 있다.

그런데 마침내 비가 그친다. 역시 『결혼·여름』에 쓴 것이다. "물기 있는 아침이 맑은 바다 위로 눈부시게 솟아올랐다. (…) 세계가 처음 생겨나던 아침에 대지는 필경 이런 빛 속에서 솟구쳤을 것이다. 나는 다시 티파사 가는 길로 접어들었다." 그가 조용히 다가가자 "바다 또한 싸늘하게 반짝이는 햇빛의 끊이지 않는 샤워에 숨이 막히는 듯 잠잠했다. (…) 헤아릴 수도 없는 한순간에 아침은 고정되어버리고 태양은 멈추어버린 것 같았다. 그 빛과 침묵 속에서 여러 해 동안의 미칠 듯한 분노와 어둠이 천천히 녹아가고 있었다. 나는 마치 오래전부터 멎어버린 심장이 가만가만 뛰기 시작하기라도 한 듯이 거의 잊어버린 어떤 소리를 내 속에서 귀 기울여 듣고 있었다. (…) 또한 내 속에서 솟구쳐 오르는 행복한 물결에도 귀를 기울였다. 나는 비록 잠시 동안만이라도 항구로 돌아와 있는 것 같았고 이 순간이 이제부터는 결코 끝나지 않을 것만같이 여겨졌다."

그 순간 "나는 티파사에서 옛 아름다움을, 젊은 하늘을 다시 찾았고, 우리가 광기에 사로잡혔던 최악의 세월 속에서도 그 하늘의 기억이 한 번도 내게서 떠난 적이 없었음을 마침내 깨달으면서 나의 행운을 가늠할 수 있었다. 결국 내가 절망하는 것을 막아준 것은 바로 그것이었다. (…) 티파사의 폐허에서 세계는 날마다 새로운 빛 속에서 다시 시작되고 있었다. 오, 빛이여! 이것은 고대극에서 그들의 운명과 마주 선 모든 등장인물들의 부르짖음이다. 이 마지막 호소는 또한 우리의 것이기도 하니, 나는 이제 그것을 잘 알고 있었다.

겨울의 한가운데에서 나는 마침내 내 속에 억누를 길 없는 여름이 담겨 있다는 것을 깨달았다."

그리하여 그는 자신이 오래전부터 끌어안고 있던 믿음을 되새기며 스스로 다짐한다. 이념만 중요한 것이 아니라 인간성도 중요하다. 그 둘을 함께 끌어안아야 한다. 투철한 의지와 함께 모든 것을 포용하는 사랑을 가져야 한다. "존재하는 것의 한쪽 몫을 포기한다면 스스로 존재하기를 포기해야 한다. (…) 삶의 그 어느 것 하나도 마다하지 않고 살려는 의지가 있으니 이는 바로 내가 이 세상에서 가장 존중하는 미덕이다. (…) 그렇다. 아름다움이 존재하는가 하면 모멸당하는 사람도 있는 것이다. 해내기가 아무리 어렵다 할지라도 나는 절대로 그 어느 한쪽에도 불충실하고 싶지 않다."

이제 그는 세상의 모든 억압과의 투쟁으로서 글쓰기에 매진하는 것을 자신의 의무로 받아들인다. "흰 실과 검은 실로 끊어지려 할 만큼 팽팽한 끈을 꼬는 방법을 배우는 일, 그것 말고 내가 무엇을 더 바랄 수 있겠는가?"

진실의 장소, 연극 무대

이제 우리는 프랑스 북서부 루아르 지역의 앙제로 향한다. 그곳은 연극제가 열렸던 곳이다. 카뮈는 연극인들의 요청을 받아들여 1953년과 1957년에 연출가, 각색가, 극작가로서 축제에 참가한다. 이제 그는 연극에서 인간적인 따뜻함과 우정을 기대하며 젊었을 때부터 열정을 바쳤던 이 작업에 힘을 기울인다.

도중에 우리는 뤼베롱자연공원의 마을인 고르드와 라코스트에 들른다. 고르드는 카뮈가 애착을 가지고 자주 찾았다는 기록이 남아 있는 곳으로, 우뚝 솟은 바위산에 형성된 고풍스러운 계단식 마을이다. 규모가 작아서 그만큼 구석구석에 내 모든 감성이 흐뭇하게 젖어들 수 있었다. 그곳에서 조금 떨어진 곳에 라코스트 마을이 있다. 그곳에는 사드 후작의 성이 있고 그 주위에 그의 작품 세계를 기리는 조형물들이 서 있다. 사실 나는 사드에 대해 깊은 관심을 가지고 있었다. 말하자면 사드는 내가 깊이 연구하여 이해하고 수용해야 할 가치가 있다고 여기는 작가들 중의 하나다. 그러나 『반항하는 인간』에 중요한 인물로 등장하는 사드에 대해 카뮈는 가차 없이 평가절하한다.

"작가로서의 사드는, 우리 시대 사람들로부터 다소의 환호와 무분별한 칭찬도 받고 있지만 그래도 이류를 면치 못한다. 그는 오늘날 문학과는 전혀 관계없는 이유로 어지간히도 순진 소박한 찬양을 받고 있다." "사드의 공화국은 자유가 아니라 방종을 원리로 삼고 있다." 그의 반항은 "완전한 자유의 요구와 지성이 냉정하게 실천에 옮긴 비인간화의 꿈"이며, "인간을 실험 대상으로 축소하고 권력의 의지와 그 대상으로서의 인간과의 관계를 규칙으로 정하여 밀폐된 공간에서 그 무시무시한 실험을 하는" 것으로 귀착되었다. 반항의 부정적인 형태인 것이다. 달리 말해 "사드는 악과 개인 쪽을 더 선호한다. (…) 인간 조건에 대한 도전과 거부의 힘에 중점을 둠으로써 반항은 이 국면에서 그 긍정적 내용을 망각한다. 신이 인간의 내부에 있

사드 후작의 성

가학적 쾌락을 극단적으로 추구하여 '사디즘'이라는 말의 어원이 된 사드 후작은 카뮈의 『반항하는 인간』에 중요한 인물로 등장한다. 카뮈는 사드의 공화국은 자유가 아니라 방종을 원리로 삼고서 인간을 한낱 실험 대상으로 축소하는, 반항의 부정적 형태를 보인다며 가차 없이 평가절하했다.

는 선을 요구하므로, 그 선을 조롱하고 악을 선택해야 한다는 것이다. 그러므로 죽음과 불의에 대한 증오는, 악과 살인의 실천까지는 아니더라도 적어도 악과 살인의 옹호라는 결과를 낳을 것이다."

지나칠 정도로 강력한 소신이 아닐 수 없으나, 나로서는 좀 더 숙고해보아야 할 노릇이다. 우리는 조금 남쪽으로 내려와 마르세유에서 동쪽으로 멀지 않은 곳에 있는 생막시맹라생트봄므에 들른다. 이곳에 있는 도미니카수도원은 카뮈가 함께 레지스탕스 활동을 하며 가까이 지내던 브뤽베르제 신부의 초청에 응해 한동안 머물렀던 곳이다. 이곳에서 카뮈는 희곡 『오해』를 탈고하고 종교와 인간에 대한 생각도 가다듬었다. 전기 작가들에 의하면, 카뮈는 사제들과 어울리기를 좋아했다고 한다.(모르방 르베스크, 『알베르 카뮈를 찾아서: 태양과 역사) 그가 『오해』를 처음 낭독하여 들려준 이들도 이곳의 수도사들이었다.

이제 그 수도원 한쪽은 식당과 호텔로 개조되어 사람들을 맞이하고 있다. 식당 안으로 들어서자 모든 것이 더할 나위 없이 정결하고 경건하다. 음식도 호텔 방도 그러할 것이다. 어찌 보면 인간에게는 경건함의 본능이 있는지도 모른다는 생각이 든다. 우리는 이곳에서 오늘 밤을 보내기로 한다.

카뮈는 브뤽베르제 신부를 "정력이 넘치는 반골인 도미니크수도회 신부"로, "기독교도 민주주의자가 싫고 니체적인 기독교를 꿈꾸는" 인물이라고 말한다. 브뤽베르제 신부는 카뮈가 죽은 후에 카뮈의 입장이 반기독교적인 것이 아니라고 확언한다. 명징한 정신과 신성의 만남이기 때문이라는 것이다. 하지만 그 사이의 팽팽한 긴장 관계는 이미 인간적인 영역이다. 여기에서 우리는 자연스레『페스트』에 등장하는 파늘루 신부를 떠올리지 않을 수 없다.

다음 날 늦게 우리는 앙제에 도착한다. 이번에도 도중에 성당, 박물관, 수도원 등지를 몇 군데 들른 탓이다. 어둠 속에서 진입한 낯선 도시에서는 왠지 적대적인 분위기가 느껴진다. 더욱이 우리가 예약한 호텔은 규모가 엄청나다. 시설도 현대적으로 꽤 세련되었지만 그만큼 실용성과 효율성을 가장 중요하게 내세운, 프랑스적이지 않은 공간이다. 저절로 카뮈 유령의 목소리가 귀에 들려온다. 그는 『작가수첩 2』에 이렇게 쓴다. "밤에 낯선 도시에 홀로 도착하는 것. 그 숨이 막힐 듯한 느낌, 천 배 만 배 더 복잡한 짜임새에 압도당하는 느낌. 그러나 다음 날, 중심적인 거리가 어딘지 알아내기만 하면 모든 것이 그 거리와 관련하여 알 만해지면서 안도감이 생긴다. 밤중에 외국 도시에 도착하는 경우를 알아보고 낯선 호텔 방들의 위력을 체험해볼 것."

아침 일찍 일어나 식사를 거르고 산책을 겸하여 예전에 연극제가 벌어졌던 앙제성을 찾는다. 성 자체는 우람하고 압도적이어서 성이라기보다 요새에 가까운 인상이다. 그래서인지 몇 년 전에 아비뇽 연극제를 둘러보았던 나로서는 다소 의외다. 아비뇽은 도시 전체가 연극인들과 관람객들로 꾸며져 있었는데, 여기에는 약간 경사진 곳에 성 하나가 우뚝 서 있을 뿐이기 때문이다.

13세기에 루이 14세가 시내의 마인강둑에 건축한 앙제성은 800미터가 넘는 둘레에 둥근 탑들이 늘어선 위풍당당한 건축물이다. 예전에 연극은 성의 안마당에서 공연되었는데, 해자 위의 도개교를

앙제성

프랑스 한복판을 가로지르는 루아르 계곡에 자리한 여러 고성들 가운데 하나로, 유네스코 세
계문화유산으로 지정되어 있다. 카뮈는 1953년과 1957년에 연출가, 각색가, 극작가로 앙제성
에서 열린 연극 축제에 참가했다.

건너면 두 개의 탑 사이에 걸린 무대가 보이고, 연극 공연은 3층 높이의 성벽에서 펼쳐졌다고 한다. 1953년 이곳에서는 『칼리굴라』가 재공연되었다. 나는 성안으로 들어가서 구석구석 돌아보다가 건물 한쪽에 마련된 갤러리 안으로 들어간다. 그곳에 전시된 대형 태피스트리들이 나를 깜짝 놀라게 한다. 높이 2미터, 폭 168미터의 태피스트리에 『신약성서』의 「요한계시록」 내용을 담은 작품으로, 총 아흔여덟 개의 장면 중 예순여덟 개의 장면만이 남았다. 당대 최고의 화가 장 드 브뤼주의 작품을 밑그림으로 이용하여 양탄자에 수를 놓은, 14세기의 작품이라고 한다.

그런데 태피스트리를 하나씩 살피는 동안 그 위로 『칼리굴라』의 장면들이 오버랩된다. 어둠 속에서 조명을 받고 있는, 삶도 아니고 죽음도 아닌 신화 속 세상의 이미지들이다. 무소불위의 로마 황제 칼리굴라는, 삶은 결코 행복하지 않다는 사실을 행동으로 증명하여 모두를 깨어 있게 하기 위하여 세상에 부조리하고 무질서한 죽음을 풀어놓는다. 죽음의 광경을 지켜보며 그는 희열에 빠진다. 그러나 정작 자신은 죽음에 대한 두려움에서 벗어나지 못하여 비참한 최후를 맞는다. 칼리굴라의 이미지가 두터운 성벽 위를 아슬아슬하게 넘나든다. 카뮈는 도시의 밀폐된 극장보다는 야외무대에서 하는 작업을 훨씬 좋아했다. 한데 어우러지는 축제의 분위기가 배우들을 훨씬 효과적으로 이끌 수 있기 때문이었다.

어느 날 한 배우가 병으로 몸져눕자 카뮈는 공연을 취소하는 대신 즉석에서 대역을 맡는다. 누군가는 카뮈가 절제된 몸짓과 정확한 발성법을 소유한 탁월한 배우라고 회상한다. 지금도 카뮈가 투우 장면을 시연하는 짧은 동영상을 찾아볼 수 있다. 카뮈가 미셸 갈리마르의 시골 별장에 머물 때 미셸이 촬영한 장면이다. 카뮈는 눈에 보이지 않는 황소를 앞에 둔 투우사가 되어 과장되지 않은 간결한 몸놀림으로 극적인 효과를 매끄럽게 연출한다. 춤추기를 좋아한 20대의 카뮈가 알제의 파도바니무도장에서 보여주었을 몸짓을 보는 것 같기도 하다. 사람들의 말에 따르면, 카뮈는 타고난 배우일 뿐만 아니라, 평범한 일상생활에서도 배우였다고 한다. 어떤 장면을 실감 나게 흉내 내거나 텍스트를 극적으로 낭송하여 남들을 즐겁게 했다는 것이다. 하지만 카뮈가 무대 위에서 썩 뛰어난 배우라는 평판은 얻지 못했다고 말하는 사람들도 적지 않은 것이 사실이다. 아마도 그는 뛰어난 아마추어 배우쯤 되었던 모양이다.

카뮈는『작가수첩 3』에서 "무가치한 악의를 원칙으로 삼고서 공격이 비평 방법을 대신하는 형편인 우리 문단과 (…) 우리가 쓰는 글을 읽지도 않는 민중과, 1년 동안 신문과 유행하는 책 두어 권 읽는 것이 고작인 부르주아 계층"에 대한 환멸을 느끼고서 연극으로 돌아가기로 마음을 정한다. 사실 1935년부터 그는 알제의 동네 소극장에서 극작가이자 배우이자 연출가로 활동했다. 1936년에는 알제 라디오방송극단의 배우로서 전국 순회공연을 하기도 했다. 무대는 작가와 배우와 관객이 한자리에서 만나는 행복한 공간이어서 적어도 카뮈는 거기서 외롭지 않았다. 이제 파리 지식인 사회의 외톨이가 된 그에게 필요한 것은 바로 연극이 요구하는 팀 정신이었다.

애초에 카뮈에게 연극은 무엇보다도 몸으로 전하는 숭고한 이야기, 머리가 아니라 근육을 움직여서 하는 작업이었다. 실제로 그는

야외에서 연극 리허설을 하고 있는 카뮈(1957)

사르트르와 결별한 1952년을 기점으로 카뮈는 파리의 지식인들에 대해 환멸을 느끼고서, 대
신 인간적인 따뜻함과 우정을 느낄 수 있는 연극인들을 가까이했다. 그는 자신이 지식인들 사
회에서는 영 자연스럽지 않지만, 연극 무대에 서면 자연스럽게 느껴지고 동지애라는 기쁨을
얻을 수 있다고 했다. 이 때문에 그는 젊은 시절에 뛰어다녔던 축구 경기장과 더불어 연극 무
대를 자신의 진정한 학교라고 여겼다.

『칼리굴라·오해』에서 "극장에 가면 나는 다시 순수해지는 느낌"이라고 말한다. 그리하여 그는 「나는 왜 연극을 하는가」라는 짧은 글에서 이렇게 쓴다. "연극의 무대는 내가 행복을 느낄 수 있는 유일한 장소"다. 왜냐하면 지식인들 사회에서는 영 자연스럽지 않지만, "연극 무대에 서면 나는 자연스럽게 느껴지고 (…) 한때 내 삶의 가장 큰 기쁨 중의 하나였다가, 한 팀이 되어 일하던 신문사를 떠난 이후 잊어버리고 말았던 '동지애'"라는 기쁨을 되찾을 수 있기 때문이다.

계속해서 그는 말한다. "나는 내가 젊었을 때 운동경기 팀에 속했던 덕분에 승리나 패배를 맛보게 될 시합 날까지 여러 날 동안의 훈련을 동반하는 저 강렬한 희망과 연대 의식의 감동을 체험해보았다. 솔직히 말해서 내가 알고 있는 얼마 안 되는 윤리는 축구 경기장과 연극 무대에서 배운 것이다. 그곳들은 나의 진정한 대학교로 남을 것이다." 더욱이 연극은 작가를 위협하는 추상화의 위험을 피하는 데 도움이 된다. "신문 일에 종사할 때 나는 소위 사설이라고 부르는 그 설교조의 글을 쓰는 일보다는 인쇄소의 조판대 위에서 지면을 짜는 일을 더 좋아했던 것과 마찬가지로, 극장에서도 작품이 구체적인 조명 장치와 세트와 배경, 휘장과 소도구들이 엉킨 속에 뿌리내리는 과정을 더 좋아한다."

이 때문에 "나는 연극이 어떤 진실의 장소라고 믿는다. 사실 사람들은 오히려 그것이 환상의 장소라고 흔히 말한다. 그런 말은 믿지 말라. 환상을 먹고사는 곳은 오히려 사회다. 당신들은 분명 무대 위에서보다는 거리에서 더 많은 엉터리 배우들을 만나게 될 것이다." 말하자면 "다른 시대, 다른 성격의 인물들의 역을 연습하고 연기하

는"일에 몰두하는 것은 곧 자기 갱신을 통한 변화와 발전으로 나아
가는 길인 것이다.

마침내 1957년 6월, 연극제가 끝났을 때 그는 『작가수첩 3』에 이
렇게 쓴다. "페스티벌이 끝나다. 행복한 피로, 삶, 기막힌 삶, 삶의
불의, 영광, 정열, 투쟁, 삶이 또다시 시작된다. 모든 것을 다 사랑하
고 모든 것을 다 창조할 수 있는 힘."

긍정도 부정도 모두 회의하다

카뮈는 연극에 대한 열정을 평생 유지할 생각이었고, 장차 레카
미에극장의 예술감독직을 맡을 계획을 가지고 있었다. 만약 때 이
른 죽음을 맞지 않았다면 그는 1908년에 설립된 이 유서 깊은 극장
에서 큰 활약을 했을 것이다. 하지만 그는 희곡을 쓰는 대신 단편소
설들을 쓰는 데 힘을 기울인다. 아마도 원점으로 돌아가서 문학에
대한 자세를 새롭게 가다듬고자 하는 의도에서였을 것이다. 그 단
편소설들 중 하나였다가 나중에 짧은 장편소설로 바뀐 것이 바로
『전락』이다. 그런데 그가 이 시기에 심혈을 기울여 쓴 이 소설이 연
극적 요소와 구조를 갖추고 있다는 것은 우연이 아니다. 소설 전체
가 독백으로 채워지고, 그 속에서 희곡의 지문과도 같은 부분들과
더불어 화자가 마주하고 있는 상대방의 존재가 끊임없이 환기된다.
이를테면 소설과 희곡이 하나의 형식으로 만난다고 할 수 있는 것
이다.

1954년, 카뮈는 네덜란드를 여행하며 이틀 동안 암스테르담에 머물던 중에 『전락』의 모티브를 떠올렸다. 그 순간 자신의 심리적 위기에 소설로 대응할 필요를 느끼고서 그때부터 전격적으로 이 작품에만 매달렸다. 어쩌면 카뮈는 『전락』의 주인공 클라망스가 그랬던 것처럼, 운하 위로 떨어져 썩어가는 낙엽이나 상한 꽃의 냄새에 끌리며, 살균 처리된 물질과 정신의 세상이 아니라 부패와 발효의 온상인 영혼의 세계에 마음이 열린 것인지도 모른다. 그러면서도 그는 암스테르담이라는 도시 전체에서, 클라망스가 그러했듯이, 중세 시대의 감옥 말콩포르malconfort('불편함'이라는 뜻)를 떠올렸을 것이다. 일어서 있을 만큼 높지도, 드러누울 수 있을 만큼 넓지도 않은 크기여서 늘 비스듬한 자세로 불편하게 지낼 수밖에 없는, 그래서 자신의 죄밖에는 달리 아무것도 생각할 수 없는 땅속 감방 말이다.

　　내가 유럽 여행 중에 암스테르담에 들렀던 것은 벌써 15년 전쯤의 일이다. 그때 나는 어둠이 깔린 운하를 따라 걸으면서 암스테르담의 그 유명한, 붉은 커튼이 쳐진 쇼윈도와 그 속에서 어른거리는 여인들의 실루엣을 보았던 기억이 있다. 카뮈는 『전락』에서 그 여인들에 대해 이렇게 말한다. "뭐라고요? 쇼윈도 뒤에 저 여자들 말입니까? 꿈이랍니다, 선생. 싼값으로 꿀 수 있는 꿈, 인도로 떠나는 여행이라고요! 저들은 몸에다가 향료를 뿌리고 있어요. 선생이 저 안으로 들어가면 여자들이 커튼을 닫고, 그러고는 항해가 시작되는 거지요. 신들이 벌거벗은 몸뚱이들 위로 내려오고 섬들이 종려나무의 헝클어진 머리칼을 휘날리면서 미친 듯이 표류합니다. 어디 시험 삼아 한번 해보시죠."

『전락』의 배경지 암스테르담
1954년, 카뮈는 암스테르담에서 며칠 머무르며 『전락』의 모티브를 떠올렸다.
이 작품에서 카뮈는 "네덜란드는 한갓 꿈이에요. 낮에는 연기같이 더욱 칙칙
하고, 밤이면 더욱 금빛으로 빛나지요"라고 묘사했다.

1956년에 발표된 『전락』은 우리를 놀라게 하기에 충분하다. 이 작품은 1인극에서처럼 처음부터 끝까지 클라망스라는 인물의 모놀로그, 즉 독백을 통한 말의 홍수로 채워져 있다. 꼬리에 꼬리를 물고 쏟아져 나오는 그 독백은 혹독한 자아비판을 통한 속죄를 내용으로 한다. 하지만 이야기가 계속되는 동안, 그는 은근히 자기를 과시하거나 정당화하고, 좋았던 옛날에 대한 향수에 잠기고, 심지어 듣는 사람을 자기편 혹은 공모자로 만들기 위해 교묘하게 설득하려 든다. 그러면서 자기 자신과 세상의 허위의식을 동시에 냉소하고 풍자하고 공격한다. 그렇게 이 소설은 작가가 풀어놓는 복잡한 이야기의 미로 속에서 출구를 찾고자 애쓰는 독자들의 위상 또한 수시로 '전락'시킨다.

우리는 이 소설이 탄생하게 된 배경을 대략 이렇게 정리해볼 수 있다. 앞서 살펴보았듯이, 역사상 유례가 없는 전쟁이 끝나자마자 곧 다시 생겨나는 전체주의와 집단 수용소에 대항하여 카뮈는 사르트르를 포함한, 한때 절친했던 문학적 동료들과 끊임없이 논쟁을 벌이며 불화에 빠져든다. 그로 인해 카뮈는 인간들의 편협함과 공격성, 단지 남을 공격하기 위해 자기를 낮추는 야누스적 본성을 절감한다. 그는 『작가수첩 3』에 이렇게 쓴다. "실존주의. 그들이 자기 자신들을 책망할 때는 언제나 남들을 들볶아대기 위한 것임을 확신해도 좋다. 재판관 겸 참회자들."

또한 아내 프랑신이 우울증에 빠져 두 번이나 자살을 기도하는 것을 지켜본 쓰라린 경험도 이 소설의 중요한 모티브가 된다. 그 우울증의 원인들 중 하나는, 카뮈에게 영감의 원천이자 소모의 계기이기도 했던 복잡하고 지속적인 여자 문제였다. 이 소설에서 클라망스는 반항의 한 방법으로 방탕의 끝까지 나아가기를 서슴지 않는 한편, 자신의 그런 행동에 대해 죄의식을 느낀다. 비평가들 중에는 이 소설에서 센강에 빠져 죽는 것을 목격하면서도 구하지 못한 여자의 모델이 바로 프랑신이라고 지적하는 사람들도 있다. 자신과 클라망스가 동일한 인물로 생각되는 것에 대해 카뮈가 그토록 강력하게 반발한 것도 어쩌면 이러한 추측에 제동을 걸려는 의도에서인지도 모를 일이다.

그런가 하면 이 무렵에 카뮈는 알제리 사태에 대한 다분히 감상적인 소신으로 인해 프랑스와 알제리 양 진영으로부터 동시에 배척당하기에 이른다. 1956년 1월, 그는 다시 알제로 가서 알제리 사태 해결을 위한 공청회에 참석한다. 이 자리에서 그는 '프랑스-아랍 공동체'와 '민간인 휴전'의 필요성을 호소한다. 하지만 양편을 중재하는 데 실패하고 오히려 프랑스의 입장을 강화하는 결과를 낳고 말았다는 평가를 받고서 크게 절망한다. 사실 카뮈는 알제리를 육체와 정신의 고향으로 여겨 긴밀한 유대감을 느끼고 있을 뿐, 식민지로 정복당한 알제리의 사회적, 정치적 현실은 간과하고 있었다. 자신의 진정성이 현실 앞에서 겪는 이러한 무력함에 대한 뼈저린 인식 역시 이 소설에서 생생하게 감지된다.

그 와중에도 병은 여전히 하시라도 치명적인 타격을 가할 준비를 갖추고서 그를 위협하고 있었다. 그로 인해 카뮈는 깊은 고립감에 빠져들어 『작가수첩 3』에, 창작이란 사람들과 하나가 되기 위한 것인데 오히려 점점 더 자신을 사람들로부터 떼어내 사랑의 그림자조차 없는 먼 곳으로 내던진다고 쓴다. 심지어는 의기소침해진 나머지 우울증과 자살 충동에 시달리고, 세상에 대한 죄의식과 원망에 동시에 사로잡히며, 자기 자신에 대한 믿음과 글쓰기에 대한 의욕을 상실한다. 그리하여 자기로서는 "정의에 봉사하는 줄로 알았지만 정작 불의를 증가시킨" 게 아닌가 하는 회의에 빠져든다. "인간들은 살아가는 방법을 조금씩 배운다. 그런데 삶이 그렇게도 자연스러운 것이라 여겨왔던 내가 조금씩 살아가는 방법을 잊어버렸다. 나의 행동, 나의 생각 하나하나가 다른 사람들이나 나 자신의 고통과 불편을 가중시키고, 견딜 수 없는, 그러나 처음에는 내가 그토록 즐겼던 이 세상의 무게를 가중시킬 뿐이게 되는 그 순간까지." 그렇듯 타인들과 맺는 관계의 어려움과 더불어 연대감에 대한 갈망은 『전락』의 중요한 주제이기도 하다.

하지만 늘 그래왔듯이 카뮈는 의지와 저항의 힘으로 장애를 넘어선다. 앞서 살펴본 바를 조금 달리 표현하자면, 『이방인』은 긍정을 통해 부정을, 『페스트』는 부정을 통해 긍정을 표현한 것이라고 말할 수 있다. 그런 의미에서 이제 그가 새 작품에 임하면서 모든 긍정을 부정하는 것은 물론이고, 부정하려는 노력조차 의심하고 부정해버림으로써 전면적인 회의를 통한 근원적인 자기 갱신의 시도로 나아간 것은 어찌 보면 당연한 귀결인지도 모른다. 그리하여 그는 전시의 영웅적인 레지스탕스이자 일련의 감동적인 사설을 쓴 유명한 기자, 고매한 휴머니스트, 정의로운 반항인, 무신론적 성자 등 남들이 만들어놓은 자신의 이미지를 해체해버린다. 『작가수첩 3』에서 그는 이렇게 말한다. "사람들이 나에 대해 '영적 지도자'(요컨대 올바른 길을 가르쳐주는 사람) 운운할 때 물론 나의 한 부분은 어리석은 허영에 부풀어 올랐다. 그러나 다른 한 부분은 그 세월 동안 줄곧 부끄러움 때문에 죽을 지경이었다." 그 대신 이제 그는 예술가로서 자신의 정체성에 대해 반성하면서 자의식의 밑뿌리까지 닿는 절절한 고해성사를 토로한다. 그럼으로써 『이방인』과 『페스트』에서처럼 형이상학적 주제 의식을 동시대적 문제에 담아 표현하는 경향에서 한 발 더 나아가, 인간의 심리적 진실을 전면에 드러내는 예술적 변용을 통해 고뇌하는 지식인의 자화상을 그려내기에 이른 것이다.

진실한 언어를 찾아서

카뮈는 이 소설을 쓰면서 제목으로 '외침' 혹은 '죄인을 묶는 기둥', '최후의 심판', 그리고 특히 '우리 시대의 영웅'을 놓고 오랫동안 고심했다. 이 사실로도 우리는 이 소설의 작의를 엿볼 수 있다. 그는 인간의 근원적인 문제인 거짓된 양심과 잃어버린 순수성이라는 주제를 가지고 우리 시대를 돌아본다. 그러면서 스스로 십자가를 지는 자세로 연민과 공감의 몸짓을 보이는 동시에, 풍자와 비판의 포문을 연 것이다. 소설 속에서 카뮈의 분신인 클라망스는 세상뿐만 아니라 자기 자신에 대한 믿음을 잃어버린 채 삶의 진실을 찾아 나선다. 스스로 죄인이 되어 자기 자신을 짐승처럼 학대하는가 하면, 스스로 유일한 재판관이 되어 신처럼 행세하기도 하면서, 인간 마음의 천국과 지옥과 연옥을 헤매고 다닌다.

여기에서 우리는 이렇게 자문해본다. 클라망스는 잠시도 말을 멈추지 않는다. 어떻게 해서든 잃어버린 순수성을 되찾기 위해서다. 그런데 순수성은 침묵과 더 가까운 것이 아닌가. 그렇다면 그의 과도한 다변은 타인과 더불어 뜻을 전하고 나누는 말이 아니라, 일종의 고통스러운 몸부림이 아닐까. 그렇다면 소통의 의미가 없는 몸부림의 언어는 또한 침묵과 가까워지는 것이 아닐까. 그의 다변은 차라리 침묵이 아닐까. 아니면 침묵해야 한다는 사실에 대해서마저도 가장 인간적으로 저항하려는 것이 아닐까. 주저앉아 무위로 빠져드는 대신, 모든 과오를 무릅쓰고 행동하려는 것이 아닐까. 그리하여 침묵하고 있는 다수를 대신하여 스스로 대가를 치르려는 것이 아닐까.

　실제로 클라망스는 수시로 자기가 방금 늘어놓은 말에 대해 자괴심을 느끼고는 풀 죽은 목소리로 말한다. "말하다 보니 좀 과장된 것도 같군요." 우리를 어지럽게 하는 점도 여기에 있다. 이 소설은 클라망스 자신의 표현대로 앞으로 나아가고 있다기보다 나선을 그리고 있다. 어떤 평론가는 이 소설의 모호함과 애매성이 곧 작품의 풍부함과 예술적 자율성을 증언하는 것이라고 말한다. 그가 쓴 산문 『결혼·여름』에는 이런 구절이 있다. "나는 내가 무엇을 찾고 있는지 모른다. 나는 조심스럽게 그것에다가 이름을 붙여보았다가 앞서 한 말을 취소도 하고 했던 말을 되풀이하기도 하고 앞으로 나아가다가 물러서곤 한다. 그런데도 남들은 나보고 결정적인 이름들을, 아니 단 하나의 이름을 대라고 오금을 박는다. 그러면 나는 불끈하여 대든다. 이름이 붙은 것은 이미 잃어버린 것이 아닌가?" 사실,

오래전부터 카뮈는 도스토옙스키의 『지하로부터의 수기』에 나오는 핵심적인 구절을 늘 머리에 담고 있었다. 『작가수첩 2』에서 그는 이렇게 말한다. "자의식이 있는 사람이 어찌 조금이라도 자신을 존중할 수 있을까?"

따라서 클라망스의 다변은 결코 언어적 방탕함이 아니라, 진실한 언어를 찾기 위한 전방위적인 움직임이라 할 수 있다. 클라망스는 진실의 이름으로 가면을 벗으려 하지만, 그럴수록 더 많은 가면을 쓰게 된다. 그 결과 야누스의 심리학을 대변하는 클라망스의 목소리에서는 우리 인간들 모두의 다성적인 목소리가 코러스처럼 울려 나온다. 지금 문득 나는 『페스트』의 한 구절을 다시 떠올린다. "그러더니 곧 한마디의 비명, 숨을 쉬느라 높낮이가 달라지는 일도 거의 없이 갑자기 항의하는 듯한 단조로운 불협화음으로 방 안을 가득 채우는, 인간의 것이라기에는 너무나도 이상한, 마치 모든 인간들에게서 한꺼번에 솟구쳐 나오는 것만 같은 비명이 터져 나왔다."

알제리 전쟁

알제리 전쟁은 1954년부터 1962년까지 알제리인들이 프랑스를 상대로 벌인 독립 전쟁이다. 피비린내 나는 8년간의 전쟁 끝에 알제리 임시정부 대표와 프랑스 정부 대표가 에비앙레뱅에서 정전 협정을 체결했고, 이로써 알제리는 마침내 기나긴 식민 통치의 그늘에서 벗어났다. 1830년, 프랑스가 해적 소탕을 명분으로 알제리를 정복한 이래 132년만의 일이다. 사실 프랑스의 지배 이전에도 알제리는 기원전부터 페니키아인, 카르타고 제국, 로마제국, 반달족, 우마이야드족, 오스만튀르크제국 등 여러 민족과 나라의 지배를 받았으니, 한 번도 독립된 나라로서 존재해본 적이 없었다. 그럼에도 알제리 토착 세력에

알제리 전쟁 당시 민족해방전선(1962).

알제리 전쟁 당시 프랑스인들의 가두시위(1956).

의한 반식민지 투쟁은 면면히 이어져 내려왔다.

프랑스가 베트남의 디엔비엔푸에서 벌어진 전쟁에서 패퇴하여 물러난 1954년, 알제리에서는 민족해방전선FLN이 출범과 함께 무장봉기를 일으킴으로써 본격적인 독립 전쟁의 서막이 올랐다. 그러나 독립 전쟁의 양상은 양편에서 모두 복잡하게 전개되었다. 알제리에서는 민족해방전선이 경쟁 관계에 있던 알제리민족운동MNA뿐만 아니라 피에누아르, 친프랑스 아랍군, 아르키(프랑스 편에 서서 싸운 알제리인)와도 적대하며 싸워야 했다. 프랑스에서는 지식인들의 성명전이 그치지 않을 만큼 전쟁을 둘러싸고 국론이 양분되었다. 사르트르, 클로드 레비스트로스, 조르주 바타유, 앙드레 브르통 등 좌파 지식인들은 전쟁을 반대하는 가운데 알제리 민족의 주권을 인정해야 한다고 주장했다. 반면 우파 지식인들은 이 전쟁을 아랍 국가들로부터 지원을 받아 일어난 중대한 반란이라 규정하고는 단호한 진압을 요구했다.

프랑스인이자 스스로 알제리인이라 믿었던 카뮈는, 알제리 토착민들이 겪는 가난과 불의를 고발하면서도 독립에는 반대했다. 대신 프랑스 연합 내에서 알제리인들의 자치권을 확대하고 그들에 대한 처우를 개선하는 등 식민 체제를 개선하는 방향으로 중재의 노력을 기울였다. 언제나 그리스적 중용과 절도와 균형을 중시한 작가답게 역사의 진보라는 이름으로 행해지는 전쟁과 폭력의 악순환을 그의 양심으로는 받아들일 수 없었다. 그러나 이런 애매한 입장은 프랑스와 알제리 모두로부터 비난받았고, 결국 그의 고립은 깊어져갔다.

인간의 자서전

카뮈 말년의 거처, 루르마랭

이제 우리는 루르마랭으로 간다. 카뮈는 1958년에 마침내 루르마랭에 있는 집을 한 채 산다. 릴쉬르라소르그에서 동쪽으로 40킬로미터 떨어진 루르마랭은 뤼베롱 산악 지대 밑에 자리 잡고 있다. 루르마랭이 가까워지면서 플라타너스 터널이 끝 모르게 이어진다. 자동차의 속도를 늦추고서 차창을 조금 내린다. 불어 들어오는 바람에 바질의 향기가 차 안에 퍼진다. 우리는 알베르카뮈초등학교가 있는, 카뮈가 좋아했던 도시 아를을 지날 때 그곳의 장터에서 바질 화분을 하나 샀다. 나름대로 신경 써서 관리하기도 했지만, 차 안에서 대부분의 시간을 보내면서도 잘 자라서 수시로 우리의 후각을 호강시키고 입맛을 돋우어주었다.

카뮈는 루르마랭에서 안정을 얻었고, 1960년에 죽기 전까지 많은 시간을 그곳에서 보냈다. 『작가수첩 2』에 그는 이렇게 쓴다. "루르마랭. 그 많은 세월이 지난 뒤 첫 번째 저녁. 뤼베롱산 저 위에 뜬

첫 별. 엄청난 침묵. 사이프러스나무의 우듬지가 내 피로의 저 깊숙한 곳에서 떨고 있다. 엄숙하고 엄격한 고장. 마음을 흔드는 그 아름다움에도 불구하고." 이제 그는 마치 뭔가에 쫓기듯 전례 없는 집중력을 발휘하며 "때로 마침표도 쉼표도 찍지 않은 채 판독하기 어려운 속필로 펜을 달려 쓴 144페이지의 원고"를 만들어나간다. 바로 그의 마지막 소설 『최초의 인간』이다.

물론 이 소설이 갑작스레 그의 머리에 떠오르기 시작한 것은 아니다. 『작가수첩』에 따르면, 1951년 처음 구상되었고 1952년부터 초안이 잡히기 시작했으니, 『전락』과 『유배지와 왕국』이 쓰이는 동안 그의 머릿속에서 영글어가고 있었다. 더욱이 그는 막연하게나마 '가난한 어린 시절'에 대한 소설을 쓸 생각을 하고서 일찍부터 『작가수첩』에 기억나는 대로 메모를 하고 있었다.

여기에서 우리는 1951년 『작가수첩 3』에 기록된 다음과 같은 글귀에 주목한다. "동부 군인 묘지. 아들은 서른다섯 살이 되어 아버지의 무덤을 찾아갔다가 아버지가 서른 살에 사망했다는 사실을 알게 된다. 아버지는 '나보다 손아래가 되었군.'" 카뮈가 실제로 프랑스 북쪽 생브리외에 있는 아버지의 무덤을 찾은 것은 1947년이었다. 말하자면 4년이 지난 어느 날 문득 아버지의 무덤을 찾았던 기억을 되살린 것인데, 우리는 이때부터 『최초의 인간』 구상이 시작된 것으로 추측할 수 있다. 그런 의미에서 『전락』이 자기 내면의 뼈아픈 탐사를 통한 '뿌리 뽑기'에 관한 소설이라고 한다면, 『최초의 인간』은 '아버지 찾기'를 핵심적인 주제로 삼은 '뿌리 찾기'의 소설이라 할 수 있다. 어떤 의미에서는 거짓 뿌리를 뽑아버린 후에야 비로소 진정한 뿌리를 찾아나갈 수 있을 터다.

그렇다면 우리 역시 1947년으로 돌아가서 카뮈의 여정을 따라가면서 그의 말년 문학을 이해할 수 있는 단서를 찾아보기로 한다.

뿌리를 찾아서

1947년 카뮈는 피아의 사임으로《콩바》운영을 맡지만, 3개월 만에 사임한다. 프랑스의 식민지 마다가스카르에서 발생한 폭동에 대해 드골 정부가 무력으로 진압한 데 대해 항의하는 글을 쓰는 등 정치권과 수시로 불화를 일으킨 탓이었다. 심지어 프랑스의 도덕적, 정치적 상황에 실망하여 프랑스를 떠나는 것을 고려했을 정도였다. 더욱이 베스트셀러 작가로서 끝없이 구설수에 오르는 일도 그를 지치게 했다. 『작가수첩 3』에서는 그는 "세상으로부터 물러나 지내고" 싶은 욕구를 느낀다며 "나는 사람들과 오랫동안 같이 살지 못한다. 내게는 약간의 고독이, 영원의 몫이 필요하다"라고 했다.

그즈음에 그는 어머니가 생브리외에 있는 아버지의 무덤을 찾아가보라고 당부했던 것을 떠올린다. 1914년 카뮈의 아버지 뤼시앵 카뮈는 브르타뉴의 한 전선에서 전사하여 그곳에서 묻힌다. 그 후 군 당국은 전사 통지서와 함께 그의 몸속에서 발견된 조그만 포탄 파편 하나를 가족에게 보냈다. 어머니는 그 유품을 소중하게 간직했지만, 어린 카뮈에게는 오히려 아버지라는 존재의 공백을 더욱 실감 나게 할 뿐인 낯선 물건이었다. 하지만 30대 중반이 된 지금

카뮈의 정착지 루르마랭

뤼베롱 산맥 아래에 위치한 작은 마을이다. 카뮈는 스승 장 그르니에 덕분에 연을 맺은 루르마랭에다가 노벨문학상 상금으로 집을 하나 장만하여 죽기 전까지 그곳에서 많은 시간을 보냈다. 파리 지식인 사회에서 늘 고독과 불안을 느껴야 했던 그는 이곳에서 차츰 안정을 되찾으면서 자신의 뿌리를 찾아가는 소설을 구상했다. 『최초의 인간』이 바로 그것이다.

그로서는 근본에서부터 모든 것을 새롭게 돌아볼 필요가 있었다.

카뮈는 마침내 마음을 정하고서 그르니에와 함께 파리를 떠나 이틀에 걸친 여행길에 오른다. 그들은 카뮈가 좋아했던 작가 프랑수아 샤토브리앙의 성이 있는 콩부르에 들렀다가 브르타뉴의 항구 도시 생말로로 간다. 카뮈는 새로 구입한 검은색 시트로엥을 운전하고, 우리는 은색 푸조를 타고 그 뒤를 따른다.

공교롭게도 그르니에는 브르타뉴 출신으로, 고향이 생브리외에서 멀지 않다. 카뮈의 대학 시절 철학 교수였던 그는 카뮈 문학에 결정적인 영향을 미친 인물이다. 자유로운 사유와 깊은 문학적 교양을 지닌 그르니에는 카뮈에게 프랑스령 알제리를 넘어선 책과 사상의 세상으로 이어준 최초의 연결 고리였다. 그르니에 자신도 총명한 제자인 카뮈에게 관심을 가져서 카뮈가 병들어 학교에 나오지 않자 직접 집으로 찾아가기도 한다. 그 후로 두 사람은 서로에게 우정과 존경을 품으며 평생 문학적 동료가 된다. 카뮈는 그르니에가 권하는 작품들을 읽으며 자신도 자기가 겪은 경험에 대해 이야기할 수 있음을 알게 된다. 비로소 그는 흥밋거리를 찾거나 시간 때우기식의 독서에서 벗어나 자신의 내밀한 침묵과 고통, 가족과 가난과 자기만의 비밀에 대해 말하고 싶은 욕구를 느끼며 문학적 산문 습작들을 쓰기 시작한다. 그르니에는 관조와 명상, 삶의 본질에 대한 통찰, 기존의 가치에 대한 회의주의에 바탕을 두고서 아이러니하고 시적인 문체로 실존의 문제를 다룬다. 그 점에서 카뮈는 그르니에와 크게 다르지 않다. 그러나 그르니에에게서는 신비주의적이고 허무주의적 어조가 배어나오는 데 비해, 카뮈는 인간의 의지를 중시

장 그르니에(1930년대)

프랑스의 철학자이자 뛰어난 에세이스트다. 카뮈의 대학 시절 스승이자 평생의 문학적 동지로서 그에게 많은 영향을 끼쳤다. 카뮈가 교통사고로 갑작스럽게 사망했을 때 가장 먼저 달려온 이도 그르니에였다. 간결하면서도 시적이고 관조적이며 신비주의적인 문체로 실존의 문제를 다루었지만, 실존주의를 비롯한 당대를 풍미했던 사상과는 비판적 거리를 유지했다.

했고 대지라는 삶의 현장을 떠나지 않았다. 그렇게 그는 그르니에를 넘어선다.

생말로는 내게 낯선 곳이 아니다. 바닷가를 따라 세워진 오래된 성벽 위를 걷는 동안 카뮈가 남긴 바다에 대한 멋진 표현이 떠오른다. 그는 땅거미가 지기 시작하는 저녁 무렵의 바다를 『결혼·여름』에서 이렇게 묘사한다. "어둠처럼 가벼운 바람이 일고 돌연 파도 없는 바다가 기울어지면서 수평선의 한쪽 끝에서 다른 끝으로 거대하고 메마른 강처럼 흐른다." 『여행 일기』에서는 또 이렇게 쓴다. "바다는 표면만 겨우 빛을 받고 있지만 바다의 깊은 어둠이 느껴진다. 바다는 그런 것이다. 그래서 나는 바다를 사랑한다! 삶의 부름인 동시에 죽음으로의 초대." 『작가수첩 2』에서는 이렇게 말한다. "절망한 사람에게는 조국이 없다. 그런데 나는 바다가 존재한다는 것을 알았고, 그렇기 때문에 이 죽음의 시대 한가운데서 살았다." 그에게 바다는 사랑이었다.

카뮈는 이 여행에 대해 어디에서도 쓰지 않고 침묵을 지킨다. 그러나 그의 곁에는 그르니에가 있다. 그르니에는 카뮈가 "펜을 바다에 담가 부드럽게 만들고 싶다"라고 한 말을 기억한다. 그리고 이렇게 덧붙인다. "카뮈는 생말로에서 자신에게 시금석의 구실을 하는 그 위대함의 인상을 받았다. 그는 예술 작품이나 삶에서뿐만 아니라 풍경에서도 위대함의 인상을 찾아내려 했다."(장 그르니에, 『카뮈를 추억하며』) 한낱 필멸의 인간으로서 자연에서 위대한 귀감을 찾는 것은 카뮈에게 당연한 의무와도 같은 것이었다.

내 눈에 저 멀리 모래밭 위에서 한 살쯤 되어 보이는 아이가 엉

금엉금 기어가는 모습이 보인다. 그 뒤에서 젊은 엄마는 팔짱을 끼고 서서 그 아이를 무표정한 얼굴로 바라보고 있다. 하지만 당연히 브르타뉴의 바다는 알제의 바다와는 다르다. 알제는 태양이 더 뜨겁게 작열하고 바다가 그 열기를 머금고서 끓어 넘치는 곳이다. 그렇기에 가난한 이민자 집안에서 아버지 없이 자라난 카뮈는 태양과 바다라는, 자연의 더할 나위 없는 선물을 마음껏 누리면서 빈곤과 불행의 아픔을 치유하고, 나아가 영혼을 정화하는 신비로운 영감을 얻을 수 있었다. 말하자면 그에게 자연은 일상의 나태와 마비로부터 벗어나 균형 잡힌 창조적 정신을 유지하게 하는 원동력이었다. 실제로 카뮈의 초기 작품들은 대부분 지중해의 현란한 빛과 푸른 바다를 노래하는 데 바쳐져 있다. 아버지와도 같은 태양의 엄정함과 어머니와도 같은 바다의 무한한 포용력, 이른바 아폴론과 디오니소스의 만남이 카뮈라는 작가를 탄생시킨 것이다. 카뮈 스스로 자신을 '태양과 바다에서 태어난 종족'이라고 불렀거니와, 사람들에게서 '지중해의 태양을 품은 지중해인'이라고 불렸다는 사실도 그런 맥락에서 납득이 간다.

그러나 브르타뉴에서는 깎아지른 절벽을 향해 세찬 파도가 밀려든다. 태양과 바다도 서로 적대적으로 느껴질 만큼 고고하게 거리를 유지하고 있다. 그제야 문득 나는 지중해에 태풍이 없다는 사실에 생각이 미친다. 여름철에는 아열대 고압대권에 위치하고, 겨울철에는 편서풍의 영향으로 대기가 온난하여 태풍이 일어날 조건이 안 되기 때문이다. 더욱이 지중해는 바다가 땅에 갇혀 있지만, 여기에서는 바다가 땅을 에워싸고서 거침없이 몸을 틀며 포효한다.

한때 나는 이렇듯 거친 바다에 강하게 끌리던 시기가 있었다. 한번은 포항 근처에서 태풍권에 들어선 바다와 만났다. 그야말로 "처……ㄹ썩, 처……ㄹ썩, 척, 쏴……아. 따린다, 부순다, 무너바린다"로 시작되는 최남선의 시 「해에게서 소년에게」에서처럼 엄청난 규모와 기세로 뭍을 향해 몰아치는 파도를 바라보며 나는 완전히 압도당해 넋이 나가고 말았다. 그 후로 여름이 되면 태풍이 남부 지방에 상륙한다는 소식이 들릴 때마다 차를 몰고 남쪽 바다로 내려가곤 했다. 그러고는 가능한 한 바다 가까이에 차를 세우고서 비를 맞으며 하염없이 파도를 바라보았다. 그러고 나면 마음속의 까닭모를 울화가 가라앉고, 머릿속도 하얗게 말라버리는 듯한 느낌을 받는다.

이제 내게서 그런 젊은 충동은 가라앉았다. 하지만 그동안 살아오면서 새삼스레 깨달은 것은, 바다란 실로 다양한 면모를 지니고 있다는 사실이다. 내게는 아프리카의 바다와 프로방스의 바다와 브르타뉴의 바다가 각기 성격이 전혀 다른 연인들, 혹은 여러 개의 얼굴을 동시에 지닌 신적인 존재처럼 여겨진다.

다음 날 우리는 생브리외에 도착하여 곧바로 생미셸공동묘지로 향한다. 그런데 뤼시앵 카뮈의 묘석을 찾는 일이 쉽지 않다. 내가 참조한 책에는 분명 '묘석'이 있다고 했는데, 알고 보니 전몰 병사들을 위해 따로 마련된 묘역에, 이름이 새겨진 둥근 판이 달린 철제 십자가들이 나란히 서 있고 그중 하나가 뤼시앵 카뮈의 것이었기 때문이다. 그러나 여전히 카뮈는 침묵한다. 브르타뉴 여행과 관련하여 그가 남긴 메모는 『작가수첩 2』에 남긴 "G는 생브리외에서 장의용

카뮈의 아버지가 묻혀 있는 생미셸공동묘지

1947년,《콩바》를 떠난 뒤 카뮈는 생브리외에 있는 아버지의 무덤을 찾아가기로 마음먹었다. 그의 아버지 뤼시앵 오귀스트 카뮈는 프랑스 이주민의 아들로, 포도주 제조 노동자였다. 제1차 세계대전이 일어나자 그는 보병으로 징집되어 브르타뉴의 한 전선에서 서른 살의 나이로 사망했다. 아버지의 묘지 앞에 선 카뮈는 젊은 나이에 죽은 아버지에게 깊은 연민을 느낀다. 그리고『최초의 인간』에 대한 영감을 얻는다. 사진에서 맨 앞의 십자가가 뤼시앵의 것이다.

물건들을 파는 상인인 그의 할머니와 함께 살고 있었다. 그는 무덤돌 위에서 숙제를 했다"가 유일하다(여기에서 'G'는 그르니에를 가리키는 것이 아닐까 싶다).

게다가 카뮈는 여기에서도 장례 의식에 대한 거부감을 유감없이 드러낸다. 그르니에가 『카뮈를 추억하며』에서 한 말이다. "브르타뉴 사람들에게서는 죽은 사람을 숭배하는 일이 너무 많은 자리를 차지했다. 이것을 숭배라고 할 수 있을까. 아니다. 오히려 죽음에 대한 편집증이다. 묘지를 자주 방문하는 것을 보면 알 수 있다. 알베르 카뮈는 인간의 비참한 모습에 고통스러워했다. 그는 인간이 그토록 많은 불행을 충분히 당하고 있으므로 주제넘게 불행을 장황하게 늘어놓음으로써 인간에게 고통을 추가할 필요는 없다고 생각했다. 그는 사람들의 불행을 부인하지 않았다. 오히려 사람들의 불행을 정면으로 바라보았고 해결책을 찾으려 했다. 그러나 사람들의 불행을 역설하는 것은 좋아하지 않았다. 그것은 소용도 없고 유해한 짓이었다."

하지만 우리는 카뮈가 이 자리에 섰을 때 머릿속에서 어떤 생각과 기억과 이미지가 서로 교차했는지 알고 있다. 『안과 겉』에는 얼굴도 모르는 아버지를 그리워하는 아이가 있다. 그가 엄마에게 묻는다. "내가 아빠를 닮았다는 게 정말인가요?" 엄마가 대답한다. "꼭 닮았단다." 아이가 아버지에 대해 더 말해달라고 하자 어머니는 이렇게 말한다. "따지고 보면 그 편이 차라리 나았지. 소경 아니면 미친 사람이 되어 돌아왔을 테니. 그랬더라면 그 가엾은 사람은 (…)." 그 아이는 사람들에게 물으며 아버지가 남긴 흔적을 찾으려 애쓴다. 그러나 매번 절망뿐이다. 그는 『작가수첩 3』에 이렇게 쓴다. "오, 아버지! 나는 내가 갖지 못한 그 아버지를 미친 듯이 찾았다. 그런데 이제 나는 늘 내 곁에 있었던 어머니와 그녀의 침묵을 발견했다."

그 아이가 마침내 어른이 되어 프랑스에 있는 묘지에서 아버지의 명패 앞에 섰다. 그리고 그 순간 그는 자기보다 젊은 나이에 죽은 아버지에게 깊은 연민을 느낀다. 되새겨야 할 역사도, 지켜야 할 전통도, 물려받을 재산도 없이 맨몸으로 처음부터 새로이 시작해야 했던 아버지는 '최초의 인간'이었다. 그러나 『최초의 인간』에서 말한 것과 같이 "저 오랜 세월의 어둠을 뚫고 걸어가는 망각의 땅에서는 저마다가 다 최초의 인간이었다." 그는 아버지와 자신을 동일시한다. 그러면서 바야흐로 『최초의 인간』에 대한 영감과 명증한 인식을 얻는다. 그는 『작가수첩 3』에 이렇게 쓴다. 요컨대 "최초의 인간은 자신의 비밀을 발견해내기 위하여 밟아온 경로를 다시 밟아간다. 그는 최초의 인간이 아니다. 사람은 누구나 다 최초의 인간이며 아무도 최초의 인간이 아니다. 그렇기 때문에 그는 어머니의 발밑에 몸을 던진다." 이제 그는 스스로 아담이 되어 '인간'의 자서전을 써 내려가기 시작한다.

방금 투우는 끝났습니다

1957년은 카뮈에게 명예로운 해다. 3월에 그는 갈리마르출판사에서 단편소설집『유배지와 왕국』을 출간한다. 그가 생전에 마지막으로 출판한 책이다. 여기에 실린 작품들은 이념성 혹은 주제 의식보다는 세태적이고 자전적인 이야기의 측면이 강하다. 말하자면 『전락』과『최초의 인간』을 이어주는 작품들이라 할 수 있다. 그중 「손님」은 제목에서 카뮈의 메시지를 이해할 수 있게 해준다. 우리는 이 땅의 주인인가 손님인가. 손님의 삶은 관습에 밀려 자신의 가치를 잃고 살아가는 유배지의 삶이다. 한마디로 카뮈는 이 소설집에 실린 작품들을 통해 어떻게 하면 이 삶에서 자신의 왕국을 이루어 주인으로서 살아갈 수 있을지 실험한다.

그해 10월 16일, 카뮈는 "오늘날 인간의 양심이 직면한 문제를 진지하게 파헤쳐 밝혀준 최고의 문학 작품"으로 노벨문학상을 받는다. 처음에 그는 수상 거부를 염두에 둔다. 그러나 북아프리카의 젊은 문학에 보내는 격려라는 의미로 받아들인다. 그는 노벨문학상 수상 연설에서 작가란 시대의 윤리적 요구에 대한 책임감을 느끼면서 진실과 자유를 위해 봉사할 때 비로소 자신의 정당성을 발견할 수 있다고 말한다. 카뮈는 노벨문학상 수상 기념 연설인『스웨덴 연설』을 초등학교 시절의 교사 제르맹에게 헌정한다. 엄격하면서도 공정한 스승 제르맹과 어린 카뮈 사이의 가슴 울리는 일화들은『최초의 인간』에 상세히 기술되어 있다.

12월 10일에 시상식이 있고, 이틀 후 스톡홀름대학교 대강당에서 알제리 사태에 대한 질문을 받자 카뮈는 "나는 정의를 믿는다. 그러나 정의보다 먼저 나의 어머니를 옹호하겠다"라고 대답하여 논란을 일으킨다. 알제리에 대한 그의 이렇듯 강한 정서적 반응은

노벨문학상을 받는 카뮈(1957)

알제리 전쟁이 한창일 때, 스웨덴 한림원은 카뮈의 작품 세계가 오늘날 인간의 양심이 직면한 문제를 진지하게 파헤쳐주었다며 그에게 노벨문학상을 수여했다. 역대 두 번째로 최연소 수상자였다. 그러나 그의 수상 소식은 많은 논란을 불러일으켰고, 이후에도 그에 대한 프랑스 지식인들의 냉담한 반응은 나아지지 않았다. 급기야 카뮈는 공황 장애를 겪었다.

『최초의 인간』 전체에서 확인된다.

　그는 시상식 일정을 마친 후에 대학 시절 은사인 그르니에에게 보내는 편지에 이렇게 쓴다. "방금 투우는 끝났습니다. 황소는 죽었거나 아니면 그에 버금가는 상태입니다." 이 말은 가벼운 농담에 지나지 않는 것이 아니었다. 그는 노벨문학상 수상 소식을 듣고 난 순간부터 특히 심각한 불안 증세를 겪고 있었다. 한편으로는 자신에게 쏟아지는 감당하기 어려운 찬사와 축하 때문이었고, 다른 한편으로는 그의 수상이 부적절하다는 내용의 공격적인 발언 때문이었다. 그는 『작가수첩 3』에 이렇게 쓴다. "10월 17일. 노벨상. 짓눌림과 우수가 함께 섞인 이상한 감정. 스무 살에 가난하고 헐벗은 처지였을 적에 나는 진정한 영예를 체험했다. 나의 어머니."

　노벨문학상 수상 이후에도 프랑스 내에서 그를 냉담하게 대하던 분위기는 나아지지 않고 오히려 더 악화되었다. 그를 몰이해하는 일부 문단과 언론에 의해 그의 작품 가치를 의심하는 더욱 노골적이고 악의적인 비방이 쏟아져 나왔다. 이를테면 작가를 "꽃다발 더미 속에 매장하는 의식"의 형국이었다. 그 결과 카뮈는 급기야 공황 상태를 경험한다. 그는 『작가수첩 3』에 이렇게 쓴다. "이달에 세 번이나 밀실 공포증으로 인하여 더욱 심해진 호흡 곤란 발작을 일으키다." "12월 29일. 15시. 또다시 갑작스러운 발작. (…) 몇 분 동안 완전히 미쳐버린 느낌. 그다음에는 기운이 쭉 빠지고 몸이 떨림. (…) 끝도 없는 고뇌."

　사실 카뮈의 밀실 공포증은 이미 오래전에 시작되었을 것이다. 아마도 죽음과 바로 접해 있던 무스타파병원의 병실이 첫 계기가 되었을 것이다. 또한 우리는『전락』에서 클라망스가 동굴이나 지하실을 극도로 싫어하고 높고 탁 트인 곳을 좋아한다는 사실을 알고 있다. 그러나 클라망스는 아무리 높이 올라가도 결국 밀실 공포증에서 벗어나지 못한다. 그 공포증은 그의 내면에 있었기 때문이다.

이제 카뮈는 발작이 닥칠 때 육체적으로 대처하는 방법에 대해 숙고하고, 심리적으로 자신을 다잡는 자기암시의 중요성에도 관심을 기울인다. "그러나 밀실 공포증은 점점 심해진다."

그는 1958년 3월부터 도스토옙스키의『악령』을 각색하기 시작한다. 연극에 몰두하면 그 모든 압박으로부터 다시 자유로워질 것이라는 믿음에서였다. 그리고 과거에도 자주 그랬듯이 이번에도 정신적 위기에서 벗어나는 데 연극이 큰 힘이 된다. 또한 북아프리카와 그리스와 남프랑스 등지를 여행하고, 시인 샤르와도 깊은 우정을 쌓고, 파리를 벗어나 루르마랭에 정착하는 등의 행복한 경험을 통해 점차 의지력을 되찾는다. 이 시기에 그는 알제를 방문하여 아버지가 태어난 울레드파예를 찾아 알제리와 새로운 만남의 가능성을 모색한다. 아버지뿐만 아니라 이른바 피에누아르pied-noir*들의 역사를 되짚는 이 여정은『최초의 인간』에서 자세히 다루어진다.

그때부터 작업이 본격적으로 시작되어 한 해 동안 상당한 분량을 써 내려간다. 1959년 5월, 그는『작가수첩 3』에 이렇게 쓴다. "작업 재개.『최초의 인간』제1부에 진척이 있다. 이 고장, 그리고 이 고장의 고독과 아름다움에 감사." 이 무렵에 그는 한 인터뷰에서

---

* '검은 발'이라는 뜻으로, 알제리에 이주한 프랑스인들을 조롱조로 부르는 말이다.

소설의 제목으로 '아담'을 고려하고 있다고 말한다. 그는 어린 시절에 대한 작품에 착수한다. 그러면서 어린 시절부터 꿈꾸어왔던, "진실로 살기 위해 나날이 기다리던 바로 그것" "어머니의 침묵을 되살릴 수 있는 궁극적인 작품" "처음으로 가슴을 열어 보였던 두세 개의 단순하고도 위대한 이미지들을 다시 찾기 위한 기나긴 행로" "손에서 빠져나가버리려고 하는 것에 대한 말 없는 정열, 불길 밑에 감추어진 쓰디쓴 맛"을 총체적으로 되살릴 수 있는, 태양과도 같고 바다와도 같은 소설을 완성하는 데 온 힘을 기울이게 된 것이다. 이제 그에게 필요한 것은 순결한 마음이고, 그것은 곧 '사랑'의 다른 표현이다.

『최초의 인간』이 사랑에 대한 소설이라는 사실은 그의 첫 소설 『행복한 죽음』과 비교해보면 좀 더 분명해진다. 『최초의 인간』과 마찬가지로 미완성이고 사후에 발표된 『행복한 죽음』의 주인공 메르소는 가난으로 인한 노동이 자연과 행복을 누리지 못하게 하는 근본적인 장애라 생각하여 그로부터 벗어나기 위해 살인까지 벌인다. 이 소설에서 그가 그토록 사랑했던 어머니와 외삼촌은 헐벗고 무지하여 짐승 같은 삶을 사는 사람들로 묘사되며, 그 자신은 자기를 배신했던 여인에 대한 고통스러운 증오심으로 처절하게 몸부림친다. 그 결과 그는 자신을 돕고 구원할 수 있는 모든 것을 떨쳐버리고 오로지 정신적, 물질적으로 완벽한 자존과 독립에 집착하기에 이른다.

하지만 거의 25년 만에 쓴 『최초의 인간』에서는 모든 것이 달라진다. 주인공 자크는 40년의 시간을 넘나들면서 아버지, 어머니, 할머니, 외삼촌, 여인들 그리고 자기 자신에 대한 절절한 사랑을 되살려낸다. 여기에 알제리는 물론이고 병과 가난, 그리고 더할 수 없이 풍요로운 자연에 대한 사랑이 포함된다. 자크가 어린 시절을 돌아보며 매 순간 확인하는 이 깊고 큰 사랑이 카뮈로 하여금 그토록 몰입하여 글을 쓰게 한 원동력이었음은 두말할 나위가 없을 터다.

기쁨의 우상들

여기에서 카뮈에게 '여성'이란 존재는 어떤 의미가 있는지에 대해 생각해보는 것은 충분히 가치 있는 일일 것이다. 무엇보다도 여성들은 카뮈로 하여금 창조적 영감을 얻을 수 있게 하는 동시에 뼈아픈 번민을 겪게 하는 중요한 요건이다. 카뮈의 아내 프랑신은 몇 차례나 우울증으로 오랑과 파리의 정신병원에서 치료를 받았고, 두 번이나 자살을 기도했고 그중 한 번은 2층에서 뛰어내려 골반 뼈가 부서지기도 했으며, 처가의 식구들은 그 원인을 카뮈의 복잡한 여자관계 탓이라고 몰아세웠다. 그로 인해 카뮈는 글을 쓸 수 없는 고통에 사로잡힌 채 아내의 완치를 위해 애쓴다. 그러면서 마음속 깊이 죄책감을 느낀다. 그는 『작가수첩 2』에서 "사랑하는 사람의 얼굴에 행복이 찬란하게 빛나는 것을 단 한 번이라도 본 적이 있다면 한 인간에게 있어서 자신의 주위에 있는 얼굴들에 그런 빛이 피어나도록 만드는 것 이외에 다른 사명이란 있을 수 없다는 것을 알게 되는데……. 우리는 오직 살아간다는 일 한 가지만으로도 우리가 마주치는 사람들의 가슴속에 불행과 어둠을 던져주는 일로 서로를 쥐어뜯고만 있다"라고 말한다.

카뮈는 남자들보다는 여자들과 더 깊은 친연성을 보였다. 그는 일찍부터 개인적인 문제들을 남자들보다는 여자들에게 더 많이 털어놓았고, 쌍둥이 자식 중에서도 아들 장보다는 딸 카트린과 호흡이 잘 맞았다. 내가 보기에 그것은 지중해인으로서 카뮈가 지녔던 마초적 성향의 두 가지 면모다. 그는 늘 남자들과의 경쟁 관계를 의식한다. 『작가수첩 3』에서 그는 이렇게 말한다. "인간이 가장 견딜 수 없어하는 것은 남에게 심판당하는 것이다. 어머니와 맹목적인 연인에 대한 애착은 거기서 기인한다. 동물에 대한 사랑도 마찬가지다."

실제로 그는 일찍이 오랑 출신의 두 여대생인 시카르와 도브렌과 함께 알제 언덕에 있는 '세계 앞의 집'에서 거처한다. 살벌한 세상으로부터의 도피처인 그곳에서 그는 '카뮈의 보디가드'라 불리는 두 여인과 더불어 스페인적인 오만과 사냥꾼다운 지중해식 태도를 버리고 아이들 같은 유희를 즐긴다. 그는 "여자들과의 부드러우면서도 제한된 우정"을 통해 "막혔던 숨통이 트이는 느낌"을 받는다. 그러면서 여자가 구애의 대상이라는 지중해식 통념에도 불구하고 성적 매력과는 상관없이 훌륭한 동지가 될 수 있다는 사실을 확인한다.

그러나 카뮈는 페미니스트와는 거리가 멀다. 여자들과의 관계에 집착하면서도 자신의 열정을 더 중요시하여 자기중심적인 행동을 보였기 때문이다. 친구들의 증언에 따르면, 그는 문을 열고 여자들보다 먼저 자신이 나가는, 말하자면 지중해 남자의 특징이 강했다고 한다. 그는 자유분방한 사랑을 중요시했는데, 다분히 남성 중심주의적 입장에서였다. 그는 여자들을 대상화한다. 『작가수첩 1』에는 이렇게 쓰여 있다. "유희의 감각을 지닌 사람은 항상 여자들과 어울릴 때 행복감을 느낀다. 여자들은 훌륭한 관중인 것이다." 여자들은 그에게 정복에 대한 욕구를 불러일으키는, "사랑의 얼굴과 진흙으로 빚은 발을 가진 기괴한 기쁨의 우상들"이다. 그 때문에 그를 사랑하는 사람에게는 많은 고통이 기다리고 있는데, 그렇다고 "남이 나에게 주는 사랑 때문에 내가 무엇이든 강요받을 수 없다"라고 그는 잘라 말한다.

실제로 카뮈는 자신을 '호색적인 청교도'라고 불렀다.(허버트 R. 로트먼, 『카뮈, 지상의 인간 2』) 또한 그는 돈 후안에게서 자화상의 일면을 발견한다. 『시시포스 신화』에서 그는 이렇게 말한다. "사랑하면 사랑할수록 부조리는 더욱 견고해진다. 돈 후안이 이 여자에게서 저 여자로 전전하는 것은 결코 애정의 결핍 때문이 아니다. 완전한 사랑을 추구하는 환상가로 그를 상상하는 것은 우스꽝스러운 짓이다. 그러나 그가 타고난 재주를 써먹고 또 써먹으면서 그 깊이를 더해 갈 수밖에 없는 것은 모든 여자들을 똑같은 열정으로, 그때마다 자신의 모든 것을 다 바쳐서 사랑하기 때문이다. (⋯) 어째서 드물게 사랑해야만 많이 사랑하게 된다는 말인가." 어떤 의미에서 카뮈는 돈 후안처럼 "수많은 여인들을 최대한으로 상대하며 그 여자들과 더불어 삶의 기회를 남김없이 소진하는" 데 큰 의미를 두었다고도 할 수 있다. 그럼으로써 그에게는 "자신의 삶, 반항, 자유를 느끼는 것, 그것을 최대한 많이 느끼는 것, 그것이 바로 사는 것이며 최대한 많이 사는 것이다. 명증한 정신이 지배하는 곳에서는 가치의 척도는 무용해진다."

애초 그에게 사회적인 의미의 도덕은 타기해야 할 관습과 다르지 않다. 그에게 중요한 것은, 스스로 모든 것을 허용하여 자신의 영감을 최대로 발휘하는 것이다. 그것이 그의 도덕이 된다. 그리고 그 도덕의 정당함을 가름하는 척도이자 잣대는 감정의 절실함과 행복에 대한 억누를 수 없는 욕구다. 그는 『작가수첩 2』에 이렇게 쓴다. "나는 아름다움을 벗어나서는 살 수 없다. 그 때문에 나는 어떤 사람들 앞에 서면 약해진다." "나는 나의 불충실에 있어서 일종의 충실한 신도다." 또한 『작가수첩 3』에는 이렇게 쓴다. "방탕한 사람들은 감정적인데, 왜냐하면 그들에게 남자와 여자 사이의 관계는 감정의 대상이지 의무의 대상이 아니기 때문이다." "육체적인 사랑은 내게 있어서 항상 무죄와 기쁨의 억누를 길 없는 감정과 연결되어 있었다. 나는 눈물 속에서가 아니라 열광 속에서 사랑할 수 있었다."

그의 삶에서 중요한 의미를 가진 여인들의 이름을 들자면 대략 다음과 같다. 시몬 이에, 크리스티안 갈랭도, 프랑신 포르, 마리아 카사레스, 퍼트리샤 블레이크, 카트린 셀러스, 메트 이베르가 그들이다. 그 외에도 블랑슈 발랭, 뤼세트 뫼레, 이본 뒤켈라르, 마멘 쾨슬러 등도 한때 카뮈와 연인 사이였던 것으로 알려져 있다.

카뮈가 대학 시절 연극 활동을 할 때, 여배우로 뽑힌 젊은 여성들 상당수가 한동안 그와 사귀었다. 블랑슈도 그들 중 하나다. 그렇지만 관계는 대개 오래 지속되지 못했다. 그 무렵 스물한 살의 카뮈는 대학 동문 시몬을 만나 결혼한다. 카뮈는 사랑과 결혼을 구별했고,

시몬 이에(1934)

카뮈의 첫 번째 아내다. 알제대학 시절. 스물한 살의 카뮈는 스무 살의 시몬을 만나 결혼했다. 그러나 모르핀 중독자였던 시몬에게 마약을 공급해주던 의사가 사실은 그녀의 정부였다는 사실이 드러나게 되면서 두 사람은 2년 뒤에 별거했다.

결혼이라는 제도를 족쇄로 여겼다. 그렇다면 그의 이른 결혼은 병에 걸려 쓰러진 후 죽음에 대한 강박에서 비롯된 조급증의 결과라고 할 수 있다.『행복한 죽음』에서 메르소는 이렇게 토로한다. "결혼도 하고 싶고 자살도 하고 싶고《일뤼스트라시옹》구독 신청도 하고 싶군요. 뭔가 절망적인 몸부림이겠지만요."

그러나 그는 2년 후 시몬과 이혼한다. 아무래도 잊고 싶은 기억인 이 결혼 생활에 대해서 카뮈는 극도로 말을 아낀다. 그러나 그때 받은 충격은 깊은 상처로 남는다.『안과 겉』에 따르면, 그의 "가슴속에는 여전히 괴로운 못이 박혀 있다." 그 무렵에 밀실 공포증도 경험한다. 당연히 여성 혐오증도 생겨난다. 이제 그는 일종의 분풀이로서 한 여자에게 모든 것을 거는 일에 거부감을 느낀다. 그르니에의 말에 따르면, 그 시절 카뮈는 "영원한 미를 추구하는 고독하고도 탁월한 인간으로서 위협적이고 거친 파도를 헤치며 제왕의 행복을 누리며 살아가는" 모차르트 오페라의 주인공 돈 조반니에서 자신의 모습을 인지하려 했다.(허버트 R. 로트먼,『카뮈, 지상의 인간 2』)

얼마 후 그는 속기사이자 타자수인 크리스티안을 만난다. 그녀가 카뮈의 여러 원고를 타이핑해주면서 두 사람은 곧 연인 사이가 된다. 뫼르소의 모델 피에르 갈랭도의 여동생인 그녀는 사람들이 보는 앞에서 벌거벗고 수영을 할 정도로 개성이 강하다. 그녀에게서 관능적이면서도 뚜렷한 주관을 발견한 카뮈는 그녀를 '대지'라는 의미의 '라 테르La terre'라고 불렀다.

그때 프랑신이 카뮈 앞에 나타난다. 그녀는 성적 매력은 없지만 카뮈처럼 수줍어하는 은근한 매력을 가진 여성이다. 결국 카뮈는

프랑신 포르(1957)

카뮈는 1939년에 오랑 출신의 프랑신 포르(왼쪽)와 결혼하여 평생을 함께했다. 루르마랭 공동 묘지에는 카뮈의 묘석 옆에 프랑신의 묘석이 함께 있다. 그러나 결혼 이후에도 지속되는 카뮈의 분방한 여자관계는 프랑신의 마음에 깊은 그림자를 드리웠다. 실제로 카뮈는 돈 후안에게서 자신의 모습을 발견하고 스스로 '호색적인 청교도'라 불렀다.

프랑신을 선택한다. 그에게 정신적으로나 육체적으로 강력한 영감을 불러일으켜주리라 믿었던 시몬의 배신을 겪은 카뮈에게는, 화려하지만 혼란스러운 뮤즈보다는 소박하면서도 차분한 동반자가 필요했을 것이다. 하지만 이런 경우 아내는 카뮈의 말대로 "누이 같은 존재"가 되기 십상이다. 실제로 카뮈는 프랑신을 사랑하면서도 결혼 전에 깊은 관계였던 이본에게서 쉽게 마음을 거두지 못한다.

그러한 심리적 갈등으로 인해 혼란스러웠던 카뮈는 수시로 자신을 다스리고자 애쓴다. 그는 『작가수첩 1』에 이렇게 쓴다. "여자에게 끌리는 이 예속에서 벗어날 것." "우리는 사랑의 고통이 무엇인지 알 수 있다. 그러나 사랑이 무엇인지는 알지 못한다." 『작가수첩 2』에는 이렇게 쓴다. "진실을 사랑하는 사람들은 사랑을 결혼에서 찾아야, 다시 말해 환상을 갖지 않는 사랑을 해야 옳다." 그러나 그의 마음 한쪽에는 늘 이런 생각이 들어 있다. "사람은 사슬에 묶여서도, 돌로 몇 미터씩 두껍게 쌓은 벽을 사이에 두고서도 사랑을 할 수 있다. 그러나 마음의 아주 작은 한 부분이 의무에 종속될 경우 진정한 사랑은 불가능해진다."

결국 카뮈의 분방한 여자관계는 지속되고, 그것이 프랑신의 신경쇠약 증세를 유발하는 요인이 된다. 마음의 병을 앓는 아내를 지켜보며 카뮈는 죄책감에 사로잡힌다. 그는 『작가수첩 3』에서 "내가 피어나면 그녀는 시든다. 그녀는 오직 나의 시듦에 기댐으로써만 살 수 있다. 이렇게 우리는 심리학의 상반된 두 극점이다"라고 하는가 하면, "비가 온다. 아침에 뤼베롱의 야생적인 골짜기. 작업. 나는 이제 그 어떤 관계도 견디지 못한다. 어찌나 맹렬히 자유를 갈구하는

지 점점 더 고독만을 찾게 되는데, 고독은 위험한 것일 수도 있다. 나는 끊임없이 F. 생각을 한다. 걱정이다. 저녁. 나 자신 때문에, 황량한 사막 같은 내 천성 때문에 낙담한 채로"라고 한다. 하지만 여전히 그는 일상과 관습에 예속되지 않는 자기만의 삶, 자기만의 비밀을 포기할 수 없다. "내게 있어서 삶은 비밀스러운 것이다. 삶은 다른 사람들에 대하여 비밀스러운 것이다(이 점이 X에게는 그렇게도 괴로운 것이다). 그렇지만 삶은 나 자신의 눈에도 비밀스러운 게 분명하다."

여기에서 한 가지 특기할 것은 카뮈가『작가수첩』을 쓰는 방식에서 변화가 일어나고 있다는 점이다. 예전의 수첩은 타인의 시선을 의식하여 나중에 지우고 보충하는 등 편집한 흔적이 역력했다. 그런데 말년에 이르면 수첩에서 자신의 심정과 관련하여 훨씬 사적이고 솔직한 성향이 강해지고 있는 것이다. 이 때문에 수첩의 편집자들은 몇몇 고유명사를 지우고 이니셜을 바꾸어야 했다. 카뮈가 더 이상 자기 검열을 거치지 않기로 한 탓일까, 아니면 나중에 고치려다가 그럴 기회를 얻지 못한 탓일까. 아마도 전자가 더 맞는 추정이 아닐까 한다.

그렇듯 카뮈는 내내 프랑신에 대한 헌신과 배신 사이를 오갔다. 아내에게 심리적으로나 물질적으로 많은 보상을 하고자 애쓰는 한편(카뮈는『유배지와 왕국』을 프랑신에게 바쳤고, 부부는 함께 노벨문학상 시상식에 참가했다), 또한 그만큼 아내의 마음에 그림자를 드리웠다. 두 사람의 그런 관계는 카뮈가 죽을 때까지 지속된다.

카뮈에게 가장 큰 영향을 미친, 누구보다도 중요한 존재는 카사레스였다. 1944년부터 카뮈의 희곡『오해』와『계엄령』에서 주연을

마리아 카사레스(1949)

스페인 출신의 프랑스 배우로, 로베르 브레송, 장 콕토의 영화를 비롯하여 카뮈의 여러 연극 작품에 주인공으로 등장했다. 카뮈와는 1944년 『오해』 무대에서 작가와 배우로 처음 만나 서로 강렬한 매력을 느꼈다. 사진은 카뮈의 『정의의 사람들』에 세르주 레지아니(왼쪽)와 함께 출연한 카사레스(오른쪽)의 모습이다. 이 작품에서 그녀는 도라 둘보프 역을 맡았다.

맡았던 카사레스는 그와 많은 시간을 함께했고, 카뮈 말년까지 그가 산으로 요양을 가거나 바다를 여행할 때 자주 곁을 지켰던 영원한 연인이었다. 그는 『오해』의 무대에 선 카사레스를 보고서 이렇게 말한다. "나는 이 연극을 무대에 올림으로써 작가가 누릴 수 있는 가장 큰 기쁨을 맛보았다. 나 자신의 언어가 음성으로, 내가 꿈꾸었던 정확한 어조로 훌륭한 여배우의 영혼을 통해 표현된다는 기쁨이다. 마리아 카사레스에게 빚지고 있는 이 기쁨은 내게 지금까지와는 전혀 다른 것이었다." (허버트 R. 로트먼, 『카뮈, 지상의 인간 1』)

그러나 두 사람은 서로 열렬히 사랑하면서도 만남과 결별을 반복한다. 카뮈가 결혼한 몸이기 때문이기도 하고, 카사레스나 카뮈에게 다른 연인이 생기기 때문이기도 하다. 하지만 그때마다 두 사람은 "눈물과 어둠으로 가득 찬 가슴"을 어찌지 못하여 서로를 다시 찾아 극적으로 해후한다. 카뮈는 『작가수첩 2』에 이렇게 쓴다. "고백과 눈물과 키스의 밤들. 눈물과 땀과 사랑으로 젖은 침대. 가슴을 찢는 마음의 갈등이 극에 달한 가운데." 그리하여 카뮈는 죽을 때까지 카사레스에 대해 존경과 애정을 유지한다. 그는 『작가수첩 3』에서 "1956년 8월. C. 근심 어리고 상처받은, 때로는 비극적이지만 언제나 아름다운 저 조그만 얼굴을 나는 사랑한다. 애착이 지나치게 강하지만 어둡고 부드러운 불꽃, 순수함의 불꽃으로 빛나는 얼굴을 가진 그 조그만 존재, 하나의 영혼. (…) 오랜만에 처음으로 아무런 욕망이나 의도를 품은 것도 아니고 장난하는 기분에서도 아닌 채 한 여자로 인하여 마음에 감동을 느끼고 슬픈 마음도 없이 그냥 그녀 자신을 위하여 사랑을 느끼다"라고 말한다.

그런가 하면 1946년 4월, 카뮈가 프랑스 전후 문학의 대표자로 미국에서 순회강연을 할 때 만난 퍼트리샤 또한 카뮈의 영원한 여인들 중 하나다. 그녀는 무척 지성적이면서 열정도 그에 못지않은 여인이었다. 두 사람은 카뮈가 죽기 직전까지 수시로 만나고 자주 서신을 교환했다. 카뮈가 점심식사 중에 갈리마르출판사에서 보낸 사람으로부터 노벨문학상 수상 소식을 들었을 때, 그와 함께 있었던 사람도 퍼트리샤였다.

이제 우리는 메트를 만날 차례다. 카뮈가 카페에서 처음 보고 미모에 반하여 접근한 이 젊은 여인은 카뮈의 삶과 문학에 새로운 활력을 불어넣는다. 그는 『작가수첩 3』에서 "미Mi가 이 아름다움과 부드러움의 날들을 가득 채운다. 이토록 오래 계속되는 즐거움은 나를 일에서 멀어지게 하는 것이 아니라 일에 관심을 쏟게 만든다"라고 말한다. "부재, 고통스러운 좌절감. 그러나 내 가슴은 살아 있다. 내 가슴은 드디어 살아 있다. 무관심이 모든 것을 다 뒤덮어버렸었다는 것은 그러므로 사실이 아니었다. 미에 대한 감사. 격렬한 고마움. 그렇다. 질투는 정신의 편을 들어 증언한다."

그리하여 카뮈는 그녀와 함께하는 삶을 꿈꾼다. "뤼베롱 산등성이로 난 길로 르네 샤르와 세 번이나 장거리 산보를 하다. 세찬 빛, 광대무변한 공간이 나를 흥분시킨다. 또다시 나는 이곳에 살고 싶고, 내게 맞는 집을 구하고 싶고, 드디어 좀 정착해보고 싶다. 동시에 나는 미 생각을 하고 여기에서의 그녀 삶을 생각한다."

1959년 12월, 그녀는 루르마랭에서 카뮈와 마지막 며칠을 보냈다. 카뮈의 가족이 크리스마스를 보내기 위해 찾아왔을 때 잠시 자

메트 이베르(1959)

카뮈는 파리의 카페에서 자신보다 스무 살 어린 메트 이베르(왼쪽에서 두 번째)를 보고 첫눈에
반해 접근했다. 미술학도였던 이베르는 카뮈의 삶과 문학에 새로운 활력을 불어넣어주었다.
그리하여 카뮈는 루르마랭에서 그녀와 함께하는 삶을 꿈꾸었다. 사진은 1959년 12월, 카뮈가
루르마랭에서 출판인 갈리마르 가족과 함께 마지막 며칠을 보낼 때의 모습이다.

리를 피해주었을 뿐이다. 그녀의 말에 따르면, 카뮈는 파리로 돌아가서 그녀와의 결혼을 공표할 작정이라고 했다. 하지만 결국 그런 일은 일어나지 못했다. 문득 이런 생각이 든다.『작가수첩 2』에서 한 카뮈의 말에 따르면, "죽음은 삶에 형태를 부여하는 것과 마찬가지로 사랑에도 그 형태를 부여한다." 그렇다면 카뮈의 죽음은 미와의 사랑에 어떤 형태를 부여한 것일까. 전기 작가 허버트 R. 로트먼이 30여 년 후에 그녀를 만났을 때, 그녀는 행복한 결혼 생활을 영위하고 있었고, 카뮈와의 관계를 밝히는 데 다소 불안해하는 기색이었다고 한다. 그런데 이렇게 쓰고 나니 내가 조금 냉소적인 어조를 취한 듯하다. 얼른 나는 카뮈가 남긴 또 다른 글을 떠올린다. "이 세계의 비참과 위대함: 세계는 진실을 제시하지 못하지만 사랑을 준다. 부조리가 지배하고 사랑이 부조리에서 구원해준다."(『작가수첩 1』)

파리를 떠나 도착한 망명지

나는 루르마랭 마을 가장자리에 차를 세운다. 관광안내소의 창에는 카뮈의 사진을 담은 포스터가 붙어 있다. 아마도 얼마 전에 카뮈 소설 독회가 열렸던 모양이다. 나는 천천히 마을 안으로 들어서서 알베르카뮈거리를 따라 걷는다. 카뮈가 살았던, 지금은 그의 딸 카트린 카뮈가 살고 있는 집을 찾는다. 그러나 사진으로 보아 알고 있었듯이 외벽과 담이 높이 가로막고 있어서 더는 보이는 것이 없다. 그래도 몇 가지 이미지가 눈앞에 떠오른다. 마당 한쪽에 탁구장이

루르마랭에 있는 카뮈의 집

카뮈는 그르니에의 초대로 루르마랭을 알게 되었다. 그리고는 "드디어 내가 묻힐 곳을 찾았
다"라고 말했다. 카뮈는 1958년 가을, 생애 처음으로 이곳에 집을 마련했다. 그는 보클뤼즈, 알
제리, 파리를 오가면서도 소설 집필은 이 시골집에 혼자 머물면서 했다. 현재 이곳에는 그의
딸인 카트린이 살고 있으며, 대중에게는 공개되지 않고 있다.

있고, 그리로 들어가는 문 위쪽 벽에 태양 문양이 박혀 있으며, 탁구장 안에는 탁구대와 함께 한쪽에 샌드백이 걸려 있다. 카뮈는 샌드백을 치고 탁구도 즐긴 모양이다. 10년째 탁구를 치고 있는 나로서는 관심이 가지 않을 수 없다. 뭔가를 걸고 게임을 하는 경우가 아니라면 탁구만큼 서로를 가깝게 하고 흥겹게 하는 경기도 드물다. 나는 카뮈와 내가 탁구를 치는 광경을 머릿속으로 그려본다. 공이 튕겨나갈 때마다 우리의 웃음소리도 함께 튀어 오른다.

우리는 마을을 한 바퀴 돌고 나와 랭솔리트ㄴ'insolite라는 간판이 걸린 식당 안으로 들어간다. 'insolite'라는 단어는 엉뚱하고 기괴하고 색다르다는 뜻으로, 예전에는 경멸적인 뉘앙스가 강했지만 지금은 칭찬의 의미로 쓰인다. 그러나 식당은 그리 별나지 않고 오히려 소박하다. 우리는 그곳에서 샐러드를 곁들여 오리구이와 샤토브리앙 스테이크를 먹는다. 식사를 하면서 나는 조제 렌지니가 소설 형식으로 쓴 『카뮈의 마지막 날들』의 장면을 되새긴다. 카뮈가 죽기 전 며칠을 다룬 그 소설 속에는 카뮈의 가족이나 친지들 말고도 대장장이, 정원사, 식당 여주인, 축구팀원들, 자동차 정비소 직원 등이 등장한다. 물론 그들은 대부분 죽었겠지만, 마치 그들이 지금 내 눈앞에서 살아 움직이는 느낌이 든다.

우리는 식당을 나와 루르마랭성으로 향한다. 성은 규모가 크지는 않지만, 내부가 잘 보존되고 고풍스럽게 장식되어 있어 예사롭지 않은 옛것을 만날 때마다 내 마음에 일어나곤 하는 떨림을 온전히 되살린다. 카뮈는 이곳을 자주 방문했는데, 연극제를 열기에 적당한 장소가 되리라 여겼다고 한다. 비록 그 바람은 이루어지지 못했지만, 만약 연극이 저녁에 열렸다면 성채를 배경으로 하여 조명을 통한 그림자 활용이 무척 극적으로 이루어졌으리라는 생각이 든다. 우리는 성을 나와 운동장을 지난다. 카뮈는 루르마랭 축구팀에 재정적인 지원을 아끼지 않았고, 자주 어울려 축구를 했다고 한다.

그동안 햇살이 너무 뜨거워 내내 그늘을 따라 걸었는데, 어느덧 해가 기울어 땅거미가 깔리고 있다. 우리가 예약한 호텔은 주변에 건물들이 하나도 없이 벌판 한가운데 호젓하게 자리 잡고 있다. 우리는 그곳 마당에서 여주인이 차려주는 저녁을 먹는다. 날이 어두워지면서 가까운 연못에서 황소개구리가 우는데, 마치 거위 울음소리처럼 크고 우렁차다. 카뮈는 프로방스의 어느 곳에서인가 밤을 맞으며 『작가수첩 2』에 이렇게 썼다. "별들은 매미들이 울어대는 것과 같은 리듬으로 반짝인다. 우주의 음악."

지금 나는 카뮈와 나 사이에도 '같은 리듬'의 교감이 이루어지기를 기대한다. 내 눈에 "가구 하나 없이 텅 빈 집에 여러 시간 동안 우두커니 선 채 포도나무의 붉은 낙엽들이 거센 바람에 불려서 이 방 저 방으로 날아드는 것을 보고"(『작가수첩 2』) 있는 카뮈의 옆모습이 보인다. 이제 그 집에서 그는 자신의 삶과 문학을 갱신할 것이다. 그는 『작가수첩 3』에 "치유의 단계를 지켜볼 것. 내가 여기서 다시 찾게 된 이 귀중한 떨림을, 이 충만한 침묵을 간직할 것. 그 나머지는 존재하지 않는다." "나는 지금 나와의 전쟁을 벌이고 있는 중이다. 나는 나를 파괴하거나 아니면 다시 태어날 것이다. 그뿐이다"라고 쓴다.

바닥을 재빠르게 줄달음질 치는 도마뱀 한 마리가 그를 미소 짓게 한다. "나는 작은 도마뱀을 좋아한다. 이놈들은 저희가 기어 다니는 돌들 못지않게 메마르다. 그들은 나와 마찬가지로 뼈와 가죽뿐이다." 그러나 곧 그의 얼굴은 비장하고 숙연한 표정으로 돌아간다. "한 권의 소설을 쓰기 전에 나는 여러 해 동안 캄캄한 어둠의 상태에 잠겨 있겠다. 매일의 집중과 지적 금욕과 극단한 의식의 연습."

그 시골집에서 카뮈는 창의력의 근원인 어린 시절의 자연을 되찾았다고 여긴다. 그런 의미에서 루르마랭은 파리를 떠나 도착한 망명지이자 알제로 향한 심리적 기항지의 의미를 지니는 곳이었다.

카뮈의 마지막 길

다음 날 우리는 루르마랭을 떠나 파리로 향한다. 1960년 1월 3일, 카뮈는 미셸 갈리마르가 운전하는 차를 타고 루르마랭에서 파리로 출발했다. 그 차에는 미셸의 아내 자닌과 그녀의 딸 안, 그리고 강아지 플록이 동승하고 있었다. 카뮈의 가족인 프랑신과 두 아이는 그전날 아비뇽역에서 기차를 타고 파리로 돌아갔다.

카뮈의 마지막 길을 따라 다시 차를 달리는 동안 내비게이션은 우리를 끊임없이 고속도로로 이끌고, 우리는 끝내 국도를 고수한다. 아발롱, 오세르, 그리고 카뮈가 점심으로 간소하게 부댕을 먹었던 상스를 지나 마침내 빌블르뱅에 도착한다. 1960년 1월 4일, 카뮈가 자동차 사고로 사망한 곳이다. 그곳에서 나는 길가에 차를 세우고 미셸의 자동차가 가로수를 들이받은 지점을 살핀다. 지금도 사고의 원인이 무엇인지 아무도 알지 못한다. 그 사고로 카뮈는 현장에서 사망한다. 미셸 갈리마르도 닷새 후에 숨을 거둔다. 자닌과 안은 무사했지만, 플록은 충돌할 때 받은 충격 탓인지 어딘가로 사라져버렸다.

우리는 다시 차에 올라 빌브르뱅 시청 건물로 향한다. 그곳 자료실에서 한 사무원이 내게 카뮈의 죽음에 대한 보도 자료와 책자가 담긴 커다란 상자를 건네준다. 나는 그것을 받아들고 창가 자리에 앉아 하나씩 살피기 시작한다. 그러고서 몇 유로를 치르고 그중 십여 장을 복사한다. 사무원의 다정한 미소에 답례한 후 밖으로 나와 광장 중앙의 석조 화분대 앞으로 간다. 화분대 옆에는 수십 송이의 보랏빛 라벤더 꽃이 만개해 있고, 그 옆에는 작고 낮은 탑이 서 있으며, 그 전면에는 얕은 부조로 카뮈의 두상이 새겨져 있다. 나는 그 두상 밑의 글귀를 읽는다. 『시시포스 신화』의 한 구절이다. "정상에 도달하려는 노력 그 자체만으로도 한 인간의 심장을 가득 채우기에 부족함이 없다."

이제 모든 과정이 끝났다는 생각에 한동안 머릿속이 멍해졌다. 지금 나는 대체 무엇을 하고 있는가. 그리고 이제 나는 대체 무엇을 해야 하는가. 어리석은 질문이지만, 그 질문 앞에 나는 아무 답도 찾지 못한 채 백치가 된 심정이 된다. 마치 막다른 골목에 갇힌 기분이다. 그러다가 문득 어처구니없이 간단하고 당연한 답이 떠오른다. 나는 지금 책을 쓰려는 것이다. 그렇다. 단지 그뿐이다. 그러자 사고가 난 순간, 멀리 튕겨나가 바닥에 떨어진 검은 가죽 가방이 눈앞에 떠오른다. 그 속에는 카뮈의 여권과 사진, 마지막 작가수첩, 몇 권의

카뮈의 장례식(1960)

1960년 1월 4일. 카뮈는 미셸 갈리마르가 운전하는 차를 타고 루르마랭을 떠나 파리로 향하던 중 빌블르뱅에서 자동차 사고로 때 이른 죽음을 맞이하고 말았다. 사르트르는 "엄격하고 순수하며 준엄한 동시에 관능적인 그의 완강한 인문주의는 이 시대의 거대하고 기형적인 사건들과 맞서 승패가 불확실한 싸움을 벌여왔다"라며 그의 죽음에 조의를 표했다.

책과 함께 쓰다 만 최후의 소설 원고가 들어 있었다. 이제 나는 카뮈의 죽음이 아니라, 아직 생생하게 살아 있는 그 원고를 따라 이 막다른 곳을 벗어나야 한다.

자신의 진짜 이름으로 쓴 소설

1953년 11월, 카뮈는 '최초의 인간'이라는 제목과 함께 소설 각 장의 잠정적인 제목도 결정한다. 『작가수첩 3』에는 "『최초의 인간』. 구상? 1) 아버지를 찾아서 2) 어린 시절 3) 행복한 시절(1938년 병을 얻다). 행복의 과잉으로서의 행동. 그것이 끝났을 때의 강한 해방감 4) 전쟁과 레지스탕스(비르하켐과 교착된 지하 신문) 5) 여자들 6) 어머니"라고 적혀 있다.

대략적으로나마 이 플롯에 따르면, 아마도 이 소설은 여러 권의 분량을 이루었을 것이다. 실제로 이 시기를 전후하여 그의 수첩에는 침묵하는 어머니와의 대화, 여인들과의 만남과 헤어짐, 레지스탕스 시절, 공산당에 대한 입장, 전쟁이 벌어지고 있는 알제리로 돌아가는 어머니를 항구의 대합실에서 전송하는 장면 등에 대한 다양한 메모가 나타난다.

카뮈는 한 기자와의 인터뷰에서 그동안 쓴 책 중에 어떤 것을 가장 좋아하느냐는 질문을 받았을 때, "다음번에 쓸 작품"이라고 대답한다. 그리고 그 작품에 대해 설명해달라는 요청에 대해 "한 인간의 40년에 걸친 생애를 다룬 일종의 자서전일 뿐만 아니라 금세기 인간의 삶을 다룬 것"이라고 밝힌다.(허버트 R. 로트먼, 『카뮈, 지상의 인간 2』) 그러나 우리에게 남겨진 이 소설은 주인공의 나이가 열네 살일 때 끝난다.

이 소설에는 다른 소설들과는 달리 각 부와 각 장에 대부분 제목이 붙어 있다. 이 점 역시 이 소설이 무척 길어질 수 있음을 의미한다고 볼 수 있다. 1부의 첫 장에는 번호도 제목도 붙어 있지 않고 다만 문맹인 어머니에게 바치는 헌사 "이 책을 읽지 못할 당신에게"가 붙어 있을 뿐이다. 이 장에서는 어머니가 출산이 임박한 가운데 가족들이 마차로 생타포르트르의 농장에 도착하고 곧바로 주인공 자크가 태어나는 장면이 펼쳐진다.

대서양에서 발원하여 북아프리카로 이동하는 비구름의 빠른 행로, 대지를 울리는 둔중한 말발굽 소리, 연약하면서도 무엇이든 인내할 수 있는 강인한 어머니, 민첩하고 세심하고 유능한 아버지, 신비로운 침묵에 잠긴 채 곁을 지켜주는 아랍인 마부, 헌신적으로 도움을 주는 동네 의사와 아낙들. 자크 코르므리는 가재도구라고는 아무것도 없이 버려진 것이나 다름없는 집의 부엌 벽난로 앞에서 태어난다. 마치 신화 속에서 민중적 영웅의 탄생을 연상시키는 장면이다. 코르므리라는 이름은 카뮈의 친할머니 오르탕스 코르므리에게서 빌려온 이름이다. 그러나 이것은 상상으로 지어낸 이야기가 아니라, 카뮈가 훗날 자신의 출생을 지켜본 의사를 만나서 들은 내용을 재구성한 것이다.

이후 1부에서는 아버지에 대한 모든 것을 알기 위해 생브리외에 있는 전몰 용사 묘역을 찾는다. 그리고 알제리의 몽도비를 방문하는 어른 자크의 시점과, 알제 변두리 동네에서 성장하는 어린 자크의 시점이 교차된다. 그러나 2부는 전적으로 청소년기에 이른 자크의 시점으로 진행된다. 하지만 '아들 혹은 최초의 인간'이라는 제목이 말해주듯이 여기에서는 아버지 없이 자란 아들이, 졸지에 전쟁터에 끌려 나가 죽임을 당한 아버지와의 사이에 발견하게 되는 공통된 운명, 나아가 척박한 땅을 맨몸으로 일구어야 했던 이주민들에 대한 시대를 뛰어넘는 강한 교감이 암시되고 있다. 그런데 2부의 짧은 2장에서는 문체와 시점이 갑자기 달라진다. 청년기에 접어든 자크가 이성과 사랑에 눈뜨고 세상과 만나면서 느끼는 설렘과 불안의 심리가 독자들에게 직접적으로 전달되는 것으로 소설은 끝난다.

이렇게 대략적으로 짚어본 바로도 짐작할 수 있듯이 『최초의 인간』은 카뮈의 다른 작품들에 비해 전혀 새로운 면모를 보여준다. 고전적 형식에 바탕을 둔 방대한 서사적 구조, 놀라운 기억력과 관찰력으로 포착된 인간과 인간, 인간과 자연 사이의 극적인 드라마, 각 국면마다 강한 몰입을 유도하는 계시적이면서도 사실주의적인 묘사, 그런가 하면 마르셀 프루스트의 문장을 연상시키는 유장하면서도 섬세한 문체를 확인할 수 있다. 이제 이 소설이 제시하는 세 가지 중요한 테마를 정리해보기로 한다.

첫 번째 테마는 '사형 제도'다. 어느 날 어린 자크는 아버지가 사형 집행 장면을 보고 고통을 겪었다는 이야기를 듣는다. 그 후로 자크는 "아버지의 마음을 뒤흔들어놓았던 그 고통, 가장 분명하고 확실한 단 한 가지 유산처럼 아버지가 그에게 남겨준 그 고통이 현실 속으로 가득 배어드는" 것을 수시로 느낀다. 심지어 사람들이 그를 사형에 처하려고 잡으러 오는 악몽도 꾼다. 그러나 그 악몽은 어떤 의미에서 그와 아버지를 맺어주는 하나의 매듭이기도 하다. 그 사실을 깨달은 순간, 이미 죽은 아버지와 죽음에 대한 공포에 시달리는 아들 사이에 고리가 생겨난다.

그 후로 카뮈의 문학에서 사형수와 단두대는 중요한 이미지이자 불변의 주제로 자리 잡는다. 그는 『이방인』에서 뫼르소가 받게 되는 판결, 그리고 『페스트』에서 타루의 삶을 결정적으로 변화시키는 고통스러운 경험에 대해 서술하면서 "살인 중에서도 가장 비열한 짓"인 사형의 문제성을 지적한다. 이러한 입장은 이 소설에서도 반복된다. 이렇게 카뮈는 전쟁, 살인, 사형에 대한 근원적인 반감을 표출하면서 아버지와 교감하고 아버지의 죽음에 항의한다. 그가 보기에 아버지 또한 사형수와 다를 바 없었다.

두 번째 테마는 '어머니'다. 어렸을 적에 자크는, 매사 겁에 질린 소극적 태도로 일관하며 자식들에게도 안으로 빗장을 채운 채 사랑의 말이나 행동을 보여주지 못하는 어머니를 이해하지 못했다. 하지만 철이 들면서 자크는 어머니의 침묵과 헌신, 그리고 겸허함과 인내심에서 사랑의 원형을 발견한다.

그러나 아들은 어머니를 사랑함에도 불구하고 어머니처럼 말 한마디 없고 아무런 계획도 없는 맹목적인 인내의 차원에서는 살 수 없다고 생각한다. 아버지 없이 자라 고집 센 어른이 된 그는 끊임없이 여행하고, 사람들을 만나 함께 일하고 창조하고 파괴한다. 날마다 할 일이 넘쳐난다. 그러나 그 무엇도 그의 마음을 채우지 못한다.

어느 날 그는 죄책감에 시달리며 이렇게 고백한다. "아니다. 나는 좋은 아들이 아니다. 좋은 아들이란 집에 남아 있는 아들이다. 나는 온 세상을 쫓아다녔다. 허영심과 명예와 숱한 여자들 때문에 어머니를 속였다." 결국 그는 어머니의 곁으로 돌아와 몸과 마음의 평안을 얻고 비로소 있는 그대로의 자신을 받아들인다. 이제 그는 어머니가 자기를 이토록 사랑하니 그 사실을 받아들이고 그 자신도 스스로를 조금은 사랑하지 않으면 안 된다고 생각한다. 이 책의 헌사 "이 책을 읽지 못할 당신께"는 두 사람 사이에 이루어진, 언어의 차원을 넘어서는 깊은 신뢰와 교감의 표현이라 할 수 있다.

　세 번째 테마는 심리학이다. 카뮈의 작품 전체를 통독하고 나서 드는 궁금증 중의 하나는 그가 꿈 혹은 무의식에 대해 어떤 생각을 가졌을까 하는 것이다. 그의 소설들에서 꿈에 대한 구체적인 언급은 찾아보기 힘들다. 어쩌다 '꿈'이나 '악몽'이라는 단어가 등장하기는 해도 그 내용이 소개되는 일은 거의 없다. 예를 들어 자크가 꾸는 사형수에 대한 악몽이 구체적으로 어떤 것인지는 알지 못한다. 또 자크가 도서관에서 빌려온 책들을 읽는 장면에서도 그 책들을 머리맡에 고이고 깊이 잠들면 "풍요로운 꿈을" 꿀 수 있었다고 언급될 뿐이다. 사실 다른 인물들이라면 또 몰라도 뫼르소와 클라망스처럼 단순하고 명징한 의식의 소유자들이 꿈이나 악몽을 꾸는 모습은 어딘지 어색하게 여겨진다. 그런데 꿈을 꾸지 않는 인간이 어디에 있는가. 그런 의미에서도 특히 뫼르소 같은 인물은 인간 그 자체라기보다 카뮈가 생각하는 인간의 어떤 상징적 단면을 표상한다고 해야 하지 않을까 싶다.

　비평가들은 카뮈가 심리학을 반대하는 태도를 보인다는 데 주목한다. 그 이유로 우선 그의 콤플렉스를 지적한다. 말하자면 카뮈는 남들과 비교하여 자신의 보잘것없는 집안과 학벌에 부끄러움을 느꼈고, 그런 수치심에서 자유로워지기 위해 차라리 그 사실을 떨쳐버리려 했다는 것이다. 카뮈의 이러한 태도는 인간의 모든 행동에 심리적인 동기가 있다는 생각도 거부하게 한다. 함부로 인간의 심리를 해석하려 들면 인간의 선과 도덕도 어떤 이유가 있는 것이 되고, 그 기준이 모호해져버리기 때문이라는 것이다. 여기에서 우리는 『전락』의 클라망스가 자신이 행하는 선한 행위에도 이기적인 동기가 있었음을 알고 충격에 빠져 그런 심리적 동기를 해체해버리기 위해 끝까지 파고들어가다가 인간성 자체에 대한 회의에 이르는 모습을 상기할 수 있다.

카뮈의 『작가수첩』이 일기의 특징을 거의 가지고 있지 않은 것도 이런 맥락에서 생각할 수 있다. 그는 일기를 쓰기 싫어한다고 하면서 그 이유는 글로 표현되지 않은 비밀스럽고 깊이 숨겨진 것이야말로 인생의 가장 풍요로운 재산이라고 말한다. 실제로 카뮈는 1942년 『작가수첩』에 이렇게 쓴다. "정신분석학자들이 볼 때 자아는 스스로에게 끊임없이 어떤 모습을 재현하여 보여주고 있는 것으로 간주된다. 그러나 이 경우에 그들이 제시하는 목록은 가짜다."

하지만 그는 죽기 전 10년 동안 알프레트 아들러와 카를 구스타프 융의 저작을 읽는 데 몰두한다. 1956년 『작가수첩』에는 이렇게 쓴다. "'최초의 인간.' 고통의 테마. 아들러 참조: 『인간의 이해』, 156쪽. 인물들을 움직이는 동력: 힘에 대한 욕망. 심리적인 견지에서." 그리하여 마침내 『최초의 인간』을 쓰기에 이르자 카뮈는 자신의 과거

혹은 자기 본연의 존재를 찾아 나서면서 무의식 속에 가라앉은 기억과 대면한다. 그리고 그 순간 자신의 내면에서 놀랍도록 풍부한 추억이 샘솟아 나오는 것을 느낀다. 그러고는 그것들이 실제의 어린 시절에 충실한 것인지 확신하지도 못하는 상태에서 글쓰기에 정신없이 몰두한다. 이때 그의 글은 이미 기억과 무의식적 충동과 꿈이 한데 뒤섞인 상태였다. 이 소설이 물질과 정신, 개인과 집단의 경계를 넘나들며 풍요로운 영혼의 울림으로 우리를 감동시키는 것도 그 때문일 것이다. 그는 스스로 이렇게 말했다. "나는 첫 책에서부터 『반항하는 인간』에 이르기까지 항상 나를 객관화하고자 노력했다. 나는 나중에 진짜 내 이름을 쓸 것이다." 그런 의미에서 우리는 『최초의 인간』이 카뮈가 철학이나 이념의 틀을 벗어던지고 세상의 실체와 만나고 자신의 심리 속으로 뛰어들며 자신의 진짜 이름으로 쓴 첫 소설이자 마지막 소설이라고 말해도 무방할 것이다.

루르마랭 무덤의 쑥풀

지금 나는 루르마랭공동묘지에 들어와서 바닥에 바싹 붙어 있는 사각형 묘석 앞에 서 있다. 거기에는 알베르 카뮈의 이름이 다소 투박하게 새겨져 있다. 조금 떨어진 곳에 있는, 약간 높고 둥근 형상의 묘석이 프랑신의 것이다. 두 묘석 사이에는 보라색 라벤더 꽃이 활짝 피어 있다. 누군가가 티파사의 쑥풀을 가져와 카뮈의 무덤 옆에 심었지만, 프로방스의 기후에서는 너무 빨리 번져나가는 탓에 토종

루르마랭에 있는 카뮈 묘석

루르마랭공동묘지에는 그의 이름이 투박하게 새겨진 소박한 묘석이 있다. 조금 떨어진 곳에는 프랑신의 것이 있다. 카뮈 사후 50년이 되던 해, 니콜라 사르코지 전 대통령은 카뮈를 프랑스 영웅들의 신전인 팡테옹에 이장하는 것을 추진했다. 그러나 유족들은, 카뮈는 생전에 큰 명예를 바라지도 않았고 루르마랭에 묻히기를 원했다며 반대했다.

식물들을 위협할 정도가 되어 결국 제거할 수밖에 없었다고 한다.

나는 2주 동안 우리와 함께한 가족의 일원인 바질을 묘석 옆에 내려놓는다. 화분에서 꺼내어 땅에 심을까 생각하다가 그러지 않기로 한다. 바질에게 그에 맞는 운명이 기다리고 있으리라는 생각에서였다. 바질은 우리의 결정에 묵묵히 순응한다. 문득 식물이란 구체적인 형상을 지니고 있지만 실체라기보다는 영혼의 상태에 더 가까운, 영혼의 구체적인 형상이라는 생각이 머리를 스친다.

걸음을 옮겨 무덤들 사이를 걷는다. 카뮈가 죽음에 대해 한 말들을 떠올린다. 그는 『작가수첩 2』에서 "자신의 죽음의 주인이 된다는 것, 바로 이것이 어려운 점이다"라고 말한다. 『작가수첩 3』에서는 "나를 섬뜩하게 하는 것은 죽는 것이 아니라 죽음 속에서 사는 것이다. 완전한 소멸은 많이 살았던 사람을 겁나게 할 까닭이 전혀 없다"라고 한다. 그런데 그는 과연 자기 죽음의 주인이 될 수 있었을까. 너무 갑작스레 다가온 죽음에 속수무책으로 당한 것이 아닐까. 아니, 어리석은 질문이 아닐 수 없다. 죽음의 주인이 되는 것은 살아생전의 일이다. 막상 죽음이 닥쳐오면 죽음 네가 알아서 할 일이다. "나는 창조자로서 죽음 그 자체에 생명을 부여했다. 그것이야말로 내가 죽기 전에 해야 할 일의 전부다."(『작가수첩 3』) 살아서 이미 그는 죽음 자체에 생명을 부여했다. 그것으로 충분하다.

공동묘지를 떠나며 나는 속으로 중얼거린다. "여러분, 울지 마세요. 대지를 좋아하던 사람이었으니 대지도 다정하게 맞아줄 거예요." 카뮈의 희곡 『계엄령』에서 페스트에 맞서 비장하게 죽음을 맞은 디에고를 애도하며 여주인공이 하는 말이다.

진실의 인간은 죽지 않는다

 카뮈가 죽은 해 9월, 어머니 카트린 카뮈가 알제의 벨쿠르에 있는 자택에서 사망한다. 그리고 같은 해 말, 프랑신 카뮈 부인은 원고를 타자본으로 작성한 후 카뮈와 가까이 지냈던 사람들인 시인 샤르, 소설가 그르니에, 출판인 로베르 갈리마르 등에게 읽어보게 하고서 출판 여부에 대해 의견을 물었다. 그들은 모두 출판하지 않는 쪽으로 의견을 모았다. 우선 반쯤밖에 쓰이지 않은 '초고'였을 뿐만 아니라, 글 속에 자전적인 내용이 충분히 육화되지 않은 채 노출되어 있다는 이유에서였다. 그들은 카뮈 자신도 이대로는 결코 출판하지 않았으리라 여겼다.

 1971년에 카뮈의 미발표 소설 『행복한 죽음』이 정리되어 출간된다. 1990년에 카뮈 부인이 사망하여 루르마랭의 카뮈 옆에 묻힌 후, 아버지의 작품을 관리하게 된 딸 카트린 카뮈가 아버지의 친구들에게 다시 한 번『최초의 인간』출판에 대한 의견을 타진한다. 아마도 카트린 자신이 그 원고에 큰 애착을 가졌기에 가능한 일이었을 터다. 여하튼 근 30년 만의 일이었고, 이제는 정치적인 상황이나 문단과 여론의 분위기도 전과는 사정이 달랐다. 정치적 혜안에서도 카뮈가 옳은 것으로 판명되었다. 이제 그의 자전적인 이야기는 더 생생한 공감을 얻을 수 있었다. 그리하여 1994년 4월 13일, 카트린에 의해 미완성 작품『최초의 인간』이 34년 만에 출간된다.

카뮈는『작가수첩 3』에 이렇게 썼다. "내가 좋아하는 열 개의 단어를 묻는 질문에 대답한다. 세계, 고통, 대지, 어머니, 사람들, 사막, 명예, 바람, 여름, 바다." 이 글을 쓰기 위해 머릿속에 카뮈의 삶과 문학을 담고서 여행하는 동안, 나는 이 열 개의 단어 하나하나를 화두로 삼아 카뮈가 살아생전에 머물렀던 지상의 장소들과 교감할 수 있기를 바랐다. 그리하여 여정이 끝난 지금 나는 다분히 감상적인 기분에 젖어 나의 '작가수첩'에 이렇게 적어본다. "그는 본의 아니게 세상에 태어나 세계로부터 사랑과 고통을 배우고 대지의 시련을 거치고 늘 어머니와 마음으로 함께하며 온갖 사람들과 어울려 불의 사막을 가로질러 마침내 어리고 순수한 불꽃의 명예를 지켜냈으니, 세차게 불어오는 바람에서 오히려 희망과 기쁨을 찾다가 여름의 한복판에서 스스로 바다로 돌아갔다."

사르트르는 카뮈의 죽음에 조의를 표하는 글에서 이렇게 말한다. "그의 작업은 아마도 프랑스 문학계에서 가장 독창적일 만한 내용일 것이다. 엄격하고 순수하며 준엄한 동시에 관능적인 그의 완강한 인문주의는 이 시대의 거대하고 기형적인 사건들과 맞서 승패가 불확실한 싸움을 벌여 왔다."(허버트 R. 로트먼, 『카뮈, 지상의 인간 2』) 사르트르의 이 말은『이방인』의 한 구절을 떠올리게 한다.

> 온통 뜨거운 햇빛으로 진동하는 해변이 등 뒤에서 나를 떠밀고 있었다. 나는 샘물 쪽으로 몇 발짝을 내디뎠다. (…) 뜨거운 햇빛이 내 뺨을 달구었고, 나는 땀방울이 눈썹에 맺히는 것을 느꼈다. 엄마의 장례를 치르던 날과 똑같은 태양이었는데, 그때처럼 특히 이마가 아팠고, 이마 주변의 모든 혈관이 살갗 아래에서 한꺼번에 펄떡거렸다. 도저히 견딜 수 없는 그 뜨거운 열기로 인해 나는 앞으로 움직였다. 나는 그게 어리석은 짓이고, 한 발짝 나아간다고 해서 태양으로부터 벗어날 수 없다는 것을 알고 있었다. 그러나 나는 한 발짝, 단 한 발짝을 앞으로 내디뎠다. (…) 눈썹에 맺혀 있던 땀이 주르륵 흘러내려 눈썹을 미지근하고 두터운 막으로 덮어버렸다. 내 두 눈은 이 눈물과 소금의 막에 가려져 앞이 보이지 않았다. 나는 내 이마 위에서 태양의 열기가 심벌즈처럼 울리는 것을 느낄 수 있을 뿐이었다. (…) 바로 그때 모든 게 크게 흔들렸다. 바다가 묵직하고 뜨거운 숨결을 토해냈다. 마치 하늘이 활짝 열리면서 불의 비가 쏟아져 내리는 것 같았다. 내 전 존재가 팽팽하게 긴장되었다.
>
> —『이방인』, 최수철 옮김, 77~79쪽

뫼르소는 세상과 자아 사이의 팽팽한 대립적 긴장감으로 인해 짓눌리는 듯한 압박감을 느끼면서도 자신도 모르는 자기 속의 어떤 힘에 이끌려 한 발 한 발 앞으로 나아간다. 카뮈의 삶 전체를 상징적으로 보여주는 장면이 아닐 수 없다. 한마디로 자신의 실존을 최대한으로 의식하는 순간이고, 부조리와 죽음에 반항하는 행동이고, 그 자체로 새로운 자아를 창조하려는 몸부림이다. 카뮈에게서 예술은 그 자체로 중요한 것이 아니라, 부조리에 반항하는 방식으로서 중요하다. 그에게 예술은 예술적 반항과 같은 말이다.

여기에서 마지막 테마로 카뮈와 불교의 관계에 대해 간략하게 짚어보기로 한다. 카뮈는 『작가수첩 3』에서 이렇게 말한다. "나는 자주 내가 무신론자라고 쓴 남들의 글을 읽고 내 무신론에 대하여 이야기하는 것을 듣게 된다. 그런데 그런 말이 내게는 무슨 뜻인지를 알 수가 없다. 그 말은 내게 아무 의미가 없다. 나는 신을 믿지 않으며 '그리고' 나는 무신론자가 아니다." "『구약성서』에서 하느님은 아무것도 아는 것이 없다. 하느님에게서 말의 역할을 하는 것은 살아 있는 존재들이다. 그런 점에서 나는 이 세상 속에 담겨 있는 신성한 그 무엇을 끊임없이 사랑했다."

말하자면 이 세상에 신은 존재하지 않지만, 이 세상 그리고 인간은 성스럽다는 뜻이다. 어쩌면 신이 없기에 자연과 자연 속의 인간이 성스러울 수 있을 것이다. 그런 의미에서 카뮈는 불교와 부처에 대해 깊은 관심을 보였다. 이와 관련하여 『작가수첩』에 자주 메모가 나타나는데, 그중에 이런 것이 있다. "불교란 종교로 변한 무신론이다. 허무주의로부터 '출발한' 거듭나기. 그 유례가 없는 듯하다. 허무주의와 고투하고 있는 우리에게는 깊이 생각해볼 만한 귀중한 예다."

카뮈 생각의 골자는 이렇게 요약된다. '희망도 절망도 가져서는 안 된다. 단지 삶은 비극적이라는 사실만 끌어안으면 된다.' 이는 곧 만물의 '색'이 곧 '공'임을 깨달아, 올바로 보고 생각하고 말하고 행동하는 부단한 정진을 통해 '각성'에 이르러야 한다는 불교의 가르침과 크게 다르지 않다. 카뮈는 부조리로부터 도피하거나 초월하기 위해 신에게 기대지 않는다. 오히려 그는 부조리를 살고 부조리를 살아 있게 한다. 그럼으로써 명징한 정신으로 부조리와 정면으로 마주친다. 그것은 곧 『작가수첩 3』에서 한 말대로 "진실 속에서, 진실을 위해서 사는 삶"이다. 그리하여 그는 계시적이고 잠언적으로 이렇게 말한다. "거짓은 환상처럼 사람을 잠재우거나 꿈꾸게 한다. 진실은 유일하게 경쾌하고 무궁무진한 힘이다. 우리가 오로지 진실로만, 진실을 위해서만 살 수 있다면: 우리 속에 있는 불멸의 젊은 에너지. 진실의 인간은 늙지 않는다. 조금만 더 노력하면 그는 죽지 않을 것이다."

'색'과 '공'이 다르지 않음을 알면 미망도 절망도 없다. 카뮈는 절망적인 상황은 절망이 아니라고 말한다. 절망적인 상황에 굴복하는 것이 절망이다. 그러나 그는 결코 굴복하지 않을 터이니 그에게 절망이란 있을 수 없다. 자신의 문학이 절망의 문학이라고 하는 비판에 대해 그는 이렇게 대답한다. 절망이란 죽음처럼 말이 없는 법이다. 침묵조차도 뭔가 말을 하는 것인 터에, 말하고 쓰는 것은 그 자체로 어떤 의미로 나아가는 것이다. 따라서 "절망한 문학이란 말 자체가 이미 모순이다." 더욱이 이 세계는 "메마른 무의미가 아니라 수수께끼다."(『결혼·여름』)

그는 계속해서 『작가수첩 2』에서 스스로 이렇게 다짐한다. "영혼이라는 것이 존재한다 해도 그것이 통째로 만들어져서 우리에게 부여되는 것이라고 생각한다면 오산이다. 영혼은 일생에 걸쳐서 이승에서 창조되는 것이다. 그리하여 산다는 것은 그 길고도 고통스럽기 짝이 없는 출산의 과정에 불과하다. 우리 자신과 고통에 의해 창조된 영혼이 드디어 준비되면 바야흐로 찾아오는 것이 죽음이다."

문득 실존주의와 불교 철학의 관계에 대하여 짧게나마 글을 쓰고 싶다는 생각이 든다. 하지만 그것은 나중의 일이다. 이제 나는 이것으로 카뮈 삶과 문학에 대한 나의 연주를 마친다. 그와의 악수를 그만 풀고 그를 편히 쉬게 한다. 한마디 덧붙이자면 한 사람의 후배 작가로서, 그러나 고인보다 나이가 많은 소설가로서 "억울하게 죽은 어린아이 앞에서 다 큰 어른이 느끼는" 연민과 아울러 '억울하게 죽은 어린아이에게서 나보다 훨씬 큰 어른을 느끼는' 경의를 품고서 이 글을 썼음을 밝혀둔다. 나는 그의 문학을 다시 읽으며 진정한 예술적 창조에는 비평적 정신이 최대한 발휘되어야 한다는 점에 대해 내내 깊은 생각을 하지 않을 수 없다. 요컨대 그는 '시대를 비판하는 것만으로는 충분하지 않다고 여기고서, 그 시대에 형식과 미래를 부여하고자 노력한' 깨어 있는 한 인간이었다.

카뮈는 죽은 후에도 우리에게 가슴을 울리는 일화를 남겨주었다. 그가 희곡으로 각색한 도스토옙스키의 『악령』은 그가 관여하던 에르베르극단에 의해 순회공연이 진행되고 있었다. 그 시기에 카뮈는 루르마랭에서 『최초의 인간』 집필에 몰두하는 중이었다. 카뮈가 죽은 후에도 극단은 순회공연을 계속했는데, 사흘 동안 극단의 배우들에게는 카뮈가 루르마랭에서 부쳤으나 그들이 계속 이동하느라

배달이 늦어졌던 그의 편지들이 계속해서 도착했다. 거기에는 이렇게 적혀 있었다. "용기를 내십시오. 훌륭하게 일하십시오. 나는 여러분을 잊지 않고 늘 함께 있습니다."

카뮈 문학의 키워드

01 어머니

카뮈의 어머니 카트린 생테스는 귀가 잘 들리지 않고 남편의 때 이른 죽음으로 인한 충격으로 말까지 더듬었다. 어린 카뮈는 매사에 겁에 질린 소극적 태도로 일관하며 자식들에게도 안으로 빗장을 채운 채 사랑의 말이나 행동을 보여주지 못하는 어머니를 이해하지 못했다. 하지만 철이 들면서 어머니의 침묵과 헌신, 그리고 겸허함과 인내심에서 사랑의 원형을 발견한다. 그는 마지막 소설 『최초의 인간』을 어머니에게 바치며 "이 책을 읽지 못할 당신께"라고 헌사를 쓴다. 이는 두 사람 사이에 이루어진, 언어의 차원을 넘어서는 깊은 신뢰와 교감의 표현이라 할 수 있다. 세상은 부조리하지만, 사랑이 우리를 부조리에서 구원해준다.

카뮈의 어머니 카트린 생테스.

02 가난

카뮈는 가난한 이민자의 아들로 태어나 아버지 없이 자랐다. 처음에 가난은 그를 부끄럽게 했고, 부끄러워하는 자신을 더욱 부끄럽게 했다. 또한 가난은 카뮈를 어렸을 적부터 생활 전선으로 내몰아 자신의 시간을 온전히 쓰지 못하게 했다. 하지만 그는 가난 덕분에 자연의 풍요로움을 더욱 절실히 경험한다. 그리고 인간의 역사가 온전하게 진행되는 것은 아님을 인식한다. 요컨대 가난이라는 조건은 그로 하여금 자연과 역사 사이에서 균형을 잡게 하는 근원적인 힘이 된다.

03 절망

카뮈는 너무나 많은 사람들이 비극적인 것과 절망을 혼동한다고 했다. 그는 삶이 부조리와 모순으로 가득하다는 비극적 인식은 명징하게 가지고 있었지만, 그렇다고 삶에 절망한 것은 아니었다. 혹은 그와는 반대로 초월적인 어떤 것으로 눈을 돌려 희망을 걸지도 않았다. 우리의 삶 자체는 비극적이지만, 바로 그렇기 때문에 그는 주어진 삶을 남김없이 사랑하고 대지에 충실함으로써 절망을 건너는 법을 제시한다. 더구나 그에게 이 세계는 감각적 아름다움과 신비로 가득한 곳이다. 따라서 절망이란 있을 수 없다. 절망적인 상황에 굴복하는 것이야말로 절망이다. 우리가 해야 할 일은 단지 삶이 비극적이라는 사실과 존재의 유한성을 끌어안는 것일 뿐이라고 그는 말한다.

알제의 카스바 거리.

04 부조리

우리는 세상을 합리적으로 이해하고자 열망한다. 그러나 우리에게 세상은 측량할 수 없는 비합리적 특징으로 다가온다. 부조리의 감정은 그러한 간극에서 비롯된다. 여기에서 카뮈는 부조리로부터 도피하거나 초월해서는 안 된다고 말한다. 오히려 부조리를 살고 부조리를 살아 있게 해야 한다. 그럼으로써 명징한 정신으로 부조리와 정면으로 마주친다. 그것이 곧 진실 속에서, 진실을 위해서 사는 삶이기 때문이다. 말하자면 부조리는 우리를 진실로 인도하는, 가장 인간적인 삶을 살게 하는 인간적인 조건이다. 부조리를 피하거나 망각하지 않고 그것을 직시하고 버텨내는 것. 인간은 자신의 인생을 조금도 남김없이 그리고 철저하게 살아감으로써 부조리를 극복할 수 있다.

05 태양

태양은 관능이고 극단의 감각이다. 또한 자연의 가장 강력한 핵심으로서 우리에게 영적인 고양을 느끼게 한다. 유한하고 혼란스러운 인간의 역사에 대비되는 엄정한 태양의 힘은, 우리로 하여금 더욱 본질적이고 영원한 존재 혹은 관념에 눈을 뜨게 한다. 하지만 한 군데도 어두운 구석을 남겨놓지

태양신 헬리오스. 네 마리의 날개 달린 말을 타고 매일 새벽 동쪽에서 출발하여 서쪽으로 내려가는 여행을 한다.

않는 태양은 그만큼 압도적이고 절대적이고 강압적인 힘을 우리에게 행사한다. 범접하기 어려운 그것은 따라서 부조리함의 상징적 실체이기도 하다. 그러나 바로 그렇기 때문에 그것은 우리를 가혹한 진실을 향해 밀어붙인다. 카뮈가 문학이라는 창조적 행위에 몰두하는 것은 그 진실에 대한 정열 때문이다. 그러한 정열이 없다면 우리는 태양 아래서 숨을 곳이 없다.

06 반항

부조리를 통해 우리는 우리 자신의 고독한 운명을 발견한다. 그러나 사실 부조리와 반항은 동시적인 것이다. 삶의 의미에 대해 질문하는 순간 부조리의 감정이 생겨나고, 그와 동시에 삶의 무의미에 항의하는 반항도 태어난다. 부조리를 직시하는 것이 곧 반항이다. 그러나 반항에는 희망이 없다. 다만 죽는 순간까지 반항은 매 순간 계속될 뿐이다. 삶이 곧 반항이며, 삶에서의 이 모든 고통스러운 투쟁은 오직 행복을 위한 것이다. 행복을 추구하는 것은 곧 반항을 의미한다. 반항이 없으면 행복도 없다. 더욱이 반항을 통해 우리는 '나'의 고독으로부터 부조리한 운명에 맞서는 '우리'라는 연대 의식을 얻을 수 있다. '나는 반항한다. 그러므로 우리는 존재한다.'

니체. 카뮈는 니체의 '반항' 의지를 자기 속에서 늘 일깨우고자 노력했다.

07 사형

사형수와 단두대는 카뮈의 문학 세계에서 중요한 이미지로 자리 잡고 있다. 카뮈가 태어난 지 얼마 되지 않았을 때, 그의 아버지는 천벌을 받아 마땅하다고 여긴 한 인간에 대한 사형 집행 현장을 참관하고 와서는 충격에 휩싸인 얼굴로 속의 것을 토해내기 시작했다. 사람들이 사형수의 목을 자르기 위해 마룻바닥에 내동댕이쳐놓은 헐떡거리는 몸뚱이는 아버지의 뇌리에 지울 수 없는 영상으로 각인되었다. 이 이미지는 고통스러운 유산처럼 아들인 카뮈에게 대물림되어 사형을 비롯하여 사법 제도 전반에 대한 문제 제기로 이어지게 했다. 카뮈는 「단두대에 대한 성찰」이라는 긴 에세이에서 "사법권은 범죄 그 자체 못지않게 극악무도한 것이며, 그런 또 하나의 살인 행위는 사회 집단에 가해진 범죄를 보상해주기는커녕 첫 번째 오점에 또 하나의 오점을 보태고 만다"라며 근원적인 반감을 표출한다. 이로써 그는 아버지와 교감하고 아버지의 죽음에 항의한다.

카뮈 생애의 결정적 장면

1913   11월 7일, 알제리의 몽도비에서 출생하다. 아버지 뤼시앵 오귀스트 카뮈는 포도주
        제조 노동자였고, 어머니 카트린 생테스는 거의 말을 안 하고 벙어리처럼 지낸 스
        페인 출신의 여성이었다.

1914   알제의 빈민촌으로 이사하다

제1차 세계대전이 발발하면서 카뮈의 아버지는 주아브라 불리는 알제리 원주민 보병으로
징집되어 프랑스로 투입되다. 하지만 그해 10월에 있었던 마른강 전투에서 머리를 다치
면서 브르타뉴의 생브리외 군 병원에서 사망한다. 카뮈가 아버지와 지상에서 함께한 시간
은 불과 8개월밖에 되지 않는다. 앞날이 막막해진 어머니는 두 아들과 함께 친정이 있는
알제의 빈민촌 벨쿠르로 이사한다. 그곳에서 어머니는 가정부로 일하며 가족들의 생계를
어렵게 꾸려나간다.

벨쿠르와 알제항.

1923 루이 제르맹 선생의 도움으로 상급 학교에 들어가다

당시 알제 빈민가 아이들은 대개 초
등학교를 졸업하면 곧바로 생계 전선
에 뛰어들어야만 했다. 그러나 카뮈
는 일찍이 그의 재능을 발견해준 루
이 제르맹 선생의 적극적인 지원과
도움으로 장학생 선발 시험에 합격하
여 상급 학교에 진학한다. 카뮈에게
제르맹 선생은 아버지의 부재를 상당
부분 보상해주는 존재였다. 훗날 카
뮈는 노벨문학상을 받으면서 수상의
영예를 제르맹 선생에게 돌린다.

카뮈가 다닌 고등학교인 그랑리세(1900년경).

1930 알제대학에 입학하다. 철학 교수로 부임한 장 그르니에와 처음으로 만난다. 대학
에서는 축구팀 골키퍼로 활약한다. 폐결핵이 처음으로 발병하여 집을 나와 여러
곳으로 옮겨 다니며 요양 생활을 시작한다.

1934 시몬 이에와 결혼하다. 그러나 아내의 불륜으로 2년 후 별거에 들어간다.

1936 노동극단의 중심인물로서 민중 계몽을 위한 연극 활동에 몰두하다. '세계 앞의
집'에서 여자 친구들과 공동 생활을 하게 된다. 「기독교적 형이상학과 신플라톤주
의」라는 제목의 대학 졸업 논문을 제출한다.

1937 건강상의 이유로 철학 교수 자격시험 응시를 거부당하다. 5월, 알제에 있는 샤를
로출판사에서 첫 작품 『안과 겉 L'envers et l'endroit』을 출간한다. 훗날 카뮈는 한 대
담에서 동료 작가가 『안과 겉』이야말로 그가 쓴 가장 좋은 글이라고 말하자, 그것
은 스물두 살에 쓴 서툰 글이지만 "그 속에는 이후의 글들보다 진정한 사랑이 더
많이 들어 있다"라고 했다. 프랑스의 파리와 사부아 등지를 여행하다가 앙브링에
서 소설가로서 다시 태어나는 벅찬 경험을 한다. 가을에 장차 아내가 될 수학 교
사 프랑신 포르를 처음 만나 알제 서쪽 도시 오랑을 자주 출입한다. 오랑은 훗날
『페스트』의 무대로 등장한다.

1938 《알제 레퓌블리캉》의 기자가 되다

대학 사회를 졸업한 카뮈는 그의 인생에 많은 영
향을 미친 파스칼 피아를 만난다. 유명한 언론인
이자 아폴리네르 전문가일 만큼 문예에 대한 식
견도 남달랐던 피아는 아랍인의 권익을 옹호하는
신문 《알제 레퓌블리캉》을 창간하여 카뮈도 참여
시킨다. 기자 카뮈는 문학 작품들에 대한 서평과
더불어 카빌리 지역에 대한 일련의 르포를 쓰는
등 알제리의 정치적 문제점을 파헤친다.

《알제 레퓌블리캉》.

1939   제2차 세계대전 발발로 군에 자원하지만 폐병 병력으로 거부당하다. 5월, 샤를로
         출판사에서 산문집 『결혼 Noces』을 출간한다.

1940   《알제 레퓌블리캉》이 폐간되어 알제를 떠나 오랑으로 가서 프랑신의 집에 얹혀
         산다. 3월, 피아의 추천으로 파리로 가서 《파리수아르》 신문의 말단 교정부원 자
         리를 맡는다. 이 시기에 카뮈는 『이방인 L'étranger』을 탈고한다. 전황이 급박해지
         면서 신문사가 리옹으로 피난을 간다. 12월, 리옹에서 프랑신과 결혼식을 올린다.
         그러나 《파리수아르》의 인원 감축으로 해고되어 오랑으로 돌아온다.

1942   20세기 최고의 문제작 『이방인』이 출간되다

카뮈가 스물아홉 살에 발표한 첫 소설 『이방인』은 같
은 해 발표한 『시시포스 신화 Le mythe de Sisyphe』와 함
께 카뮈의 부조리 사상을 보여주는 대표적 작품이다.
제목이 말해주듯 이 세계의 경계 바깥에서 걸어 들어
온 것 같은 이 작품은, 우리가 익숙하게 알고 있는 이
세계를 불현듯 낯설게 바라보게 한다. 바로 부조리를
의식하게 되는 것이다.

『이방인』
초판.

1942 폐병이 재발하여 프랑스 중부에 있는 파늘리에에서 요양하다.

1943 6월, 사르트르의 희곡 『파리 떼』 연습을 하면서 사르트르와 보부아르, 그리고 평생의 연인인 스페인 출신의 여배우 마리아 카사레스를 처음 만난다. 갈리마르출판사의 고문직을 맡는다.

1944 《콩바》에 참여하다

독일의 프랑스 점령이 1940년부터 1944년까지 이어지는 가운데, 프랑스인들은 항독 지하운동을 전개해간다. 요양차 파늘리에에서 머물러 있던 카뮈도 레지스탕스 활동에 가담한다. 그는 알베르 마테라는 이름으로 가짜 여권을 발급받아 파리와 리옹 등지에서 저항 세력과 접촉한다. 또한 《알제 레퓌블리캉》에서 일할 때의 상사였던 피아와 함께 레지스탕스 기관지인 《콩바》에서 중심적으로 활동한다.

제2차 세계대전 당시 프랑스 레지스탕스.

1945 제2차 세계대전이 끝나다. 9월, 『칼리굴라 *Caligula*』가 초연되어 대성공을 거둔다.

1947 피아와의 정치적 견해 차이와 재정적 문제로 《콩바》에서 물러난다. 6월, 『페스트 *La peste*』를 출간하여 독자들로부터 뜨거운 호응을 받으면서 비평가상을 받는다.

1948 10월, 배우이자 연출가인 장루이 바로와 함께 쓴 『계엄령 *L'état de siège*』을 초연하지만 관객들과 비평계로부터 외면당하다.

1950 폐병이 재발하여 프랑스 남부 지방 카브리에 머물며 『반항하는 인간 *L'homme révolté*』 집필에 몰두하다.

1952 사르트르와 결별하다

1951년 10월, 카뮈는 『반항하는 인간』을 출간하
여 주목을 받는다. 그러나 소련과 동유럽의 공산
주의 이데올로기의 허구성을 비판하는 입장으로
인해 사르트르와 약 1년간에 걸쳐 열띤 논쟁을 이
어가고, 그 결과 두 사람은 영원히 결별한다. 카뮈
는 모든 정치 활동은 확고한 도덕적 기반을 가져
야 한다는 신념에 바탕을 둔 독자적인 좌파적 입
장을 견지한다. 반면 사르트르를 비롯한 파리의
많은 좌파 지식인들은 역사적 진보라는 맥락에서
공산 노선을 지지한다. 반공 노선도 공산 노선도
거부하며 도덕주의적 입장에 선 카뮈는 파리 지
식인 사회에서 더욱 고립된다.

『반항하는 인간』

1953 파리의 지식인들 사이에서 받은 마음의 상처를 달래고 원기를 회복하기 위해 연
극 활동에 힘을 쏟는다. 6월, 앙제연극제에서 중심적인 역할을 한다.

1954 2월, 산문집 『여름 L'eté』을 출간하다.

1956 5월, 중편소설 『전락 La chute』을 출간하다.

1957 노벨문학상을 받다

프랑스인으로 아홉 번째이자 역대 두 번째 최연소로 노벨문학상을 받는다. '우리 시대 인
간의 정의를 탁월한 통찰과 진지함으로 밝힌 작가', 카뮈가 노벨문학상을 받을 당시 한림
원이 밝힌 선정 이유다. 그러나 작가로서 누릴 수 있는 최고의 영예에도 불구하고 그를 냉
담하게 대하던 프랑스 문단과 언론의 분위기는 전혀 나아지지 않는다. 오히려 악의적인
비방이 쏟아지면서 카뮈는 공황 장애를 경험한다.

노벨문학상을 받던 해의 카뮈.

1958 1월, 노벨문학상 수상 기념 연설인 『스웨덴 연설 *Discours de Suède*』을 출간하다. 생애 처음으로 루르마랭에 집을 마련한다.

1959 그동안 구상해온 자전적 소설 『최초의 인간 *Le premier homme*』 작업에 본격적으로 착수하다.

1960 교통사고로 사망하다

1월 4일, 갈리마르출판사 사장의 조카인 미셸 갈리마르가 운전하는 차를 타고 루르마랭에서 파리로 가던 중 파리에 조금 못 미쳐 빌블르뱅이라는 작은 마을에서 교통사고로 현장에서 사망한다. 향년 마흔일곱 살. 사고와 함께 밖으로 튕겨나간 그의 검은색 가방 안에는 쓰다 만 『최초의 인간』 원고가 들어 있었다.

루르마랭에 있는 알베르카뮈거리 표지판.

1971 『이방인』의 모태가 된 미발표 소설 『행복한 죽음 *La mort heureuse*』이 출간되다.

1994 딸 카트린 카뮈에 의해 미완성 작품 『최초의 인간』이 출간되다.

참고 문헌

알베르 카뮈 전집 1~20, 김화영 옮김, 책세상, 2010.

　『결혼·여름』, 알베르 카뮈 전집 1

　『이방인』, 알베르 카뮈 전집 2

　『전락』, 알베르 카뮈 전집 3

　『시지프 신화』, 알베르 카뮈 전집 4

　『행복한 죽음』, 알베르 카뮈 전집 5

　『안과 겉』, 알베르 카뮈 전집 6

　『페스트』, 알베르 카뮈 전집 7

　『적지와 왕국』, 알베르 카뮈 전집 8

　『작가수첩 3』, 알베르 카뮈 전집 9

　『태양의 후예』, 알베르 카뮈 전집 10

　『작가수첩 1』, 알베르 카뮈 전집 11

　『칼리굴라·오해』, 알베르 카뮈 전집 12

　『정의의 사람들·계엄령』, 알베르 카뮈 전집 13

　『작가수첩 2』, 알베르 카뮈 전집 14

　『반항하는 인간』, 알베르 카뮈 전집 15

　『단두대에 대한 성찰·독일 친구에게 보내는 편지』, 알베르 카뮈 전집 16

　『여행 일기』, 알베르 카뮈 전집 17

　『스웨덴 연설·문학 비평』, 알베르 카뮈 전집 18

　『젊은 시절의 글』, 알베르 카뮈 전집 19

　『시사평론』, 알베르 카뮈 전집 20

카뮈, 알베르, 『이방인』, 최수철 옮김, 시공사, 2012.

카뮈, 알베르, 그르니에, 장, 『카뮈-그르니에 서한집』, 김화영 옮김, 책세상, 2012.

그르니에, 장, 『지중해의 영감』, 함유선 옮김, 청하, 1990.

그르니에, 장, 『카뮈를 추억하며』, 이규현 옮김, 민음사, 1997.

김화영, 『알제리 기행』, 마음산책, 2006.

렝지니, 조제, 『카뮈의 마지막 날들』, 문소영 옮김, 뮤진트리, 2010.

로트먼, 허버트 R, 『카뮈, 지상의 인간』(전 2권), 한기찬 옮김, 한길사, 2007.

메어로위츠, 데이비스 제인, 『카프카』, 김영사, 2007.

모르방, 르베스크, 『알베르 카뮈를 찾아서: 태양과 역사』, 김화영 옮김, 나남, 1997.

베르네르, 에릭, 『폭력에서 전체주의로: 카뮈와 사르트르의 정치사상』, 그린비, 2012.

유기환, 『알베르 카뮈』, 살림, 2004.

윤명철, 『문명의 바다를 가다』, 한길사, 2005.

젠디히, 브리기테, 『카뮈』, 한길사, 1999.

카뮈, 카트린, 『나눔의 세계: 알베르 카뮈의 여정』, 김화영 옮김, 문학동네, 2016.

토드, 올리비에, 『카뮈』(전 2권), 김진식 옮김, 책세상, 2000.

사진 크레디트

클래식 클라우드 016

카뮈

1판 1쇄 발행 2020년 1월 17일
1판 2쇄 발행 2021년 5월 25일

지은이 최수철
펴낸이 김영곤
펴낸곳 아르테

키즈융합본부 이사 신정숙
융합사업2본부 본부장 이득재
책임편집 임정우 지역콘텐츠팀 이현정 조문경 정민철
마케팅·영업 김창훈 허소윤 윤송 이광호 정유진 김현아 진승빈
제작 이영민 권경민

출판등록 2000년 5월 6일 제406-2003-061호
주소 (10881) 경기도 파주시 회동길 201(문발동)
대표전화 031-955-2100 팩스 031-955-2151

ISBN 978-89-509-8579-0 04000
ISBN 978-89-509-7413-8 (세트)
아르테는 (주)북이십일의 문학 브랜드입니다.

(주)북이십일 경계를 허무는 콘텐츠 리더

네이버오디오클립/팟캐스트 [김태훈의 책보다 여행], 유튜브 [클래식클라우드]를 검색하세요.
네이버포스트 post.naver.com/classic_cloud
페이스북 www.facebook.com/21classiccloud
인스타그램 www.instagram.com/classic_cloud21